收入流动视角下
全面放开二孩政策的
经济影响研究

臧　微　著

南开大学出版社

天　津

图书在版编目（CIP）数据

收入流动视角下全面放开二孩政策的经济影响研究／
臧微著. — 天津：南开大学出版社，2024. 8. — ISBN
978-7-310-06629-2

Ⅰ. C924.21；F12

中国国家版本馆 CIP 数据核字第 2024JF0380 号

收入流动视角下全面放开二孩政策的经济影响研究
SHOURU LIUDONG SHIJIAO XIA QUANMIAN
FANGKAI ERHAI ZHENGCE DE JINGJI YINGXIANG YANJIU

南开大学出版社出版发行
出版人：刘文华
地址：天津市南开区卫津路 94 号　　邮政编码：300071
营销部电话：(022)23508339　营销部传真：(022)23508542
https://nkup.nankai.edu.cn

河北文曲印刷有限公司印刷　全国各地新华书店经销
2024 年 8 月第 1 版　　2024 年 8 月第 1 次印刷
240×170 毫米　16 开本　19.5 印张　2 插页　313 千字
定价：98.00 元

如遇图书印装质量问题,请与本社营销部联系调换,电话：(022)23508339

前　言

　　2017 年 2 月 6 日，《"十三五"全国计划生育事业发展规划》公布，中国人口 5 年要增加 4500 万，即每年新增 900 万左右。然而，自 2016 年全面二孩政策出台后，中国人口年均增长 809 万，远低于目标，现实情境的生育水平未达到预期，全面二孩政策效应"遇冷"。从本质上说，个体或家庭理性层面的生育意愿与现实层面的生育行为紧密相连。二孩政策只是外生的"生育供给政策"，一个完整的生育政策也需要内生的"生育需求"，家庭实际生育的子女数量很大程度上取决于其期望子女数，二孩政策的实施并未真正提升育龄家庭的生育需求。

　　那么，能生不敢生或能生也不生背后的深层原因是什么？国外大量研究表明，经济波动引致的收入不稳定、抚育孩子的经济成本高是导致各国陷入低生育率困境的直接原因。中国也不例外，2017 年全国妇联发布的调查报告显示，家庭经济负担是首要因素，育儿经济负担增加会降低城乡生育水平。外生的生育政策调整无法解释当前的低生育困境，相反，以个体和家庭为中心的经济因素逐渐成为中国生育率下降的主要因素。生育孩子的经济压力、沉重的照料成本已是阻碍家庭生育多孩的现实障碍。更为严重的是，这里的经济负担不仅包括静态的收入水平对生育的短期作用，还有动态的收入流动对生育的长远影响。然而，后者往往隐藏在备受关注的收入水平背后而被忽略。生育二孩后家庭代内收入地位和个体代际流动的长短期变动，是影响生育意愿的重要因素。保持充裕的收入流动对维护社会公平正义、激发社会活力意义重大，提高生育意愿则是解决当前中国少子化、老龄化问题，保证国家发展动力的关键，二者都是国家着力促进的重要方面。从这一意义上说，如何完善各项政策安排、畅通收入流动通道，同时找到提高生育意愿和实际生育水平的突破口，释放鼓励生育政策效应，是当前中国所面临的重要而又极为紧迫的问题。

　　正因收入流动性和生育的重要性，中共中央就曾于多次会议中明确提出提高生育意愿、活跃收入流动等目标，而要使目标得以实现，应对生育家庭的收入流动性进行深入研究。纵观现有研究，国外学者针对生育理论的概况、经济社会影响及其提升路径作了较为丰富的研究，国内研究起步较晚，发展也相对较慢。但是各国生育政策背景各异，国外研究结论无法为基于收入流动视角下中国全面二孩政策的经济影响研究提供直接有效经验。基于此，本书以中国现实为基础，以国家发展战略为方向，明确阐释中国全面放开二孩政策下的收入流动问题，从理论和经验上揭示收入流动与生育的因果机制，分阶层、分地区、分群体刻画二者的动态关系，分解代内和代际传递的有效路径，不仅能够识别作用机制、丰富生育问题的理论研究，还为充分发挥三孩生育政策的积极效应、应对少子化人口问题提供理论和经验支持。

全书以习近平新时代中国特色社会主义思想和党的二十大精神为指导，立足于中国特色社会主义进入新时代的历史方位，着眼于实现社会主义现代化和中华民族伟大复兴的目标，对鼓励生育政策下育龄家庭经济地位变化的新动态、新趋势、新问题作了有新意的概括和阐述，并在学术上进行了深度阐释。从人口学、经济学与统计学出发，通过学科交叉考察收入流动视角下全面放开二孩政策经济测度方法，解答中国全面放开二孩政策经济影响。主要围绕生育政策和生育表现的发展脉络、二孩家庭代内和代际收入流动性的统计测度和影响路径、不同生育规模下的收入流动性三个层次展开研究。以人口与生育为线索对已有的宏观人口理论与微观生育理论进行梳理，最终将视角落在生育政策、生育表现、收入流动性与生育规模之间。作为了解和研究生育政策与收入流动性的一部学术著作，可作为党政干部和经济工作者学习和了解全面放开二孩生育政策经济效应的重要参考书。

鉴于生育现实问题的亟待解决，研究工作还远远不够，权作抛砖引玉。该领域研究的深入与扩展，需要在理论、方法和数据等方面做出艰苦努力和实质推进。愿与学界同人一道努力！

目　录

第一章 导 论

本章是总体框架。介绍研究背景与研究意义，梳理研究综述，阐释研究思路与研究方法，厘清研究路径与结构安排，分析研究难点与创新工作。

第一节 选题背景和研究意义

一、选题背景

传统人口转变理论表明，社会的发展导致生育率由高到低逐步下降，总和生育率最终达到 2.1 的人口更替水平①。但是现实情境下中国的总和生育率远低于 2.1，一直处于 1.5～1.8（陈卫，2021）。国家统计局的统计数据显示，中国出生人口数持续走低，4 年内由 2016 年的 1883 万人降至 2020 年的 1220 万人，下降比率高达 54.3%，2020 年的总和生育率仅为 1.3②。中国已进入超低生育率水平，人口的稳定发展面临巨大挑战，人口年龄结构出现明显变化，比较 2010 年第六次和 2020 年第七次全国人口普查的数据可知，15～59 岁劳动年龄人口占比由 2010 年 70.1%下降到 2020 年 63.4%，降幅 6.7%。同时，老龄化问题③严重，60 岁及以上老年人口由 2010 年 13.3%上升至 2020 年 18.7%④，老年人口数量和比重首次超过 0～14 岁少儿人口（国家统计局，2021）。低生育率引发了劳动力人口数量的锐减，老龄化和少子化危机成为中国人口结构的突出问题，人口形势十分严峻。

实际上，劳动力、资本和技术是一个国家经济持续发展的必备要素。

---

① 国际上通常以 2.1 作为人口世代更替水平。即考虑到死亡风险后，平均每对夫妇大约需要生育 2.1 个孩子才能使上下两代人之间人数相等。通常把低于 1.5 的生育率称为"很低生育率"。

② 国务院新闻办公室，第七次全国人口普查主要数据结果新闻发布会答记者问（2021 年 5 月 11 日）。http://www.stats.gov.cn/ztjc/zdyjgz/zgrkpc/dqcrkpc/ggl/202105/t20212519-1817702.html。

③ 国际上通常把 60 岁以上的人口占总人口比例达到 10%，或 65 岁以上人口占总人口的比例达到 7%，作为国家或地区进入老龄化社会的标准。

④ 数据来自于 2010 年第六次人口普查和 2020 年第七次人口普查。

其中，劳动力作为核心要素，在国家发展中发挥着关键作用。一方面，生育率的持续下降减少了劳动力人口存量，人口红利逐渐消失，人力成本增加影响甚至阻碍社会和经济的双重发展；另一方面，老龄化和少子化会增加财政、社会保障、医疗卫生等公共服务投入，间接增大劳动力人口负担，经济难以良性发展（联合国，2019）。因而，构成合理的人口年龄结构、提高生育水平已是亟须解决的重要难题。基于此，中国开始调整生育政策，由控制生育逐步转向鼓励生育，2013—2021 年生育政策由计划生育政策转为单独二孩、全面二孩，再延伸为三孩政策。同时，为生育政策更好地落地，2021 年国家积极完善生育政策的配套措施，国家针对女性和儿童分别发布了《中国妇女发展纲要（2021—2030 年）》和《中国儿童发展纲要（2021—2030 年）》，提出保障女性和儿童基本权益，减轻养育主体的生育压力、降低家庭的生育负担，构建生育和谐、育儿友好的社会环境。

那么，鼓励生育政策的政策效果如何？以目前实施时间最长的全面二孩政策为例，2017 年 2 月 6 日，《"十三五"全国计划生育事业发展规划》公布，中国人口 5 年要增加 4500 万，即每年新增 900 万左右。然而，自 2016 年全面二孩政策出台后，中国人口年均仅增长 809 万，低于年均增长 900 万的目标，现实情境的生育水平未达到预期，全面二孩政策效应"遇冷"。外生的宏观生育政策调整无法解释当前的低生育困境，而微观个体、家庭为中心的内生化因素深刻改变生育需求和生育行为，是生育率下降的关键。从本质上说，个体或家庭理性层面的生育意愿与现实层面的生育行为息息相关。二孩政策只是外生的"生育供给政策"，一个完整的生育政策也需要内生的"生育需求"，家庭的期望子女数是影响最终实际生育数量的重要因素（顾宝昌，2011），二孩政策的实施并未真正提升育龄家庭的生育需求。

能生不敢生或能生也不生背后的深层原因是什么？以个体、家庭为中心的经济因素深刻影响生育的变化，是生育率下降的关键。国外大量研究表明，经济波动引致的收入不稳定、抚育孩子的经济成本高是导致世界各国陷入低生育率困境的直接原因（Adsera，2018；Tsuya，2015；Sobotka，2017）。中国也不例外，2017 年全国妇联发布的调查报告显示，家庭经济负担是首要因素。育儿经济负担的升高直接导致生育水平的下降（柳如眉、柳清瑞，2020）。生育孩子的经济压力、沉重的照料成本，已成为阻碍家庭生育二孩的现实障碍。更为严重的是，这里的经济压力不仅包括静态的收入水平对生育意愿的短期作用，还有动态的收入流动对生育意愿的长远影响（Ying Ji et al.，2015）。然而，后者往往隐藏在备受关注的收入水平背后而被忽略。生育二孩后家庭代内收入流动和个体代际收入流动的长短期变动是影响生育意愿的重要因素。保持充裕的收入流动对中国社会公平正义、激发社会活力意义重大，提高生育意愿则是解决当前中国少子化、老龄化问题，保证国家发展动力的关键。二者都是国家着力促进的重要方面。从这一意义上说，完善各项政策安排，同时找到提高生育意愿和生育水平的突破口，释放鼓励生育政策效应，是当前中国所面临的重要而又极为紧迫的问题。

收入流动与生育之间的关系是一个非常值得关注的问题。已有研究主要是从意愿生育子女数量的层面探讨，研究成果存在两种相反的认知：一部分经典理论认为生育意愿降低收入的向上流动，包括宏观的财富流理论（Caldwell，2004）和微观的社会毛细管理论（Dumont，1990）、子女数量质量替代理论（Becker 等，1979）。与此相反，另一种观点认为个体的生育意愿能够提高向上流动（Boyd，1973；何明帅、于淼，2017）。现有成果对收入流动与生育意愿关系的研究尚不多见，主要集中探讨二者的因果关系，但并未得出一致结论。二者之间的作用机理还没有形成统一的框架，在群体类型的异质性剖析上也还有较大的拓展空间。宏观层面的城乡分析、微观层面的群体比较和传递路径的识别，都是考察收入流动与生育意愿关系、破解生育政策效应的重要切入点和着力方向。因此，结合中国的实际情况，基于收入流动视角，考察全面二孩政策经济影响的理论与实证研究十分必要，特别是对现阶段三孩生育政策的实施及配套制度改革具有重要的实际指导意义。

鉴于此，本书从理论和经验上揭示收入流动与生育意愿的因果机制，分阶层、地区、群体刻画二者的动态关系，分解收入流动传递的有效路径，这不仅能够识别作用机制、丰富生育问题的理论研究，还为充分发挥三孩生育政策的积极效应，应对少子化、老龄化的人口问题提供有价值的政策建议。

二、研究意义

自改革开放以来，国家发展以经济建设为中心。随着中国人口数量和结构的不断演变，人口红利逐渐减少，人口与经济的协调研究成为社会发展的新主题，需要结合经济学、人口学和社会学交叉研究人口问题。宏观生育政策的调整是改变人口和社会结构的重要契机，也是增加人口红利、缓解老龄化和少子化问题的重要手段。然而，这一目标的实现需要多个微观家庭共同完成。为评估全面二孩人口政策的政策效果，本书侧重从生育二孩后家庭收入的静态和动态变化开展研究，具有重要的理论和实际意义。

其一，结合人口学和经济学交叉分析、评估生育政策经济影响，构建理论研究基础。运用宏观人口学理论，可将人口变化规律按照不同经济发展阶段予以细致剖析。强调经济学中的效用差异，以微观经济学中的个体或家庭为单位，夯实代内和代际收入流动性理论的运用。事实上，收入流动性是个体或家庭受制于外生环境或条件，而全面二孩这一鼓励性生育政策增加了个体或家庭的生育空间，进而也改变了原有的收入流动性。阐释全面二孩政策的实施对收入流动的影响，分别研究家庭子女数量对代内和代际收入流动的作用路径，揭示生育之于代内家庭和代际个体之间的收入流动影响机制，对于丰富、完善生育和收入流动理论具有重要意义。

其二，全面二孩政策下中国收入流动的经验研究能够作为基础，区分国别差异。即使很多国家已经达到发达国家水平，人均收入水平较高，仍陷入低生育陷阱而无法走出人口增长迟滞的泥潭，其中代内和代际的收入流动性变化在其中起着关键影响，在提升生育水平的过程中亟须更多的有益案例作为参考样板。改革开放后，中国经济经历了四十多年的飞速发展，人均收入快速增长但尚未进入发达国家，然而，人口增长已进入了低生育阶段，给社会和经济的稳定发展带来巨大挑战。因此，总结中国生育对收入流动性的经验研究，研究其移植有效性，可为其他国家提供有益素材。不仅如此，鉴于社会主义国家的转型研究一直都是国内外学者关注的重点（孙立平，2004），中国在转型过程中的生育与收入问题，所涉及的经济结构分析也可为人口学科发展提供有益补充。

其三，通过研究动态收入流动问题加深对现阶段中国收入分配问题的理解。揭示全面二孩生育政策的实施对收入流动的经济影响，探讨微观主体生育二孩后的收入流动，考察宏观收入分配及收入差距的现实问题。在生育政策调整的背景下，代内和代际收入流动性的分析对人口长期稳定发展具有重要价值。为此，本书可以为提高收入阶层流动提供政策指导，由此减缓人口矛盾，为经济增长和人口发展注入持久活力。

其四，通过科学测度生育对收入流动性的作用路径，可为中国生育与收入流动性协同发展提供参考依据。现有文献关于生育对收入流动性的研究集中在某一视角，对全面二孩政策的经济效果并不全部掌握。本书将从微观家庭视角系统厘清影响生育与收入流动性作用路径的决定因素及动力机制，并识别不同生育规模下收入流动的变化规律，衡量可行的生育政策空间，不仅可为跳出低生育陷阱提供有益参考，还可考察全面二孩政策效果。

其五，本书研究的重点不仅在于中国生育和收入流动的总体现象，还立足阶层和地区之间的群体特征进行经济效果比较，对弥合中国阶层异质性和空间差异性、有的放矢地提供生育支持配套措施具有重要现实意义。长期以来，经济上的二元化发展、社会结构的显著分化，都导致生育和收入流动性出现群体特征。如果笼统评估二者的关系，将影响全面二孩生育政策效果的精度。对此予以正确认识并有效区分阶层方面的经济差异和城乡的客观现实，因地制宜地解决不同类型家庭的"生育焦虑"，可以有效缓解当前的社会分化和地区分层问题，兼具促进经济发展和社会稳定的双重作用。

综上，在宏观人口和微观家庭生育理论的指导下，梳理中国生育政策的演变过程，测度全面放开二孩政策下生育意愿的变化规律，进而对二孩家庭代内和代际收入流动演进过程进行实证分析，结合生育对收入流动的影响路径，突出不同阶层、地区和生育规模下的经济影响差异，对缓解人口矛盾、完善动态收入流动规律进而构建合理有序的收入分配格局，真正达到人口、经济和社会的协同稳定发展，具有重要价值。

第二节　文献综述

一、收入流动性

自改革开放以来，中国实现了可持续的经济高速增长，创造了人类历史上的奇迹。与此同时，收入不平等问题也越发突出（杨晶等，2020）。2012年，国务院批准收入分配改革方案，着重提高居民收入在国民收入分配中的比重、劳动报酬在初次分配的比重，并重点提出缩小收入差距的发展目标。2017年，党的十九大报告提出"两个同步"，经济和居民收入同步增长、劳动生产率和劳动报酬同步提高。2020年，"十四五"规划将"更加积极有为地促进共同富裕"写入纲要，共同富裕成为中国新征程、现代化的重要特征，确保人人都有向上流动的机会是共同富裕的重要前提。收入流动性是测度机会平等的重要指标，也是衡量社会流动的核心维度，合理的收入流动性有利于促进社会公平、提升经济效率，故受到经济学家的广泛关注。已有充分的证据表明，自 20 世纪 80 年代以来，中国居民收入的横向不平等程度已上升到较高水平（Luo et al，2020），但对于收入流动性趋势，即纵向的收入不平等程度如何变化还没有定论（杨沫等，2020）。一个收入处于较高横向不平等程度的社会，若收入流动性也处于较低水平，容易陷入低流动或不平等陷阱，不利于社会稳定和经济可持续发展。特别是在 2016 年，全面二孩政策出台后，大量滋生的"二代分化"现象和"拼爹"行为可能导致贫富代际出现继续强化的迹象，社会经济福利减低，社会公正受到损害。因此，在鼓励生育政策和建设共同富裕社会的背景下，分析中国居民收入流动性趋势十分重要和迫切。严格来讲，收入流动分为代内收入流动和代际收入流动。本节按照这两部分进行综述。

（一）代内收入流动性

代内收入流动性是指同一个体或家庭的收入在不同时点所处阶层的差异（章奇等，2007；刘志国，2017）。提高代内收入流动性，不仅能够提升居民代内收入增长和向上流动的机会，缓解长期城乡收入不平等问题（李莹，2019），还是衡量收入分配是否公平、阶层固化是否严重和机会是否均等的重要指标（贺建风、吴慧，2022）。自 Shorrocks（1978）提出收入流动的概念以来，学界对这一问题展开了丰富的讨论。

代内收入流动性在经济学研究中不是一个新问题。对代内收入流动性的探讨最早可以追溯到 20 世纪五六十年代，弗里德曼（Friedman）在 1962 年最先开始了对代内收入流动性的研究，他认为在具有相同年收入分布的两个社会：一个社会有着更大的流动性与变化，于是从一年到另一年，特定家庭在收入层次中的位置会有很大的变化；在另一个社会中，由于具有很大的刚性，每个家庭年年都停留在同样的位置上。显然，从任何有意义的角度看，第二个社会更加不公平。

随后，代内收入流动性成为了经济学家关注的焦点，在理论界形成了一系列极有见地的研究文献，众多学者致力于代内收入流动性的内涵和理论方法的构建中，极大地推动了代内收入流动性研究的发展。然而，由于学者们从不同的视角研究代内收入流动性，故在代内收入流动性的内涵和理论方法上仍然存在较大的分歧。总体而言，对代内收入流动性的界定主要集中于公理化方法与福利方法上，从以下三个视角定义了代内收入流动性：

第一，相对代内收入流动性的公理化视角。相对代内收入流动性是研究同一个体或群体不同时期的收入在整个群体中收入相对位置（或收入排名）的变化，著名经济学家熊彼特（Schumpeter）有一个形象的比喻，他将收入水平比作一个宾馆，不同的收入水平代表着不同的等级或质量的房间，旅客们住在不同质量的房间里，当产生相对意义上的收入流动性时，旅客们就会在不同质量的房间之间互相搬动。麦考尔（McCall）、席勒（Schiller）、肖洛克斯（Shorrocks）以及考威尔（Cowell）是研究相对代内收入流动性的代表人物，并且各自采用不同的测度方法进行研究。主要测度方法有测度两期收入分布的相关系数、计算基于收入流动矩阵的统计指标以及运用刚性系数计算两期收入总和的不平等程度，从而反映收入流动性强度。

第二，绝对代内收入流动性的公理化视角。绝对代内收入流动性是指同一个体或群体的收入在不同时期发生的定向或不定向的变动。事实上，绝对代内收入流动性认为只要收入在不同时期发生变动就会产生收入流动。借用熊彼特经典的"宾馆"比喻，范力等（2010）认为这就相当于旅客房间不变的条件下，宾馆整体质量的变动。菲尔德（Field）和米特拉（Mitra）是研究绝对代内收入流动性的代表人物，他们构建了一系列基于绝对代内收入流动性思路下的测度方法，丰富了绝对代内收入流动性的理论研究。

第三，福利经济学视角。福利经济学家认为代内收入流动性是刻画机会平等程度的指标，代内收入流动性对于衡量收入不平等以及贫困问题的重要性越来越为人们所认识，学者们试图探讨代内收入流动性之于社会福利的真正作用。阿特金森（Atkinson）、金（King）、查克拉瓦蒂（Chakravarty）、阿特金森（Atkinson）、达尔达诺尼（Dardanoni）和福姆比（Formby）是代内收入流动性福利研究的代表人物，其研究思路一般是假设一个社会福利方程，通过考察代内收入流动性对社会福利函数的作用程度，来衡量福利问题的现状及其趋势。

1. 测度研究

作为衡量一个社会动态公平程度的重要指标，代内收入流动性的测度受到各国学者的广泛关注。阿特金森等（1992）对1992年前国外相关研究做了较好的文献综述，因此此前的研究本书不再赘述，重点侧重 1992 年后代内收入流动性的测度研究。

第一，发达国家。发达国家研究起步较早，微观数据的可得性保证了学者们对代内收入流动性的准确测度。但是，结合历史发展和政策导向，不同国家和阶层的代内收入流动性存在显著差异性。Fields 等（1996）测度美国 20 世纪七八十年代的代内收入流动性，结果表明考察期内美国代内收入流动性逐年上升，由 1969—1976 年 0.498 升至 1979—1986 年 0.528，至 20 世纪 90 年代不同收入阶层的代内流动表现出异质性，低收入向上流动活跃，中等收入阶层流动恶化，高收入阶层固化（Shumaker 等，2006；洪兴建等，2018）。相比而言，英国代内收入流动性在 20 世纪 70 年代呈现下降趋势，至 1997—2005 年间有所好转，低收入群体向上流动的可能性增多（Dickens 等，2008）。Oh 等（2018）通过测度韩国 1998—2010 年内收入流动性发现，高低两极阶层的流动性较小。欧洲各国代内收入流动性有所不同：最小的是卢森堡，最大的是丹麦（Sologon、Donoghue，2009；2010）。

第二，发展中国家。发展中国家代内收入流动性的变化同样具有差异性。菲律宾具有活跃的代内流动，由于向上和向下流动力量基本一致，抵消了大部分影响，但整体而言，代内流动对于社会和经济发展具有促进作用（Martinez 等，2014）。伊朗短期的代内收入流动活跃，但不同群体的流动性不同，低收入阶层向上流动强，城市流动性好于农村（Raghfar 等，2016）。Lutz（2019）基于俄罗斯和波兰分析代内收入流动性，发现俄罗斯 1994—1998 年、波兰 1993—1996 年两国的收入流动性水平都非常低，均存在较高程度的长期不平等和持续贫困现象。

第三，中国。囿于缺乏长期微观数据，中国的代内收入流动性研究起步较晚。大多研究始于 20 世纪 90 年代，王朝明、胡棋智（2008）、臧微等（2016）、He 等（2021）、贺建风等（2022）从基本概念、测度方法和影响因素等多个方面分析代内收入流动问题。王海港（2005）最早选择微观面板数据研究中国代内收入流动性，结果表明，20 世纪 80 年代末至 90 年代后的代内收入流动性对改善收入不平等情况产生正向作用。贺建风等（2022）使用列联表测度 1989—2015 年中国居民的收入流动性，结果表明收入流动水平持续下降，收入固化问题严重。从城乡维度分组看，尹恒等（2006）比较 1995 年和 2002 年城镇居民住户调查数据，前者代内收入流动性更高，后者则显著下降。大多学者对 1978 年改革开放后中国农村四十多年的代内收入流动性，得到较为一致的结论：中国农村收入流动性处于下降趋势，根据不同指标的测度，下降幅度约 14%—21%（章奇，2007；严斌剑等，2014；朱诗娥等，2018；He 等，2021；彭澎等，2022）。区域方面，臧微等（2015）的研究发现中西部及东北地区的代内收入流动性结构存在恶化现象，其中东北地区表现为收入地位固化，中部和西部地区则表现为贫富两极收入地位的僵化，并以西部地区最甚。相比而言，东部地区居民的代内收入流动性结构好于其他地区（贺建风等，2022）。

2. 影响因素研究

影响代内收入流动性的因素有哪些？学者们分别从人力资本、就业类型、个体和家庭特征等方面展开研究（贺建风和吴慧，2022；解垩，2021；杨穗，2016；Qin 等，2016）。第一，Shi 等（2010）和陈书伟（2017）认为人力资本是影响居民代内收入流动的关键因素，对于促进向上流动、防止向下流动具有重要意义。黄宏伟等（2019）、邓大松等（2020）的研究发现学历教育和职业培训两种人力资本培养方式均有助于代内收入流动性。第二，就业的职业类型对收入流动性产生重要影响（严斌剑等，2014），工作性质不稳定不利于家庭收入向上流动（刘志国等，2016）。臧微等（2015）认为居民在国有部门工作，可以改善个体和家庭的收入地位，而在非国有部门工作的个体的收入及收入地位的变动与宏观形势、政策导向密切相关，并不稳定。杨穗等（2016）发现在国企就业的居民有利于收入相对向上流动，相比而言，在第二产业就业的个体代内收入向上流动的可能性更高。第三，在个人和家庭特征方面，大多数文献主要基于年龄、性别、所处地区等方面探索代内收入流动性的变化。根据明赛尔（Mincerian）的人力资本理论，家庭的收入水平与家庭成员的年龄呈倒"U"形曲线关系。不论是否接受了人力资本的投资，个体组随着年龄的增长，其收入水平在全部工作期或生命周期内先是以某种方式增长，当年龄较高或工作经验积累到某一极值点时，收入水平达到最大值，而后，收入水平因人力折旧与老化等因素转而下降，因此，在整个工作期内，收入与年龄呈倒"U"形模式。在研究收入流动性的年龄特征过程中，户主的年龄对于整个家庭代内收入流动性水平的影响较为显著，当户主的年龄未达到收入转折所对应的较高年龄时，户主的收入水平呈上升趋势，该家庭具有向上的代内收入流动性，反之，户主的收入水平处于下降状态，该家庭具有向下的代内收入流动性。同时，在家庭的人口规模方面，依赖人口比例也是影响收入流动性的重要因素。关于性别因素对于代内收入流动性上的影响，学术界普遍认为男性的代内收入流动性大于女性。天生的禀赋条件及客观问题使得女性向上的代内收入流动性要小于男性，这是因为女性不仅在工作中要承担的性别歧视问题，而且还要为了繁衍下一代而面临自身的生育问题。同时，在传统观念中女性还需要对家庭过多关注，使得其参与劳动的时间较少，工资率增长缓慢。女性收入水平的增长速度普遍低于男性。一般地说，女性更容易进入低工资的就业，并且停留的可能性更高。因而，女性的代内收入流动性小于男性，向上趋势也弱于男性。姚嘉（2020）的研究发现年龄与个体收入水平呈现出倒"U"形关系，男性的代内收入流动性要高于女性。作为经典理论，Barro and Becker（1988）和 Becker et al.（1991）通过代理人框架，分析收入分布如何影响个体或家庭的生育决策。Raut（1990）在假定收入分布不变的基础上，研究家庭对子女数量和质量的选择问题，结果表明一国或地区家庭的生育率越低，收入分配结构越合理，代内收入流动越活跃。地理位置也是家庭代内收入流动性的影响因素。地区特征之于代内收入流动性的重要性，不仅是指由于居住的地理位置不同所造成的家庭或个人收入水平及其流动性的差异，还包括城乡居民收入水平和流动性的不同。一般来说，代内收入流动性的大小随着地理位置的不同而改变。所处地区的自然资源和经济发展环境，决定该地区家庭或个人收入的绝对变动以及相对流动水平的变化。自然资源丰富、经济发展水平较好的区域或是城镇地区，可利用的资源丰富，人们收入的绝对变化较为显著，相对流动水平的变动也表现得明显。同样地，对于经济较为落后的区域以及农村地区，经济环境使得人们收入的绝对水平处于较低的程度，并且相对流动趋势也较弱。中国幅员辽阔、人口众多，各个区域之间不但在自然禀赋上不尽相同，经济发展的差异性也极为显著，必然导致城乡之间、各区域之间居民的收入水平存在不同程度的差异，进而产生不同的代内收入流动特征。

另外，家庭收入结构也是影响代内收入流动性大小的重要因素之一。在中国城镇居民家庭收入中，家庭收入结构中的主要部分来自工薪收入，即职工从单位得到的劳动报酬（工资、奖金、补贴等）。近年来，经营性收入在家庭收入结构中的比例持续上升，对于收入地位的影响也日益加深，从而增加了收入流动性发生的可能性。对于中国农村家庭而言，劳务输出逐渐成为重要的谋生手段，非农收入是农民家庭整体收入中的重要组成部分，是农民收入持续增长的决定因素，非农收入的多少能够左右一个农村家庭收入地位的高低。如果农村家庭的非农收入在收入结构中比例增加，则可以预计该家庭具有向上的收入流动性，反之，则收入地位有向下流动的可能。

上述研究为认识中国代内收入流动性提供了丰富的参考，但并未深入探究生育在中国代内收入流动中的重要作用。

（二）代际收入流动性

大量文献证实子女与父母的收入水平具有正向关系，存在代际之间的传递路径（Solon，1992；Zimmerman，1992；Solon，1999，2002，2004；王海港，2005；Bjorklund、Jantti，2009；Black、Devereux，2011；孙三百等，2012；Yan W.，2022）。作为刻画机会公平的指标，代际收入流动性是指子代在收入分布中所处地位相对于父代的变动情况（袁青青等，2022）。代际收入流动性越低，阶层的代际传承性越强，不同个体的机会越不公平。如果机会不平等固化在代际之中成为长期、动态的不平等，社会结构也将逐渐固化，平等机会将被剥夺，进一步影响经济增长和社会稳定（Yan W.，2022）。

代际流动性是否存在一个最优水平？代际流动性能否如基尼系数一样得出警戒线？虽然学者们对于最优水平还未得到一致的结论，但是对于评定最优水平的标准已经得到共识：机会平等，即不同收入阶层父代与子代经济地位的动态变动具有相同的、平等的机会。需要指出的是，如果代际传承性是 0，并不代表代际流动性是最优水平，原因是没有代际传承的流动性与效率原则相悖。Solon（2004）认为，高收入群体子代获得更高经济水平的原因是由于父代能够为子代提供更好的人力资本投资，接受更高的教育培训。当代际传承为 0 时，代表人力资本投资回报相同，与人力资本的投入产出相悖，违反效率原则，因此代际流动下的机会公平仍需要公共政策的引导和干预。

代际收入流动性理论研究起源于20世纪70年代，Becker、Tomes（1979）最先结合人力资本理论构建分析框架，通过动态投资模型发现父母的收入水平影响子女的人力资本投资，进而作用于子女未来的收入水平，认为父代能力之间的差别会导致代际收入流动性水平不同。此后，代际收入流动性的研究得到了丰富的发展和演绎（Loury，1981；Partirzio，2007；Cabeillana，2009）。代际收入流动性的经验分析分为两类：第一类是考察代际收入流动性的水平、结构以及变化趋势。第二类是追踪代际收入流动性变化的深层原因，基于人力资本、社会资本、父代特征和迁移情况等因素探究代际收入流动性的传导机制。

1. 考察代际收入流动性的程度与趋势

不同时期代际收入流动性的平均水平和变化趋势。大多研究选择代际弹性系数作为测度代际流动的指标，多角度验证代际流动性的动态演进。代际弹性系数越小，代际流动性也就越高。代际弹性系数为 0，表示子代的经济状况与父代没有联系，代际完全流动；代际弹性系数为 1，表示子代的经济状况全由父代决定，完全没有代际流动。从已有文献来看，世界各国代际收入弹性系数分别为德国 0.11、加拿大 0.23、马来西亚 0.26、芬兰 0.28、瑞典 0.28、南非 0.44、日本和英国 0.4～0.6、美国 0.5～0.6（Bjorklund、Jantti，1997；Corak、Heisz，1999；Couch、Dunn，1997；Dearden 等，1997；Lillard、Kilburn，1995；Pekkarinen 等，2009；Solon，1992；Mazumder，2005；Justman、Stiassnie，2021；Lefranc 等，2014；Cervini-Pla，2015）。相比而言，中国的代际收入流动性大致在 0.45 左右（王海港，2005；姚先国等，2006；齐豪等，2010；刘李华等，2022），位于国际中等水平。

随着代际收入流动的深入研究，众多学者将研究重点从估计代际弹性系数的大小转移到探究动态趋势上（Mazumder，2005；Aaronson、Mazumder，2008；Lee、Solon，2009；Blaek、Devereux，2010；刘李华等，2022）。从已有文献可知，西方发达国家的代际收入流动性持续上升（Solon，1992），但高福利国家的代际收入流动性呈现下降的趋势（Bratberg，2007；Jantti，2006）。中国的代际收入流动尽管在具体数值有所差异，但变化趋势较为一致，即长期来看，中国的代际收入流动逐步提升（刘李华、孙早，2022）。20 世纪 80 年代城乡代际收入流动变化稳步提高，趋势基本相同（刘李华等，2022），至 20 世纪 90 年代城镇代际收入弹性系数呈上升趋势，从 0.39（1990）上升到 0.42（1995）（王海港，2005），而农村代际收入弹性系数则呈现倒"U"形变化（魏颖，2009）。陈琳、袁志刚（2012）增加了 2002 年和 2005 年的数据，得出农村代际收入弹性系数从大幅下降转变为稳定上升。

不同群体代际流动结构。已有研究使用中国综合社会调查数据（CGSS）和中国家庭收入调查数据（CHIP）从阶层差异、城乡差异、性别差异等多个视角考察代际收入流动性。阶层方面，2000—2009 年，中国底层家庭子代仍然处于底层的概率没有下降，中低收入家庭的子代进入高收入阶层的概率减小，高收入家庭子代有更多的机会实现收入向上流动（周兴等，2016；何石军等，2013）。2009年以后，代际收入流动性增强，不同收入分层之间的流动障碍被逐渐打破（周兴等，2016；刘李华、孙早，2022）。从城乡范围看，在收入分布两端的农村家庭呈现较强的代际收入流动性，而在中位数附近的代际收入流动性较低（韩军辉等，2011）。刘李华、孙早（2022）的研究表明女性的代际收入流动性低于男性。

2. 追踪代际收入流动性的传递机制

代际收入流动的传递机制是什么？影响机制中哪些因素发挥着重要作用？已有研究表明影响因素集中在人力资本、社会资本、文化资本三方面，三类资本可以解释超过60%的代际收入流动（Zhigang，2013），成为研究传递路径的基础（Alesina等，2018；Chetty、Hendren，2018；杨沫、王岩，2020）。

人力资本是代际收入流动性变化的推动力量，学术界对此所持的观点较为一致（Harding D.，2020；刘润芳等，2022）。父代可以通过对子代人力资本投资提高子代的收入水平（Jin，2019），父代收入差距所引致的人力资本投资差异是造成子代收入差距的原因，最终会造成收入差距在代际间的传递（Becker et al.，1979、1986；谢勇，2006；郭丛斌等，2007；周兴等，2013；陈杰等，2016；杨娟等，2015）。那么，既然穷人面临经济约束，无法对子女进行适当的人力资本投资，为什么会存在社会阶层的向上流动？既然存在社会流动，为什么富裕家庭又难以向下流动（Esping，2002）？事实上，子女的人力资本不仅只由父母投资，政府也可以投资，因此尽管面临经济约束，穷人子女仍有机会向上流动（Solon，2004），对于高收入家庭而言，没有经济约束，人力资本投资能够保证子代维持在该阶层，导致其难以向下流动（Mayer等，2008）。这一发现为研究公共政策，特别是财政（教育）支出对代际收入流动性的传递机制提供了思路。教育支出增加能够降低代际收入弹性，有助于实现机会均等（Mayer等，2008；周波等，2012；陈琳等，2012；孙三百等，2012；徐俊武等，2014；蔡伟贤等，2015；宋旭光等，2018；陈斌开等，2021）。

财富资本包括房屋资产、金融资产、家庭企业、家庭借贷等家庭财富，不同群体的财富积累可以分解为三个部分：储蓄、资本收益和继承（Bauluz，2021）。父代可以通过财富积累直接影响子代的收入水平（陈琳、袁志刚，2012），家庭财富资本的解释力与回报率远大于人力资本和社会资本。其中，房产价值对代际收入流动性的解释力最强，而金融资产的代际传递则是子代创业就业的潜在关键机制（Dunn，2000）。

社会资本是决定代际收入流动性的重要变量之一。各收入阶层家庭所拥有的社会资本不同，通过父代的政治身份、职业、户籍、社会网络和权力寻租等个人特征影响子代收入（Peters，1992）。社会资本对中国代际收入流动性的作用呈现上升趋势（陈琳等，2012；陈杰等，2016），其中，职业代际传导效应是代际收入流动的重要因素（方鸣等，2010）。城镇家庭子代的职业生涯发展有向父辈职业"回归"的趋势，农村家庭中父代从事非农职业有助于子代实现职业向上流动，并且代际职业传承对高收入家庭的代际收入弹性影响更强（周兴等，2014）。另外，父代的政治地位在中国代际收入传递中具有显著的正向影响（杨瑞龙，2010），而父代户籍对子代收入水平也有所影响（孙三百等，2012）。

另外，社会学家从"文化资本"角度研究代际收入传递，比如"好父母"将给子女创造良好的文化环境（Mayer，2002）。孙三百等（2012）发现劳动力的自由迁移可以增加就业机会，降低代际收入的传承作用。同时，父代的健康状况与代际收入流动也密切相关（Bowles et al.，2001；Anne，2002；孙三百等，2012）。

二、全面二孩政策

（一）政策效果

准确测度中国全面二孩政策的实施效果，对于科学判断三孩政策的影响效应具有重要的参考价值和启示意义。如何评价全面二孩政策的实施效果？学者们主要基于两类视角进行探索和分析：一是宏观视角，测度对象是中国生育情况，包含人口出生数量、人口出生率等；二是微观视角，基于微观数据考察个体或家庭的生育意愿和生育行为。

宏观方面，全面二孩政策对于中国生育情况的影响净效应并未达成共识，主要存在三种截然不同的观点。第一，全面二孩政策"遇冷"，生育政策的调整没有真正扭转中国低生育率困境，低生育率将成为未来生育趋势新常态。顾宝昌（2011）的研究表明，即使开放全面二孩政策，中国育龄家庭的平均意愿生育子女数依然低于 2.1 的更替水平。郭志刚（2015）认为在低生育率社会，无论是单独二孩还是全面二孩政策，均未将生育率提高至更替生育水平。张莹莹（2018）的研究结果与之类似，基于现阶段女性工作环境而言，全面二孩政策对于提高生育率作用十分有限。第二，全面二孩政策效应显著，生育政策的调整提高了中国的生育水平。如石人炳等（2018）分别选择二孩出生人口数量或比例和二孩总和生育率作为测度指标，研究全面二孩政策实施前后中国出生人口变化情况。结果表明，全面二孩生育政策实施后全国人口出生数量明显增多。第三，全面二孩政策实施后出生人口增多的短期效果明显，但长期影响效果不大。齐美东（2016）的研究发现，全面二孩政策有助于增加短期出生人口，但对长期人口变化作用甚微。上述结论与国家统计局的官方数据基本吻合，2014 年和 2016 年中国出生人口新增数量分别是 121 万人和 229 万人，但 2016 年及以后中国出生人口表现出逐年下降趋势，并在 2020 年降至 1200 万人（国家统计局，2021），佐证了全面二孩政策短期有效、长期无效的结论。

微观方面，学者通过分析全面二孩政策背景下个体或家庭的生育意愿和生育水平，评估全面二孩政策效应。汪伟等（2020）使用 2010—2018 年中国微观家庭追踪调查（CFPS），采用倾向得分双重差分模型评估全面二孩政策对家庭生育行为的影响，结果表明，全面二孩政策对于非独家庭的二孩生育影响甚微，验证了全面二孩政策"遇冷"的结论。原因在于生育二孩增加了家庭的经济成本（靳卫东等，2018）。陈海龙等（2019）的结果表明，尽管全面二孩政策的实施有效提高了平均生育率，但为保证子女生育质量，育龄家庭并未出现明显的生育堆积现象。

需要指出的是，当前学术界基于宏观视角考察人口出生问题，大多局限于对 2016 年和 2017 年人口数据的探索，尚未使用 2018 年和 2019 年人口数据进行分析，故全面二孩政策的宏观效应缺乏准确性和可信度。同时，囿于现阶段微观数据的时效性以及调查方式和方法的误差，对全面二孩政策的微观效应也难以形成可靠评价。

（二）政策原因

国家统计局公布的数据显示，全面二孩政策实施后中国出生人口数量连续 4 年下跌，由 2016 年的 1883 万人下降至 2020 年的 1200 万人，年均下降 170.6 万人，总和生育率更是在 2020 年下降至 1.3[①]，远低于人口转变理论确定的人口更替水平（2.1），外生的生育政策没有扭转低生育困境，相

---

① 国务院新闻办公室. 第七次全国人口普查主要数据结果新闻发布会答记者问（2021 年 5 月 11 日），http://www.stats.gov.cn/ztjc/zdyjgz/zgrkpc/dqcrkpc/ggl/202105/t20212519-1817702.htm。

反，以个体或家庭为主体的社会、经济、文化等原因，导致全面二孩政策遭受严重挑战。

1. 经济因素

宏观社会经济发展水平和微观个体或家庭的经济负担共同影响，导致生育率下降，生育政策遇冷。国外学者认为经济波动导致个人收入和就业情况不稳定、生育经济成本攀升是影响各国低生育的重要因素（Adsera，2018；Tsuya，2015；Sobotka，2017）。

第一，宏观社会经济发展水平。已有文献针对中国宏观经济发展对生育问题的研究较少，仅是基于对外贸易视角探索国家开放程度与生育的关系。自 2001 年中国加入世界贸易组织后，女性劳动力市场参与率和工资率提高（钱学锋、魏朝美，2014），直接后果是家庭生育子女数量的减少，对家庭生育率产生显著抑制效应（熊永莲、谢建国，2016）。

第二，微观个体或家庭的经济负担。育儿经济负担的增大是导致生育率下降的直接原因（柳如眉、柳清瑞，2020）。一方面，生育导致个人和家庭的经济水平和收入地位发生变化，大多数文献主要侧重收入与生育进行分析，但对收入流动性与生育的问题缺少系统研究，少数成果仅是使用家庭赡养系数间接发现生育增大了家庭收入地位向下流动的概率（章奇等，2007；王洪亮等，2012）。另一方面，生育子女增大家庭的教育成本和住房负担，是阻碍个人和家庭生育的现实障碍（臧微，2022）。教育成本对于生育的负面影响较为显著，史爱军等（2021）的研究发现，生育子女引致的教育支出几乎是家庭人均收入的 50%。并且，教育导致的"学区房"房价攀升，再次加重了家庭的经济负担，这种现象自然降低家庭生育率（陈卫和刘金菊，2021）。住房及购房成本增加会导致育龄夫妇生育压力和生育成本增加（蔡玲，2018；李江一，2019），抑制育龄生育人群生育意愿（靳天宇等，2019），进而导致生育水平下降。Liu 等（2020）结果表明，房价上涨是导致租房家庭生育意愿下降的主要因素，张㮾㮾（2021）也得出类似的结论。

2. 社会因素

社会因素是影响全面二孩政策效应的重要因素之一，现有文献基于性别差异、人力资本提升、人口流动与城镇化等多方面因素解释是低生育率现象的深层次原因。

第一，性别差异。性别对于生育的影响十分显著，特别是女性进入劳动力市场后，育儿与工作难以平衡是造成生育响应不足的重要原因。女性在生养子女中常常要面临家庭和工作之间的冲突，进一步加重了生育的经济成本（计迎春等，2018；郑真真，2017）。对于一孩家庭而言，全面二孩政策实施后生育二孩将显著减少女性进入劳动力市场的可能性，劳动参与率下降约15%（谷晶双，2021）。

第二，人力资本。受教育程度是推动生育变化的重要力量。一方面，高等教育的扩招、人口素质的提升在增加人力资本的同时，推迟了初婚初育年龄（周晓蒙，2018；张丽萍，2018）。另一方面，人力资本回报率的提高使得人们更加理性地规划工作和家庭，导致个体可能为了实现职业预期进一步推迟结婚和生育（李建新等，2014）。张丽萍等（2020）和周晓蒙（2018）的研究结果表明，女性人力资本的提高促使总和生育率下降。但是，部分学者对此提出不同的看法，郑真真（2016）的研究发现受教育程度对生育行为的作用仅仅延后了个体的生育时间，而对整个生育周期内的生育率不会产生显著影响。张樨樨等（2020）发现受教育程度与生育意愿存在正向关系，但延伸到生育行为方面则受限于多种客观因素。

第三，人口流动和城镇化发展。中国二元经济的发展带来了人口流动和城镇化发展，人口流动的直接作用之一表现为婚育行为的延迟（莫玮俏等，2016；许琪，2015）。但随着城镇的经济进步、文化和风俗的趋同效应，导致流动人群与本地人群的生育意愿趋于一致（何兴邦，2020）。

3. 家庭代际支持

家庭是生育的重要助力。在中国，养育子女很大程度需要育龄夫妇父辈的帮助，特别是双职工家庭，养育子女已经成为两代家庭的问题（黄桂霞，2017）。如果家庭仅是养育一个子女，那么养育责任可以由父母和长辈共同完成。然而，如果家庭响应全面二孩政策，生育多个子女，那么家庭代际支持作用将大幅递减，长辈照料资源稀缺。育龄夫妇需要面临家庭与工作的冲突、托育服务可及性不足，必然导致全面二孩政策响应不足，生育率低迷（于也雯、龚六堂，2021）。

4. 制度因素

公共服务和社会保障制度是影响生育的关键。王鹏（2019）使用中国综合社会调查数据考察公共服务满意度和生育行为的关系，结果表明二者存在正向作用，公共服务质量能够促进家庭生育，对于40～50岁女性影响最甚。社会保障制对生育具有负面作用（王天宇、彭晓博，2015；康传坤、孙根紧，2018；刘一伟，2017），原因是社会保障改变了中国传统"养儿防老"的观念，社会化养老替代家庭养老，降低了生育意愿和生育行为。

5. 文化规范

中国传统文化中"多子多福""传宗接代"的价值观念不断淡化，个体或家庭已逐渐趋向于少生、独生甚至不生，从而在全社会形成一种内在的文化自觉（穆光宗，2021）。穆光宗（2021）发现低生育文化的作用强于全面二孩政策，造成内生性低生育现象。郑真真（2021）认为文化观念改变家庭的生育行为，中国女性的初婚年龄不断提高，不婚比例持续增加，特别是1980年后出生队列人群中十分显著（封婷，2019）。

三、文献述评

能否生得起、可否养得好是每个家庭首要考虑的问题，生育孩子的数量无疑会对家庭人均收入水平及收入地位产生影响。综上所述，有关收入流动性与生育政策的研究已经深入展开，并为二者的发展实践提供了丰富的理论参考。但是对于二者之间发展规律的研究还很有限：第一，生育政策不断调整完善已经成为影响个体或家庭的经济水平，特别是多孩家庭收入流动性的重要政策性因素。但是，国内学者对收入流动与生育的研究较少，内容也局限于代内和代际收入流动性的界定、度量及其影响路径分析。基于生育视角的收入流动分析十分匮乏，还存在若干方面具备研究空间。第二，现有文献虽然涉及了不同收入阶层的生育意愿，但未有效揭示其中所蕴含的内在机理；在新形势下，系统厘清生育影响收入流动性的决定因素及其动力机制，对于中国构建配套生育支持措施、进而跳出低生育陷阱具有重要现实意义。第三，已有研究侧重于整体分析，缺乏针对城乡、区域以及不同收入群体多孩家庭收入流动性的探讨，忽略了从阶层、城乡视角分析和比较收入流动性对生育的作用机制，不同阶层和区域特征引致的生育对收入流动性的影响也未能予以反映。应分阶层和地区评估二孩家庭收入流动性的异质性，客观解决收入流动性与生育的现实困境，因地制宜地解决不同地区家庭的"生育焦虑"，促进生育政策与生育支持政策、收入分配政策的有效协同。

第三节　研究思路与研究方法

一、研究思路

基于收入流动视角考察全面二孩生育政策的经济影响，具有重要的现实意义和理论价值。本书在充分借鉴已有成果的基础上，围绕生育政策的发展脉络和生育偏差的演进规律、生育二孩家庭的代内和代际收入流动性的统计测度和影响路径、不同生育规模下的收入流动性三个层次展开研究。以人口与生育为线索梳理宏观人口理论与微观生育理论，最终将视角落在生育政策、生育意愿、收入流动性与生育规模之中，通过收入流动性考察全面二孩政策经济影响，对现阶段三孩生育政策的实施及配套制度改革有重要的参考价值和指导意义。

生育政策的发展脉络和生育偏差的演进规律，是全面二孩政策经济影响的基础。梳理国内生育政策的发展脉络和相应的人口变化轨迹，寻找现阶段生育配套制度和措施的实施空间；围绕生育意愿的现有研究，参照二孩生育意愿与实际生育水平之间的偏离程度，遵循区域差异性和阶层异质性，甄别偏离现象下的真正原因；针对二孩生育意愿的作用机制进行细致的经验验证，识别影响因素，确定作用方向。

二孩家庭代内和代际收入流动性的统计测度和影响路径，是全面二孩政策经济影响的重心和归宿。有效测度二孩家庭的静态收入水平和动态收入流动性，双向印证全面二孩政策的经济影响意涵。比较二孩家庭收入变动的差异性，分阶层评估全面二孩政策对微观家庭的经济影响，为优化生育政策和收入分配政策的协同效应提供依据。在此基础上，利用收入转换矩阵和测度指标得到生育二孩后家庭代内和代际收入流动性的长短期变化及异质性特征，系统分析生育二孩对中国居民家庭收入流动性的影响，突出收入流动视角下全面二孩政策的经济效应变化。

不同生育规模的收入流动性比较，是全面二孩政策经济影响的辅证。对比不同生育规模下收入水平和收入流动性，能够更加准确地识别全面二孩政策的经济影响意涵。基于静态和动态两个视角比较分析一孩、二孩和三孩家庭的收入水平、代内收入流动和代际收入流动情况。通过理论模型、收入转换矩阵和测度指标等方法，系统分析代际收入弹性、代际收入转换矩阵和测度指标获得总体变化及不同阶层、不同地区的异质性特征，依此给出相应的政策空间。

二、研究方法

在研究方法上，本书坚持理论方法与历史方法结合，逻辑演绎与经验归纳并重；实证分析与规范分析结合；定性分析与定量分析并重。具体而言：

第一，理论方法与历史方法结合，逻辑演绎与经验归纳并重。理论研究侧重逻辑演绎，历史研究侧重经验归纳。基于宏观人口发展理论，运用微观家庭经济学中的收入与生育分析框架，构建收入流动性与生育理论模型，在此过程中逻辑演绎起着重要作用；利用历史数据实证测度中国生育水平和生育意愿并对其变动历程展开分析，提炼出家庭收入变动与生育意愿的一般性规律，这主要采用的是经验归纳的方法。

第二，实证分析与规范分析结合。以实证研究为标志的经济学科学化已经取得重要进展，但其不应也无法完全排斥规范分析。实证分析是探究客观经济规律的有力武器，规范分析则是对发展成果进行评价的重要方法。交替使用两种研究方法，并尽可能地运用实证研究来分析收入流动性和生育的问题，以增强结论的客观性和可信度。尽可能地搜集样本数据，对相关问题展开实证研究或者对理论模型的分析结论做经验分析。计算机技术和统计软件的快速发展为本书的实证研究提供了便利，运用复杂计量模型分析现实问题成为可能。另外，在论述生育政策演变进程以及依据识别生育配套实证研究得到的结论进行政策涵义推论时，更多地运用了规范研究方法。

第三，定性分析与定量分析并重。全面、准确地反映某一经济问题，既要明确界定其"质的规定性"，又要准确测度其"量的表现性"。二者相互支撑、相辅相成。本书综合利用统计学和计量经济学分析工具，对理论观点予以量化检验。如利用异质性检验方法，证实测度方法的适用性；利用面板数据回归分析方法，确定生育对收入流动性的作用方向和程度；利用经济学理论作为支撑，定量分析影响路径。

此外，比较研究方法也在研究中得到了充分体现。本书对提出的收入流动中度量方法和已有度量方法做了大量的比较研究，分析了二孩家庭收入流动的适用性程度。不仅如此，考虑到二孩家庭的生育意愿依赖于家庭收入地位的变动，因此对不同收入阶层做比较分析，将为基于收入流动视角下全面二孩政策的经济影响机理提供极好的切入点。不同群体的比较分析成为一个显著特点。

第四节 研究路径与结构安排

一、研究路径

根据前述研究思路，形成图 1-1 所示的研究路径。

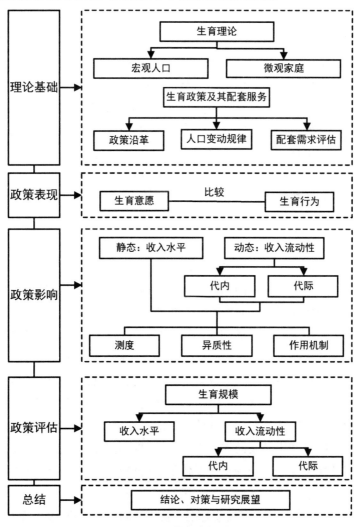

图 1-1 研究路径图

理论基础部分：以人口发展理论为基础，系统梳理人口转变的演进规律；聚焦微观家庭生育理论，明确收入与生育的理论基础；遵循研究主旨设计问卷收集数据，此部分是本书的工作基础。

生育研究部分：梳理中国生育政策的演变历程，确定全面二孩政策实施的现实基础；揭示全面二孩政策下的生育意愿和实际生育水平，结合二者的异同特征探究中国生育问题现状，并考察生育配套措施的可行性和必要性。

收入流动性测度部分：借助统计测度方法，以二孩家庭为基本单位，利用人均家庭收入和个人工资收入实证测度中国整体、城乡、区域以及各收入阶层的静态收入水平和动态收入流动性，据此分析响应全面二孩政策家庭的经济地位变动规律。在此基础上，分别考察生育对代内、代际收入流动性的影响机制，印证理论模型及统计测度方法所蕴含的经济意涵。

生育规模比较部分：测度不同生育规模下家庭的收入水平和收入流动性，借助统计测度方法，区分一孩、二孩和三孩之间的经济地位变化，探讨生育政策的可行空间及经济效应。

以上工作紧密联结、层层递进。最后，综合以上四个方面的研究成果，给出主要结论和政策建议，并展望进一步研究方向。

二、结构安排

具体而言，结构框架安排如下：

第一章，导论。报告的总体框架，介绍研究背景与研究意义，梳理研究综述，阐释研究思路与研究方法，厘清研究路径与结构安排，分析研究难点与创新工作。研究综述方面，集中在收入流动性和全面二孩政策两方面展开，在此基础上，指出已有研究的不足，确定研究内容。

第二章，理论基础与数据收集。基于理论和历史沿革介绍宏观人口理论的演进轨迹，总结各理论流派对人口转变的界定和衡量标准。借鉴微观家庭生育理论，厘清生育与收入流动性的理论机理，为后续各章奠定理论基础。在育龄家庭中开展问卷调查、组织座谈会和深入访谈，及时研究和跟踪人口变化特征，为把握生育变化和家庭动态、相应政策工作及决策提供参考。

第三章，生育政策及其配套服务。基于时间脉络梳理1949年至今不同阶段中国的生育政策，考察并预测不同阶段生育政策的人口数量和人口结构变化。借鉴国际先进经验系统比较生育政策配套措施，评估现阶段中国生育配套服务不同需求的强度偏好。

第四章，全面二孩政策表现：生育意愿与生育行为。基于生育意愿的理论基础、测度方法与实际生育行为之间的研究框架，考察全面放开二孩政策下的二孩生育意愿现状，衡量育龄家庭生育意愿的变化，识别阶层和城乡之间的异质性特征，通过二孩生育意愿层面系统分析全面二孩生育的政策效应。

第五章，全面二孩政策的静态经济影响：收入水平。综述收入水平与生育的已有度量方法，以收入与生育的理论模型为基础，依据 2016 年实施全面二孩政策后的时间序列展开逻辑思路，明确 2016—2019 年二孩家庭收入水平变化，分析生育对二孩家庭收入水平的经济影响。考虑到可能存在的双向因果引致内生性问题，构建育龄夫妇生育年龄的工具变量，获得其中的因果关联。分阶层评估全面二孩政策对微观家庭的经济影响，并验证理论梳理和经验推导得到的影响机制。

第六章，全面二孩政策的动态经济影响：代内收入流动性。综述代内收入流动性的测度方法，梳理并总结归纳代内收入流动性的收入转换矩阵、相对和绝对测度方法。遵循从短期到长期的逻辑思路，采用 2016—2019 年的调研数据，得到不同时期二孩家庭收入地位的变动情况，构建收入转换矩阵和测度指标，考察生育二孩后家庭代内收入流动性的长短期变化。针对中国收入不平等和地域幅员辽阔的现实，结合收入阶层、城乡以及地域三个方面做异质性分析。根据生育二孩对代内收入流动性的作用机制进行细致的经验验证，识别二者的因果关联。

第七章，全面二孩政策的动态经济影响：代际收入流动性。利用代际收入弹性、代际收入转换矩阵和测度指标，得到生育二孩后家庭代际流动性的总体变化及异质性特征，试图解答生育意愿对不同群体代际收入流动的影响。在影响因素层面上选择人力资本、物质资本和社会资本作为中介变量，系统分析生育二孩对中国居民家庭代际收入流动性的传递路径。

第八章，全面二孩政策的经济影响比较：生育规模。鉴于加快居民的收入流动性，促使更多低收入者向更高收入级别流动，同时提高育龄家庭的生育意愿，释放全面二孩政策效应。本章从生育规模视角切入，基于静态和动态两个方面，比较分析一孩、二孩和三孩家庭的收入水平、代内收入流动和代际收入流动情况。从时间维度、收入阶层和城乡地区多维度考察生育规模对家庭的经济影响，结合分析结果，比较鼓励生育政策效应及政策调整的可行策略。

第九章，结论、对策与展望。综合以上章节研究内容和结论，提出对策建议，同时明确未来的研究方向。

第五节　研究创新工作

本书主要创新工作如下：

第一，从"收入流动性"的经济视角，探索影响生育政策效应之谜的原因所在。生育二孩是否会对家庭收入地位带来挑战是一个非常值得关注的问题。从目前国内外的研究来看，已有文献较少涉及生育二孩对家庭代内和代际收入地位的影响，本书从收入流动性这一新视角，论证二孩家庭经济地位的动态变化，丰富现有的人口经济理论和实证研究。

第二，引入生育特征分析收入流动性。以往收入流动性的研究成果，多是将家庭抚养人口比例作为人口特征，考察其对收入流动性的影响，忽略了从生育角度分析收入流动性的程度和趋势。在国家鼓励生育，营造生育友好型环境的背景下，生育对收入流动性的变化直接关乎微观家庭的实际生育水平。因此，本书从生育视域系统研究收入流动性的程度、趋势及传导机制，丰富和发展了收入流动性的研究方向。

第三，探索"二孩生育陷阱"的存在性及其时间效应。比较生育二孩前后家庭收入水平和收入流动性，验证"二孩生育陷阱"的存在性和时效性。通过生育二孩后家庭经济地位变化的长短期经济效应，甄别生育是否为家庭带来"收入流动惩罚"以及"二孩生育焦虑"，据此验证全面二孩政策的经济意涵。

第四，揭示生育二孩对收入流动性影响的群体特征。生育二孩对于不同收入阶层、不同地区家庭的经济影响不同。一方面，不同收入阶层在负担生育二孩的经济成本上具有不同的承受能力，在某一收入群体眼中"多子多福"的好事，可能会成为另一收入群体的"高压线"，这种生育现状的存在严重挑战生育的公正和公平；另一方面，中国城乡之间的人文环境和生育观念差异巨大，导致二孩政策的执行效果和影响程度存在差异。动态比较育龄家庭生育二孩前后收入流动性的阶层异质和空间差异，分阶层、分区域评估二孩政策对微观家庭的经济影响，为优化生育政策和收入分配政策的协同效应提供依据。

第五，生育政策和配套措施的研究分析。生育政策效应的释放是一项复杂的系统工程，既要解决鼓励生育过程中微观家庭的多维度影响要素，更要扭转国家人口低生育率发展的重大实践问题。基于生育二孩对收入流动性的作用机理，提出适应不同区域、不同阶层、不同群体有针对性的生育配套措施，协调、制定和完善、鼓励依循政策生育的经济社会体系。

第二章　理论基础与数据收集

尽管国家的生育政策从计划生育到单独二孩、全面二孩，再放宽到三孩政策，旨在改善人口结构、提高生育率。但是，现实情境却一直伴随着人口规模的缩小和低生育率的长期存在。在此背景下，梳理人口理论和家庭生育理论，将视角落在生育政策、意愿、行为与影响因素之间的关系，考察宏观人口数量和结构的演进过程、微观家庭的生育变动规律，对制定人口发展战略和生育政策具有重要的借鉴意义。此外，借鉴宏观政策和社会、微观家庭和个体等要素对生育的影响，在育龄家庭中开展问卷调查、组织座谈会和深入访谈，及时研究和跟踪人口变化特征，可以为把握生育变化动态、收入相应政策工作及决策提供数据支撑。

第一节　理论基础

以人口与生育为线索梳理宏观人口理论与微观家庭生育理论，为后期研究奠定理论基础。

一、宏观人口理论

（一）传统人口转变理论

1798 年，英国学者马尔萨斯（Malthus）在《人口原理》一书中提出了人口增长理论，首次将人口数量和增长作为基础论述学术观点。马尔萨斯认为人口和食物的增长速度可以表示为两个数量级，人口增长属于指数增长，而食物增长则是线性增长，二者比较可知，前者将快于后者一个数量级。增长速度的差异性造成人口和食物在供给方面不均衡，食物供给的增长无法满足人口数量的增长，从而出现"过剩人口"的现象，导致人口失业率的提高、贫困人口数量的增加以及饥饿人数的增多，进而得出悲观的人口变化规律，因而又称为"悲观人口理论"。根据马尔萨斯理论，为了避免"过剩人口"的贫困与饥饿，人们要尽量控制生育、降低人口增长速度，保障人口和食物的同步增长。

第一，马尔萨斯人口论的价值与适用性。价值方面，马尔萨斯理论首次论述了人口规律，对于经济学、生物学和人口学的发展具有重要影响。一是促进了生物学的发展和完善，马尔萨斯理论奠定了生物学家达尔文（Darwin）的进化论学说；二是启发了经济学家大卫·李嘉图（David Ricardo）开创了"工资定律"，并由马克思（Marx）在《资本论》中演绎和发展，成为剩余价值理论的重要环节；三是将人口增长和生育规律作为重要学科进行论述，不仅为人口论的发展奠定基础，也为后期人口转变理论、人口经济学、人口社会学的发展提供了更好的研究视角，这是其最为重要的贡献。适用性方面，从人口发展过程看，马尔萨斯理论并不能完全解释人口增长规律。在人口学发展的早期阶段，马尔萨斯的人口论可以明确描述传统农业社会经济不发达下人口增长与食物之间的关系，二者的不同步印证了马尔萨斯理论，也解释了达尔文理论的食物供给与该理论的紧密关系，证明了该理论的合理性和有效性。但是，随着人口学理论的不断发展，社会经济的持续进步，马尔萨斯理论对于人口和生育的变化规律不再适用，经济快速发展下物质生活质量大幅上升，食物增长速度加快，然而人口增长速度却逐渐下降，这是马尔萨斯理论无法解释的现象。可见，马尔萨斯的人口论更加适用于早期社会发展，但并不适用于后期，因而学术界对该理论褒贬不一。马克思、恩格斯（Engels）认为马尔萨斯将人口论独立于经济和社会层面而单独进行阐述，有悖于人口发展的自然规律，因而曾在著作中批判过马尔萨斯人口论（张立中，1979）。

第二，中国人口发展与马尔萨斯人口思想。1949 年中华人民共和国成立后，中国处于贫穷落后的社会发展阶段，马尔萨斯人口论适用于解释人口增长与食物供给速度的关系，人口多、食物少的现象交织出现，因而这一阶段中国人口政策是控制人口增速的限制生育政策。然而，20 世纪 80年代改革开放后经济快速发展，社会主义市场经济提高了人们的生活质量和经济水平，城镇化的不断推进使得人口增长和食物供给不再具有直接关系，这一阶段的人口变化与马尔萨斯人口论存在悖论，无法解释人口与经济的发展规律。因而，国内学术界认为这一阶段马尔萨斯人口论不再适用。伴随着人口过快增长速度，资源配置变得困难，这一情境下解决矛盾的途径就是控制人口。马寅初（1997）在论述人口过快增长的现象时强调其与马尔萨斯人口论不同，称之为"新马尔萨斯人口论"。马尔萨斯人口学在经济贫困时期仍然存在一定的价值和作用。但是，马尔萨斯人口论的问题是将人口看作独立变量，仅仅把人口增长和食物供给看作一成不变的数量等级差异，这种脱离社会和经济发展的看法无疑制约着该理论的合理性和适用性。人口和生育增长实际上需要由当下的经济和社会环境共同决定。人口和生育在宏观环境的影响下越来越受制于微观个体的主观意愿，因而人口生育率和人口增长变化规律变得难以解释和掌握。

（二）近代人口转变模型

19 世纪 50 年代后期，欧洲国家经济迅速发展，马尔萨斯人口论不再适用解释人口增长规律。学者们试图解释经济发达下的工业化国家人口变动规律，进而创造人口转变理论，经过近 150 年的时间，众多学者对该理论进行了精彩的演绎和推广，并不断被后来的工业化国家所印证。事实证明，虽然学者们质疑这一理论的准确性，但是这一模型的结论仍然符合工业化国家人口变动的整体趋势和变化规律。以人口转变理论的思想为基础，1990 年联合国构建了人口转变模型（见图 2-1）。这一模型将人口变化分为 4 个阶段，描述每个阶段人口出生率、死亡率、总和生育率以及预期寿命等人口指标的变化趋势，为工业化国家的人口转变规律提供明确的轨迹，为判断人口变化阶段提供标准。

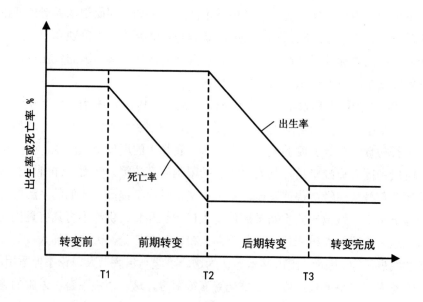

图 2-1 人口转变模型

图 2-1 模型显示，第一阶段属于"转变前"时期，人口变化表现为"高出生率、高死亡率"，处于传统人口发展阶段，这一时期的社会多是经济水平落后的传统农业社会，可以看作是适用马尔萨斯人口论的人口增长速度快于食物供给阶段，是人口增长较为稳定的时期。第二阶段则是人口转变"前期"，这一阶段的人口死亡率急剧下降，但出生率相对平稳，保持稳定的增长速率，导致这种变化的原因在于社会经济迅速发展，由传统农业社会进入工业化社会。第三阶段是人口转变"后期"，这一时期的人口死亡率相对稳定，但人口出生率发生大幅下降，随着工业化的不断发展，社会进入现代化阶段，社会经济环境、工业化和城市化程度发展成熟。第二和第三阶段是人口转变模型的核心部分，统称为"人口转变时期"。与其他阶段相比，这两个阶段的人口增长存在显著差异性，人口由转变前的高自然增长率变为转变后的低自然增长率。经过长期的人口替代过程，人口变化进入第四阶段，即人口转变完成时期，人口增长呈现出"低出生率、低死亡率"特点，学者称这一阶段为"后工业化"阶段。经过 4 个阶段后，人口从农业社会的"高出生、高死亡、低增长"转变为工业化成熟发展的"低出生、低死亡、低增长"。除此之外，与人口数量相关的指标也发生显著变化。例如，人口预期寿命延长和人口结构老化指标均大幅增大，由第一阶段的低位水平升至第四阶段的高位水平。具体而言，随着社会的进步和发展，第二阶段生活质量和医疗水平相应得到改善，延长了人口的寿命指标，但是这一时期的出生率仍处于高位，导致人口大量激增。第三阶段人口出生率大幅下降，人口推迟效应获得叠加，人口结构老龄化现象十分普遍。第四阶段，死亡率和出生率双向下降，人口数量增长在达到最高位后逐步变为零增长。

从 4 个阶段的人口转变理论可以获得值得高度重视的结论。第一，人口转变的基本引擎是社会进步和经济发展。当社会结构由农业社会转变为工业化社会，或是现代化社会，这种转变往往伴随着人口数量的转变，从高位降为低位，只要社会一直处于发展阶段，人口的变化就不会停止。第二，人口的大幅激增可以看作是人口变化的自然规律，是不可改变的变化过程。虽然人口增多需要社会承载更多的资源压力，需要面对资源不足、人口增长快于环境承载能力的矛盾，然而，这种现象实际上是人们生活品质和社会福利提高的表现。正如 2011 年联合国人口基金（United Nations Population Fund）报告中提及的"从社会、经济、资源的多方面观察，现阶段的人口规模实际上是一次创举、一种胜利"，因此，人口增长并非是一种错误，这是人口转变的必然过程。第三，人口老龄化现象是人口转变的另一个结果，产生伊始是人口转变的第一和第二阶段，这些新增的人口在后期死亡率下降和寿命延长叠加的情况下，就会导致人口老龄化的出现。如果将这种现象看作是负面和消极的，那么就是在否定人口的转变规律，这一看法是不恰当、有悖科学发展规律的。因而，人口老龄化的挑战应该是以积极、科学的态度去面对和解决。综上所述，人口转变理论解释了不同社会结构下人口的变化规律和发展路径，为人口论提供了新的视角。

（三）新人口转变理论

虽然人口转变理论解释了人口和传统社会、工业化社会的发展规律，但是对于现代化社会人口的变化趋势却无法明确地诠释和表达。自 20 世纪 60 年代起，发达国家人口生育率降低至最低总和生育率（更替水平）后仍然持续下降，并未如人口转变理论所述的围绕低于最低总和生育率上下波动。并且。随着时间变动这种趋势逐步明显，至 20 世纪 80 年代发达国家和新兴工业化国家的人口总和生育率降至更替水平 1.5 以下，有些国家甚至低于 1.3。进入 21 世纪后，总和生育率变得十分严重，2017 年世界的 81 个国家和地区进入低生育率阶段，其中，低于 1.5 水平生育率的国家有 19 个，低于 1.3 水平生育率的亚洲国家和地区有 5 个（林宝等，2019）[①]。

事实证明，传统人口转变理论无法解释现代化社会下人口变化趋势的现象，总和生育率降至最低水平后并没有如理论所述在低水平徘徊，而是持续下降，然而这背后的原因该理论并未提及。为此，学者们在传统人口转变理论的基础上论证了新的人口转变理论，称之为第二次人口转变理论（Second Demographic Transition，SDT）。该理论认为，在人口经过 4 个阶段的转变后将继续保持低生育率水平。随着低生育和超低生育率现象越演越烈，学者们对于生育问题的关注度逐渐升高，并提出了"低生育陷阱"假说（LUTZ，2005）。一旦某个国家或地区进入"低生育陷阱"，则表示人口数量将大幅锐减、人口老龄化结构突出，人口总量和结构不断恶化，社会经济的发展随之面临巨大挑战。为解决这一问题，大多低生育率国家和地区实施了鼓励生育的政策和措施，如德国、日本、韩国、新加坡、法国、

---

① 5 个国家和地区的总和生育率分别是：韩国为 1.23、新加坡为 1.23、中国香港地区为 1.2、中国澳门地区为 1.19 和中国台湾地区为 1.11。

瑞典、俄罗斯，中国台湾地区等，但是生育率并没有真正提高，政策效应不理想。

自 21 世纪起，中国也进入了低生育与老龄化并存的时期。为鼓励生育，国家逐步在 2014 年实施单独二孩政策、2016 年实施全面二孩政策、2021 年实施三孩政策，旨在提高中国的生育水平。然而，如其他国家一样，中国出生人口数量和生育率并未得到大幅反弹，生育政策允许的情况下生育意愿并不强烈。表 2-1 显示了鼓励生育政策下中国出生人口和出生率，由结果可知，鼓励生育政策实施前，出生人口总数具有明显的下降趋势，出生率维持在 12% 左右，鼓励生育政策实施后，政策初期的出生人口和出生率均出现显著增加，如 2016 年全面二孩政策初期，出生人口增加了 131 万人，出生率达到近 10 年最高 12.95%。然而，自 2017 年起出生人口数量和出生率均呈现下降趋势，至 2019 年人口出生率仅为 10.48%，每年平均出生人数不超过 1600 万，显著低于《"十三五"全国计划生育事业发展规划》中每年 1800 万的人口要求。按照人口变化的发展规律以及社会化进程对于生育和人口的负面作用，未来低生育率和老龄化深化并存的现象将长期存在，成为中国人口变化发展过程中显著的问题，并对社会各个维度的发展产生重要作用，因而对生育问题的考察具有现实意义。

表 2-1　生育政策变动下的出生人口与出生率

生育政策	计划生育政策				单独二孩政策		全面二孩政策					三孩政策
年份	2010	2011	2012	2013	2014	2015	2016	2017	2018	2019	2020	2021
出生数（万人）	1588	1604	1635	1640	1687	1655	1789	1723	1523	1465	1004	1062
出生率（‰）	11.90	11.93	12.10	12.08	12.37	12.07	12.95	12.43	10.94	10.48	8.50	8.00

数据来源：国家统计局历年统计公报。

二、微观家庭生育理论

20 世纪 50 年代，随着经济的发展和增长，人口数量的变化主要来自生育率。由于生育问题取决于家庭内部决策，因而学者们将焦点集中在家庭经济学视角，从家庭经济因素出发，以家庭为研究对象，阐释家庭收入与生育规模之间的作用关系和内在机理，进而产生了新的经济学派——家庭经济学。与宏观人口经济学理论相比，家庭规模经济决策理论得到了较为快速的发展和精彩的演绎。该学派致力于微观家庭，考察生育决策及生育率的研究。家庭经济学的经典理论主要包括莱宾斯坦（Leibenstein）基于边际成本分析的生育成本—收益理论（Leibenstein，1957）、贝克尔（Becker）基于消费者需求分析的家庭生育决策理论（Becker，1960）和伊斯特林（Easterlin）基于供求平衡分析的生育供给需求理论（Easterlin，1978）。随着家庭经济学的不断发展，这些理论在学术界和现实社会获得了广泛认可和深远影响。本节将对三大理论的发展脉络进行阐述，以期为后面的模型构建和实证分析提供理论基础。

（一）生育成本—收益理论

莱宾斯坦在 1957 年首次提出基于边际成本的生育成本—收益理论。该理论从微观经济学出发，采用成本效应理论判断微观家庭的生育决策行为，开创了家庭经济学学派的时代。这一理论的观点将子女看作家庭产品，与普通产品类似，也是需要通过生产投入获得收益。其中，生产投入是指生育子女付出的成本，收益则是子女为家庭产生的效用。为此，家庭是否生育子女取决于家庭对不同产品的资源配置情况，只有在实现效用最大化的前提下，家庭才会选择生育子女。

1. 基本假设

生育成本—收益理论需要满足两个假设条件：第一，作为生育主体的育龄夫妇，双方需要能够自主决定家庭生育决策，包含家庭生育的数量、时间和间隔。这一假设条件是满足理论的必要条件；第二，子女被看作是家庭的正常产品或是耐用品，生育子女的数量越多，家庭正效用越高，包括经济效用或者情感效用。

2. 生育成本

家庭的生育成本是指生育子女的生产投入成本，分为两部分：直接成本和间接成本。直接成本包含生养子女所支付的费用，如孕期检查、营养支出和分娩费用等生育费用，以及养育子女需要的基本生活支出、教育支出和未来可能需要支付的婚姻成本等养育费用。间接成本包含家庭生育子女的时间成本和机会成本。其中，时间成本是指生育和养育子女需要的时间投入和由此导致的收入或闲暇损失。机会成本是指夫妇双方因生育子女造成的人力资本回报率、职位升迁等方面的损失，以及消费水平和生活品质的下降。

　　3. 生育收益

　　家庭生育子女的收益源自家庭效用，即子女为家庭带来区别于其他商品的满足程度。莱宾斯坦将家庭效用划分成 6 类：一是消费效用，根据子女的"消费品"属性，通过消费为父母带来情感方面的满足和慰藉；二是收入效用，子女的"生产品"属性表明，子女通过从事家务劳动或成年后进入劳动力市场，为家庭获得更多的经济收益；三是风险抵御效用，子女在为家庭带来经济收益的同时，也在一定程度上为父母提供经济风险保障，降低原生家庭未来可能遇到的经济风险；四是老年保障效用，子女成年后反哺父母，照料父母的生活，发挥"养儿防老"的效用；五是保持或提升家庭地位的效用，当将子女看作产品时，他们就成为家庭人口再生产的必然产物，从情感上起着维系父母婚姻和家庭稳定的作用，对家庭的社会地位也发挥着正向效应；六是生育规模扩张效用，生育子女有助于扩大家庭规模，特别是在传统的农业社会，生育规模扩张是保证生产资料的重要环节。

　　4. 决策原则

　　莱宾斯坦理论将子女看作正常产品，仍然符合边际效用递减规律，随着子女数量的增加，其边际效用不断下降，边际成本不断上升。理论模型通过比较边际效应与边际成本确定生育决策，子女的出生次序越高，模型越适用，因而成本—收益理论实际上考察的是边际子女的生育决策模型。具体而言，育龄家庭首先需要对比生育子女的成本与收益，当生育次序最高的子女获得的收益大于成本时，也就是边际效用大于边际成本，那么父母就会选择生育。反之，当生育次序最高的子女获得的收益小于成本时，也就是边际效用小于边际成本，那么父母就会选择停止生育。家庭子女数量的增多将导致生育意愿的下降。家庭子女数量与收入水平息息相关。家庭收入与子女的边际效用成正比，与边际成本成反比，即收入越高，边际效用越低、边际成本越高。一方面，家庭收入增长可以降低生育效用，如消费效用、劳动经济效用和养老保障效用。另一方面，家庭收入增长的同时，会进一步提高生养成本和机会成本。

　　借助图 2-2 可以更直观地解释该理论，第一，收益方面，家庭生育第 n 个子女获得的效用 U_n 小于第 $n-1$ 个子女的效用 U_{n-1}；成本方面，家庭生育第 n 个子女花费的成本（负效用）D_n 大于第 $n-1$ 个子女的成本 D_{n-1}。第二，当家庭收入水平低于 y_1 时，第 n 个子女的效用 U_n 将高于成本 D_n，这种情况下育龄夫妇选择生育第 n 个子女；当家庭收入高于 y_1 时，第 n 个子女的效用 U_n 将小于成本 D_n，这种情况下育龄夫妇不会选择生育第 n 个子女。随着家庭收入不断增长，当其升高于 y_2 时，根据以上原理育龄夫妇将不会生育第 $n-1$ 个子女。由此可知，家庭收入水平提高，将导致生育意愿的降低，同时带来整个社会生育水平的下降。莱宾斯坦理论为微观生育理论的发展提供了分析框架，也启发将家庭收入和生育成本纳入到后续的研究体系中，综合家庭的经济水平考察生育问题。

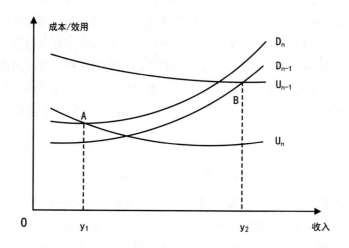

注：U_n 和 U_{n-1} 分别表示生育第 n 个和第 $n-1$ 个子女产生的效用；D_n 和 D_{n-1} 表示生育第 n 个和第 $n-1$ 个子女需要支付的成本；y_1 为家庭生育第 n 个子女的收入临界值；y_2 为家庭生育第 $n-1$ 个子女的收入临界值。

图 2-2　莱宾斯坦边际生育决策模型

（二）生育消费理论

20 世纪 60 年代贝克尔将西方经济学中的"消费者需求"思路融入到生育收益—成本框架之中，创立了家庭对子女的需求理论，并在其基础上提出关于"净成本"的概念，揭示家庭生育理论和决策。与莱宾斯坦理论不同的是，贝克尔将生育看成是一种消费行为，家庭养育子女的目的是从子女身上得到精神和心理满足，类似于耐用消费品。假设一定时期内家庭的收入和支出不变，收入可以用于"购买"子女这一耐用消费品，也可以"购买"其他耐用消费品，因而生育均衡条件就是在子女和其他耐用品之间进行选择以满足家庭效用最大化，这就要求家庭对收入进行合理、有效的配置。这一思想是贝克尔生育消费理论的核心，他将家庭成本和效用得到的净成本概念融入到模型中。

图 2-3 直观显示了家庭的生育决策过程。家庭成本指生育和养育子女的货币现值以及时间影子价格现值之和，家庭效用则指子女为家庭付出的货币和服务现值之和，家庭成本与效用之差就是子女的净成本。假设子女为 X，其他耐用消费品为 Y，T 期收入预算线为 aj_1，T+1 期收入预算线为 aj_2。不同时期的预算约束下，家庭要对子女 X 和其他消费品 Y 合理组合，以期得到效用最大化。具体而言，T 期家庭收入预算线 aj_1 与无差异曲线 U_1，相切于点 E_0，得到子女最优生育数 q_0。T+1 期家庭收入增加，收入预算线移动至 aj_2，此时收入预算线与无差异曲线 U_2 相切于点 E_2，得到新的子女最优生育数 q_2。生育子女数变化的原因来自两方面：一是替代效用，在家庭总收入不变的情况下，其他商品价格变动导致家庭对子女需求数量的变化；二是收入效应，家庭总收入变动导致子女需求数量产生的变化。家庭根据替代效用和收入效应共同作用产生的净成本，对生育子女数量进行决策。

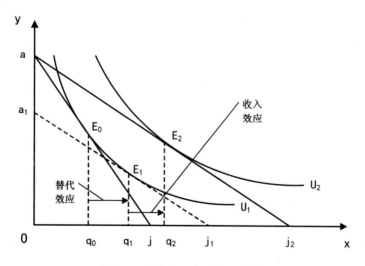

图 2-3 贝克尔子女消费理论模型

贝克尔的子女消费需求理论可以成为微观生育领域中的经典学说，主要在于该理论将家庭经济学与微观经济学相互融合，更为深入地揭示微观家庭的生育决策过程，同时衍生出独到的观点和理论。

第一，子女数量—质量选择理论。按照贝克尔的子女消费理论模型，生育子女数量很大程度上取决于收入水平，即收入预算决定。子女是"正常消费品"，家庭收入水平提高将产生正向的收入效应，生育子女数量会增多。因此，高收入家庭应该更加倾向于生育子女，而低收入家庭则更加偏好其他消费品。然而，历史数据的结果截然相反，随着经济的快速发展，家庭收入水平普遍提升，人口生育率却持续下降。为此，贝克尔将子女的数量和质量理论加入到原有模型中，试图解释这一现象。加入子女质量后的消费函数表明，家庭的生育决策并不仅仅取决于子女数量，还要在数量和质量之间进行权衡。一般而言，家庭对子女质量的收入弹性大于子女数量，家庭收入的增长将更多地提高质量偏好，而非数量偏好。

贝克尔基于子女质量—数量理论构建家庭收入预算约束模型：

$$p_n n + p_q q + p_c qn + \pi_Z Z = I \qquad (2-1)$$

其中，n 表示子女数量，p_n 表示与子女质量无关的养育费用，q 表示子女质量，p_c 表示与子女质量相关的养育费用，Z 表示其他消费品组合，π_Z 表示消费品组合 Z 的影子价格，I 表示家庭收入。

构建家庭效用模型为：$U = U(n, q, Z) \qquad (2-2)$

将子女数量和质量纳入到模型中，式 2-2 说明家庭效用的大小与子女质量、数量和其他消费品组合密切相关。式 2-1 和式 2-2 的共同作用能够求解效用最大化下的子女数量最优值和子女质量的影子价格。即

$$\pi_n = \frac{MU_n}{I} = p_n n + p_q q$$

$$\pi_q = \frac{MU_q}{I} = p_q + p_c n \qquad (2-3)$$

式（2-3）结果显示，子女数量和质量的影子价格具有重要关系。如果子女数量的影子价格提高，家庭会将更多的资源投资到子女质量中，导致子女质量增大，子女数量减少，因此出现子女质量替代数量的现象。家庭更多地提高质量偏好，而非数量偏好。相应地，如果子女质量的影子价格提高，子女数量将变多，家庭的投资配置无法增加子女质量。以上推导过程说明子女质量和数量需求是相互替代的，二者呈现负相关关系。使用这一结论能够更好地解释随着社会经济的发展和家庭经济水平的提高，人口生育率将长期降低，而人口素质则持续提高。同时，这一理论诠释了不同

收入阶层生育决策的特征，低收入家庭往往追求子女的数量，高收入家庭则更加偏好子女的质量。

第二，家庭养育时间分配理论。贝克尔生育理论论证了家庭收入与生育的密切关系。值得注意的是，家庭收入变化的源头十分重要。父亲与母亲收入增长后引致的生育决策差异巨大。如果母亲收入水平提高，表示母亲养育子女的时间机会成本相对增大，子女数量需求相应减少；如果父亲收入水平提高，表示母亲养育子女的时间机会成本相对减少，子女数量需求相应增多。这一理论阐述了家庭养育时间分配。与传统消费者行为不同，家庭的生育决策既要受到经济预算约束，还要受制于生育时间配置。个体进入劳动力市场获得收入，在闲暇中得到效用，通过劳动和闲暇之间的选择达到效用最大化。母亲是生育的载体，其时间的分配对于生育格外重要。一般而言，母亲的时间可以分为两部分：市场活动时间和非市场活动时间。前者是进入劳动力市场工作获得收入所花费的时间，后者则是非工作时间所付出的时间，包括生育子女所支付的时间。非市场活动时间的影子价格由市场工资率决定，母亲的收入提高意味着非市场活动时间的影子价格增长，也就是说，母亲生育子女所损失的劳动收入将增大，养育时间成本也会增加，母亲收入与生育子女数量呈负相关关系，这种情况下家庭自然会降低生育需求，减少子女生育数量。相对而言，父亲的劳动收入往往与家庭的生育需求呈现正相关关系，子女数量的增多会激发父亲更愿意投入到劳动力市场，提高劳动收入。此外，时间价格是个体人力资本程度的增函数，女性受教育程度的提升是生育率变化的主要要素。该理论对于女性社会经济地位的研究具有一定的启示作用。提高女性的劳动就业和学习文化机会，增强个人人力资本水平，不可避免地会降低生育率。如何兼顾女性受教育程度和生育需求，是一项复杂、重要的工作。

（三）生育供给需求理论

20 世纪 60 年代，人口经济学的焦点主要集中在边际效用分析和基于消费者需求的生育理论方面，缺乏对生育需求和供给的研究。经过二十多年的理论演绎和发展，人口经济学家伊斯特林提出了生育的供给与需求分析理论。从这两个方面出发考察生育率的变化趋势和发展原因。

生育供给是指育龄夫妻未进行生育规模规划和节育手段或措施的前提下，夫妇生育并存活的子女数量，考察重点是子女的自然生育率和存活机会。其中，自然生育率可以看作非控制生育率，是指每 1000 个育龄女性在不进行节育情况下生育子女的数量。实际上，子女供给不代表育龄女性的生育潜力。原因是尽管没有进行主观节育，或者并未进行自觉限制生育子女数量的措施，但社会环境、文化传统、身体因素或是风俗习惯仍然通过非主观渠道影响着生育，导致子女供给往往低于或远低于女性的实际再生产潜力。生育需求是指育龄夫妻对生育子女的需求，在节制生育可控的情况下，育龄夫妻意愿生育并存活的子女数量。因而，生育需求既受到父母生育偏好的影响，又取决于家庭收入、子女养育成本和效用。其中，父母对子女的生育偏好包括子女数量和性别偏好。

伊斯特林指出，子女的供给和需求通过多种传递路径发挥作用，并将传递路径分为4种：公共卫生和医疗技术、人力资本、人口城市化程度、大批新商品以及家庭计划方案。第一，公共卫生和医疗技术。社会进步促进公共卫生和医疗技术的提升。卫生技术和设备的进步能够增加人口再生产的能力，主要表现在：提高人们特别是女性的身体素质和生育能力，提高婴幼儿疾病的治愈率。身体素质的提高能够增强人们从事物质生产的能力，进而增加家庭收入，直接作用于子女质量和数量的偏好选择，影响生育率。第二，人力资本。社会的不断发展增加了人的受教育机会，人力资本能力增强对于子女供给具有双向作用。一方面，教育有助于普及生育卫生知识，打破生育陋习，提高子女潜在供给。另一方面，教育提高人力资本回报率，人们可能降低子女供给。第三，人口城市化程度。城乡二元化的现实情境造成中国人口的大规模迁移状况，人口在城乡之间的重新配置改变了居民的生育成本和生育观念。城市居民生育的直接成本和时间成本较高，在一定程度上抑制了潜在的生育供给，尽管农村居民生育成本相对较低，但生育观念更具有性别偏好，提高潜在生育供给。因而，人口城市化作为媒介，导致生育供给与需求在城乡之间存在差别。第四，大批新商品以及家庭计划方案。20世纪科技飞速发展的显著特点是大量新产品的出现，如电视机、电冰箱、汽车、电子计算机以及各种新的娱乐器具和娱乐场所。这些新产品改变了人们的生活方式，提高效用水平，由此替代了生育子女的需求，降低了生育水平。另外，还存在若干因素作用于子女的供给和需求，如家庭收入的增长、女性的就业普及率、家庭结构的变化、生育观念的改变等。

三、收入流动理论

（一）社会阶层与社会流动

社会结构是一个国家或地区占有一定资源、机会的社会成员的组成方式及其关系格局，包含人口结构、家庭结构、社会组织结构、城乡结构、区域结构、就业结构、收入分配结构、消费结构、社会阶层结构等若干重要子结构，具有复杂性、整体性、层次性、相对稳定性等重要特点。社会阶层作为一种社会现象客观地存在着，是对一个社会结构的静态反映，相反，社会流动则是从动态视角对社会结构的形成过程进行研究。

1. 社会阶层

社会阶层（Social Structure），又称社会分层，是指社会中的人们被区分为高低有序的不同等级、层次的过程与现象。社会阶层分化对社会结构的形成、发展产生了重要影响。一般说来，社会阶层主要有三个特点：第一，在横向上，每一阶层的社会成员在社会生活中的地位大致相同，在经济关系、政治倾向、收入水平、教育程度、社会声望等方面表现出一定的相似性。第二，在纵向上，不同阶层社会成员的社会地位存在着高低有序的等级差别，并且还导致不同社会群体的社会活动范围和所拥有的社会机会存在差异。第三，社会不平等的制度化是社会阶层产生的基础。社会阶层是建立在法律或规则和结构基础上的、已经制度化的、比较持久的社会不平等的体系①。

实质上，社会阶层结构的形成是基于不平等产生的。我们已知的所有社会都存在着某种类型的不平等，那些最具特权的个人和家庭过多地占有着权力、声望和其他一些有价值的资源，迄今为止，人类的生存环境从根本上依旧是不平等的。社会的不断分层正是这种长期存在的不平等演进的结果，并且随着人们思想、意识等的不断提高强化了这种分层现象。然而，不平等的产生归根结底是由于资源本身是稀缺的，但对于个体发展和社会系统的正常功能性运转又是非常有用的。这些稀缺资源虽然各不相同但都被赋予极高的价值，同时分配这些稀缺资源则的不同，导致一部分人（优势阶层）优先得到它，并且拥有稀缺资源的数量也较充裕。这样就形成了

---

① 社会不平等的制度化是指当特定的社会资源分配方式以及由此形成的社会不平等体系固定下来，并且已经成为社会的共识。

不同阶级阶层之间的利益关系，从而导致人们对自身的阶层状态与稀缺资源的分配制度的关注程度越来越高。

不平等导致了社会资源分配的不均，从而产生了社会阶层。那么什么决定了社会阶层的划分？两种最基本的经典理论模式和分析框架回答了这一问题：一是马克思依据对生产资料的占有方式来界定阶级；二是韦伯（Weber）认为分层体系中除了经济之外，还有两个重要的维度：权力和声望。

第一，马克思的阶级理论。运用马克思的社会阶级理论来解释整个社会阶层结构问题，对于社会阶层的深入理解有着重要意义。虽然马克思从未对阶层下过一个完整的定义，但是人们在对马克思主义理论的解读中，尤其是在《资本论》中，可以很明显地看出马克思的社会阶级观。马克思认为工业化以后，整个社会就是两个极端的阶级：一个无产阶级，一个资产阶级，这两个阶级形成了阶级社会。阶级的产生源于生产资料和劳动的占有关系，它是造成成员之间社会地位不平等的主要根源。在这里，生产资料和劳动的占有关系研究的是劳动资料和劳动对象所有权的问题，生产资料占有关系的不同使社会成员在社会生活中产生差别，而阶级差别正是导致社会不平等的根本原因。马克思的社会阶级理论是从生产过程中分析社会阶层，基于当时人们作为阶级成员实实在在的存在和社会成员与社会资源占有关系的认识而形成的，是具有各自的言语和文化、与社会群体极相近的一种社会类型。

第二，韦伯的社会分层理论。与马克思以生产资料占有方式作为划分社会阶级的标准不同，韦伯从财富、声望、权力等多维角度对社会阶层进行研究。韦伯同时强调了市场的作用，他认为分层的结果必须通过市场才能显示出来，各种分层因素通过市场竞争获取优势，进而形成社会分层。因为分层因素只有与市场机会结合才能产生利益，继而造就阶级。随后，韦伯的社会分层理论的重要性越来越被社会学家所认识，使该理论的研究得到了进一步发展和演绎。

2. 社会流动

社会流动理论诞生于 20 世纪 20 年代，索罗金（Sorokin）在 1927 年出版的《社会流动》一书中指出，"社会流动意味着个人或社会的事物及价值，即由人类活动所创造的或改变的一切事物从一个社会位置向其他的社会位置的移动"。社会流动本质上是一种社会资源重新分配的过程。什么因素决定了社会地位的变动？一个人社会地位的流动是由多重不同等重要的因素组成。现代社会认为个人社会地位流动的主要因素有职业、收入地位以及代际情况。

社会流动主要从社会位置和代际两方面对社会流动进行划分。按照社会位置变动情况的不同，可以将社会流动划分为垂直流动和水平流动，分别表示人们的社会位置在纵向、横向上发生变化。其中，垂直流动还可以再分为上向流动和下向流动，前者表示社会位置的提升，后者表示社会位置的下降。索罗金认为垂直流动具有相对稳定的特征，因为它可以给处于较低地位的人提供改变社会位置的机会。著名社会学家帕金也曾经指出，相对于下向流动，上向社会流动在维护现有的社会结构不平等上起着至关重要的作用。上向流动的社会成员为社会底层的社会成员提供了机会，缓解了社会不平等造成的紧张情绪。根据社会流动的比较标准，还可以将社会流动划分为代际流动和代内流动。代际流动是指不同代人之间的社会地位变化，代内流动是个人在不同阶层中的社会地位变化。

在社会学研究中，社会流动一直被作为衡量社会开放程度的指标和社会不平等的指示器，可以反映不同社会位置之间是否存在阶层壁垒。较高的社会流动率可以作为一种缓释剂，平缓底层人群的仇富情绪。索罗金认为，社会流动率随着社会的发展不断增高，二者呈正相关关系。如果通过个人努力人们能够获得自由的流动，从而改变所处的社会位置，即社会下层的人就能够改变自己的不利地位，而处于社会上层的人也有可能丧失自己的优势地位，那么整个社会资源的分配将比较合理和公平。

（二）持久收入理论

1957年，美国著名经济学家弗里德曼提出了研究居民消费行为的持久收入理论。他将收入分为两类：持久收入和暂时收入。持久收入是指在长期内得到的平均收入，一般是过去较长时间的平均预期收入。暂时收入是指在短期内得到的一次性的收入或是目前的收入，具有短暂性和偶然性，收入值可能为正，也可能为负。

假定消费者以其效用最大化为目标化，弗里德曼认为只有持久收入才能影响人们的消费。也就是说，决定居民的消费水平的重要因素不是当前收入的绝对水平，也不是当前收入和过去最高收入的关系，而是居民的持久收入。在这里，他举了一个简单的例子：设想一个人每星期一次，只在星期五得到收入，根据持续收入理论，这个人只在每周的星期五消费，而在其他日子不消费，人们宁愿平稳地进行消费，而不愿意今天丰盛，明天或昨天短缺。

持久收入理论为收入流动性的发展奠定了坚实的理论基础。根据持久收入理论，收入流动性由两方面来决定，即持久收入成分和暂时收入成分。决定持久收入的因素包括性别、个人所受的教育水平、职业特征、所处位置和其他的系统因素；而暂时性收入则是由在某一特定时期内相对重要的因素所影响，并且这个或这些因素与持久收入无关。

假设个人 i 在时间 t 的收入或收入对数记为 W_{it}，那么它与持久收入成分 X_{it} 和暂时收入成分 U_{it} 之间的关系可以由下面这一公式表示[①]：

$$W_{it} = X_{it} + U_{it} \tag{2-4}$$

更一般的，假设：

对于个人 i，U_{it} 在观测时期内是独立同分布的　　　　　　　　　(2-5 a)

对于时间 t，U_{it} 在观测时期内是独立同分布的　　　　　　　　　(2-5 b)

显然，假设一是为了避免序列相关性，主要是针对影响收入的偶然性因素而言；假设二的独立假设表示暂时性因素具有特殊性，同分布的假设则意味着暂时性收入的方差在观测时期都是相同的（Atkinson，1992）。

由公式（2-5）可知，在一段时期内，持久收入成分 X_{it} 随着时间的变化不会有明显改变。因而，暂时性收入的变动是个人收入变动的主要原因。当暂时性收入的变动使人们之间的收入地位发生改变时，就会产生收入流动的现象，即发生收入流动性。

（三）收入流动性与收入分配

20 世纪 70 年代，美国著名的新古典经济学家克拉克（Clark）在其代表著作《财富的分配》中根据两种不同的理论思路，将收入分配的研究分为两类：功能收入分配与规模收入分配。功能收入分配（Functional Distribution of Income）又称为要素收入分配，立足于收入来源研究收入分配，而不关注各种要素的贡献与收入的所有者之间的关系；规模收入分配（Size Distribution of Income）又称为家庭收入分配，关注的是收入所得者的规模与其所得收入的规模之间的关系，焦点集中在不同阶层的人口比重与其收入比重的关系，而对于他或他们获得这些收入的方式和来源并不关心。陈宗胜也曾指出，"规模收入分配侧重讨论的是经济发展中的收入分配

---

① 该公式及术语弗里德曼和库兹涅茨（1954）论文中首次被提出。

问题。也就是说，主要研究在经济发展过程中居民个人或家庭之间的分配受哪些因素影响、变动趋势如何；功能分配的研究集中在居民个人或家庭收入差别的变化以及公共部门如何影响收入差别上。"从不同的理论视角进行划分，使收入分配在学术沿革和发展过程中逐渐形成了两种不同的研究思路。并且，这两种观点相辅相成，互相促进，使收入分配领域出现了丰富多彩的研究格局。

在规模收入分配理论中，对于收入分配不平等的研究是该领域的一个重要分支。作为描述收入分配平等程度的动态指标，收入流动性引起了人们的广泛关注。对于收入流动性的描述，王海港（2005）提出了一个著名的例子：在有两个人 i 和 j 的经济单位，以 $X_1 = (1,0)$ 表示两个人在第一年的收入分配，以 $X_2 = (0,1)$ 表示这两个人在第二年的收入分配。这样，两年的基尼系数都是 1，是极度不平等的。事实上，倘若我们把两年看成一个完整的时间段，而且两人可以在这个完善的金融体系内通过借贷和储蓄来平滑自己的收入（这个假设一般是合理的），也就是每个人都有相同的机会得到全部收入，他们各自的期望收入为 1/2，我们可以认为这样的社会是一个绝对平等的社会。之所以会这样，是因为基尼系数作为衡量一个地区居民收入不平等的重要指标，是基于静态的横截面数据进行计算的。因而，基尼系数仅能够反映一段时间的收入不平等，却无法反映长期的收入不平等，有时甚至产生误导。而收入流动性则是利用面板数据，描述给定的个体在不同时期收入位置的动态变化，从而将收入分配及其格局的内在变化更加真实地反映出来。

由这个生动的例子可以看出，作为研究规范收入分配的一个全新视角，收入流动性概念的提出及其在经验数据中的应用，使人们对于收入不平等的认识向更深层次发展。Sawhill（2000）认为收入流动性概念强调了公平不仅仅应该体现在贫富差距的高低，还要考虑是否存在足够多的从贫到富的机会。

第二节　数据收集

鼓励生育政策的连续出台，改变着家庭的生育状况和经济水平。为了揭示育龄家庭的生育观念、生育意愿、生育计划和生育行为的变化，掌握最新的微观数据，可以在育龄家庭中开展问卷调查、组织座谈会和深入访谈，以期在人口生育政策实施过程中，及时研究和跟踪人口变化特征，为把握生育变化动态、相应政策工作及决策提供参考。

一、研究框架

全面二孩政策下育龄家庭的生育与收入流动性是核心问题。关于生育问题，Miller 等（2010）认为生育情况包含多个联动环节，从最初仅考虑主观因素的生育动机，到主观、客观共同作用下的意愿生育子女数量和时间，再到最终生育技术完备下的实际生育行为。这一生育路径的关联效应显著，体现了生育问题的环环相扣。因此，将宏观的生育政策转变为微观的生育行为需要几个阶段，只有掌握每个阶段的实际状况，才能甄别生育政策的实际效应。按照理论所述，这一过程可以分为以下 4 个阶段：全面二孩生育政策—生育意愿—经济影响—生育行为。第一，生育意愿是在全面二孩生育政策实施背景下育龄家庭实现生育行为的关键。需要考察育龄家庭的生育意愿，包括理想子女数、子女性别等具体生育偏好。第二，考察生育政策与生育意愿是否以及多大程度上存在差异。实际上，全面二孩政策下，育龄夫妇的理想子女数量并未达到 2，如江苏省育龄夫妇理想生育子女数为 2 个的调查对象仅有 34.1%（郑真真等，2008）。第三，生育意愿与生育决策并不一致，生育意愿的理想子女数与生育决策的计划子女数并不完全相同，因此需要明确分析育龄家庭的生育决策和打算，如是否打算生育二孩，如果打算生育，生育的时间是什么等。第四，生育真正的实现离不开最终行动，实际生育行为是完成生育、影响生育水平的最后阶段。关于收入流动性，包括两部分的动态变化：代内收入流动性和代际收入流动性。生育关系着微观的家庭和个人层面，家庭成员的观点、家庭结构以及个人受教育程度、就业、收入、户籍等也对生育起着重要作用。经济状况与这些因素之间的独立和交互作用影响着生育意愿、生育决策以及生育行为。生育前后家庭的收入变化、经济的动态演进影响着生育各个阶段、不同环节，即生育意愿、生育决策和生育行为都会受到收入流动性的影响，最终以不同的传递路径作用于生育行为。因此，收入流动性的关注焦点是生育行为下家庭的代内收入流动性和个体的代际收入流动性。为此，问卷设计和数据收集的研究框架集中在家庭和个体层面的生育状况和经济变化。

二、问卷设计

Babbie（1995）的研究表明选择问卷调查法需要满足 3 个条件：一是调研对象是微观个体或家庭；二是所需样本总体太大导致无法直接进行分析；三是研究目标是测度大范围下的微观态度或想法。数据要求符合上述条件，并且现有公开的调研数据无法追踪全面二孩政策实施后的长期（三年）数据，因而选择问卷调查法研究全面放开二孩政策下生育与收入流动性的测度问题。

（一）变量选取

根据以上理论思考和分析框架，借鉴以往文献变量选择的经验，变量选取围绕育龄个体及家庭的生育情况和收入流动性两方面展开。核心内容主要涉及 5 部分内容：（1）个体和家庭的基本情况；（2）配偶及其家人的基本情况；（3）孕产史和避孕现状；（4）收入水平；（5）生育行为、生育意愿、生育观念、生育计划、生育成本等。其中，前 4 部分是对现实的客观测度，针对需求设置相应问题，结果见附录 1。第五部分则是既有客观测度，如生育在经济方面的直接成本，也有来自受访者的主观表达，如理想子女数的选择、生育观念等因素。本节将详述变量设置的过程。

生育行为。由于 2016 年国家实施全面二孩生育政策，2019 年的调研对象均是符合生育二孩的育龄家庭，参考中国健康与营养调查数据、中国综合社会调查数据，借鉴郑真真（2008）对生育行为的测度问题，设置"您家有几个子女（包括继子继女、养子养女在内，不包括怀孕但未出生孩子，没有请填 00）"这一问题明确家庭客观的生育行为。

生育意愿。根据理论分析和已有文献所述，生育意愿从两个维度进行考察，分别是理想子女数和性别结构。问题设置为"如果没有政策限制的话，您家希望有几个孩子？""您认为理想的男女子女性别构成是多少？（男孩个数∶女孩个数）"生育意愿的测度属于主观表达问题，是不容易准确测量的内容，因而采用多角度测量仪提高有效性和可信性。除了了解理想子女数和理想子女性别外，同时考察生育计划和生育观念，佐证调查对象的实际生育偏好（Miller，1995）。

生育计划。不同调查对象的生育现状可能导致生育计划的差异性。根据调查问卷中女性的生育现状（未婚、已婚未育和已婚有一孩）和符合全面二孩生育政策的情况，分为三组询问生育计划。第一组是未婚女性，通过访谈发现她们的生育计划相对模糊，没有明确的想法和计划。第二组是已婚未生育或已孕育一孩但尚未生产的女性，可以较为准确体现她们的真实想法和生育计划，并且这种情形下从生育计划转换为生育行为的概率相对较大。第三组则是已婚有一孩的女性组，由于生育二孩是核心问题，因而设置第二个问题，重点聚焦二孩生育计划。第二个问题设置为"您是否会再要一个孩子？"，试图基于结果分析她们是否有强烈的二孩生育计划。并且，对于回答不会再要子女的家庭，再次询问不要的原因，进一步明确影响因素（见表 2-2）。

表 2-2　不打算再要孩子的原因

变量名	问项	参考来源
不打算再要孩子的原因	抚养孩子费用高	中国健康与营养调查问卷、中国综合社会调查问卷、郑真真等（2009）
	已经有孩子了	
	经济条件不好	
	没精力带孩子	
	年龄大了	
	亲友都没有再生	

生育观念。调查问卷中有关生育观念的问题共有 16 个，分别代表了对生育子女看法的 5 个方面：生育的精神需求、生育的物质需求和回报、生育成本、生育的从众心理以及对男孩的偏好（见表 2-3）。

表 2-3　生育观念

变量名	问项	参考来源
精神需求	看着孩子长大是人生的最大喜悦	中国健康与营养调查问卷、中国综合社会调查问卷、郑真真等（2009）
	有子女的家庭才是幸福美满的家庭	
	没有孩子的人生活很空虚	
物质需求	把孩子培育成才，是为了自己会得到回报	
	只有子女才能在晚年陪伴照顾我们	
生育成本	家里有了孩子会影响夫妻生活	
	养育孩子很费力，没有足够精力和经济条件不应当要孩子	
	有孩子会影响妇女的工作和事业发展	
	怀孕、生孩子很麻烦	
从众心理	婚姻的目的就是要孩子	
	人们要孩子是因为别的夫妇都有孩子	
男孩偏好	理想家庭应当有个男孩	

生育的经济成本。生育成本的理论研究丰富，基于不同理论解析生育成本能够获得不同的分类形式和内容。研究侧重于生育导致收入的动态变动，因而仅将生育成本局限于直接测度和操作的经济成本。直接经济成本是由子女抚养费用、子女教育费用和子女婚嫁费用三部分构成。其中，子女教育费用是指从学龄阶段至成年大学阶段的教育费用①。此外，婚嫁费用在子女性别上存在差异。中国的婚姻习俗大多是由男家承担主要的婚姻费用，包括新婚提供住房。因而，男孩家庭的预期婚姻费用显著高于女孩。具体结果见表2-4。

表2-4　生育的直接经济成本

变量名	问项	参考来源
生育的直接经济成本	子女抚养费用是多少？	中国健康与营养调查问卷、中国综合社会调查问卷、郑真真等（2009）
	子女教育费用是多少？	
	子女婚嫁费用是多少？	

（二）小规模访谈

与调查对象的小规模访谈能够去掉调研提纲中没有作用的问题，补充被忽略的问题，并且修改问题的提法和措辞（马庆国，2004）。小规模访谈针对家庭访谈为主，集中探讨生育问题和经济现状，并且听取对生育政策的评价与建议。在问卷初步测评方面，共发放10份初始问卷，对象分别是1名未婚女性、2个已婚未育家庭、3个已婚一孩家庭和4个已婚二孩家庭。在访谈过程中，首先，向调研对象讲述调研内容、变量内涵与逻辑关系，请调研对象发表修改、删除及添加意见。其次，在完成调研问卷后，按照调研对象的感受重新审查问卷的设计结构、问题的表述清晰程度以及是否存在重复问题等。最后，完善问卷题量、语句措辞，保证量表的内容效度。

（三）问卷前测

投放正式问卷之前一般要对内容进行前测（Pretest）。需要对变量进行有效性检验，评估效度（Validity）和信度（Reliability）两个指标（李怀祖，2004）。其中，信度考察的是调研结果的稳定性，表示同一调研对象接受反

---

① 中国健康与营养调查数据和郑真真（2009）的调查数据结果表明，子女教育费用（或预期教育费用）是生育经济成本的主要组成部分。

复测度后结果的相似程度。选择适用量表的信度分析指标 Cronbach-Alpha 来测度。关于 Cronbach-Alpha 指标的数值，已有文献普遍将 0.7 作为衡量标准，大于 0.7 表示通过效度检验，达到 0.9 则说明信度效果更佳（李怀祖，2004）。效度考察的是调研结果的可靠性，也就是与研究目的的接近程度，包括内容效度和结构效度两部分。前者是基于主观评价的指标，用于调研框架的设计，如设定问题、修正问题等。后者则是从客观指标收敛效度（Convergent Validity）和区分效度（Discriminant Validity）[①]出发，使用探索性因子分析（Exploratory Factor Analysis，简称 EFA）方法进行测量。

问卷前测采取网上问卷和纸质问卷两种形式。得到有效问卷 85 份，其中，网上问卷 41 份，纸质问卷 44 份。分别使用 Cronbach-Alpha 和因子分析评估问卷的信度和效度。结果显示，调查问卷均通过了信度和效度检验，在此基础上确定了最终的调研问卷（见附录 1），作为后续数据收集的主要工具。

三、数据收集

数据和资料来源于三部分：一是基于调查问卷和深入访谈获得的数据；二是广东、河南、贵州和吉林 4 省对应市/县已有的调查信息和文献资料；三是关于人口和生育的统计年鉴材料。

数据采集地点的选择，需要具有代表性和典型性。分别选择代表东南、中、西和东北 4 个省份的 8 市 4 县，反映调研对象在地理区位和经济发展方面的差异性。具体而言，城市的选择方面，基于 2019 年 4 省的统计数据，分别选取省城和一个较低收入的城市；县城选择则遵循一定的权重随机抽取了 4 县；城乡配比方面，城市内的城区和郊区是随机抽取的，每个县抽取县城镇和按收入分层抽取了 3 个村落，每个村 20 户，最终城乡比例为 2:1。依据上述方式，最终确定是在珠海市、茂名市和高州县（广东省），新乡市、郑州市和巩义县（河南省），贵阳市、六盘水市和德江县（贵州省），长春市、四平市和农安县（吉林省）进行问卷调查和家庭访谈，样本容量和覆盖范围基本满足研究需要。

---

① 收敛效度是指某研究变量的不同测量问项的一致性，区分效度是指不同研究变量测量的差异程度。

表 2-5　调查省县市人口变动和年龄结构（2019）

省份	地区	总人口	出生率	自然增长率	总和生育率	年龄结构（%）		
						0～14 岁	15～64 岁	65 岁+
广东省	珠海市	202	15.95‰	12.80‰	1.82	14.85%	78.50%	6.65%
	茂名市	641	13.98‰	10.38‰	1.60	27.07%	60.84%	12.09%
	高州县	143	13.49‰	9.18‰	1.54	26.02%	60.29%	13.69%
河南省	新乡市	581	10.94‰	3.99‰	1.25	22.90%	64.70%	12.40%
	郑州市	1035	11.22‰	5.53‰	1.28	20.40%	68.10%	11.40%
	巩义县	84	11.48‰	5.14‰	1.31	17.30%	68.60%	14.00%
贵州省	贵阳市	497	13.44‰	8.29‰	1.54	18.56%	71.97%	13.30%
	六盘水市	295	17.91‰	5.73‰	2.05	26.29%	63.80%	9.90%
	德江县	36	10.56‰	7.56‰	1.21	24.96%	62.37%	12.67%
吉林省	长春市	754	7.63‰	2.15‰	0.87	12.14%	73.71%	14.15%
	四平市	318	5.40‰	0.80‰	0.62	11.83%	71.28%	16.88%
	农安县	106	5.84‰	2.07‰	0.67	12.42%	71.23%	16.35%

数据来源：资料整理所得。

问卷调查工作于 2019 年 1 月开始，2019 年 12 月结束。调查得到了居委会、村委会和调研对象的支持和配合，拒访情况较少。最终有效样本为 1175 个，其中：广东样本 352 个，河南样本 282 个，贵州样本 271 个，吉林样本 270 个。问卷调查对象的人口和生育基本情况如表 2-5 所示。结果显示，调查对象的人口特征与 2020 年第七次人口普查结果基本吻合。问卷调查结果经过多次录入和数据清理，在首次获得调研结果后对 20 个育龄家庭、2 个居委会、1 个村委会进行了深入访谈，并与专家多次座谈，分析最终的调查结果。

第三节　本章小结

本章在梳理宏观人口理论和微观生育理论的基础上，结合人口规模不断缩小、生育率持续走低的现实背景，探索宏观层面的马尔萨斯人口论、传统人口转变理论以及第二次人口转变理论，微观层面的生育成本收益论、生育消费论和生育供给需求理论的基本规律以及经济的现实合理性，为认识当前中国人口生育问题、揭示经济影响提供理论参考和借鉴。数据方面，遵循从理想到实际的逻辑思路，分别选择代表东南、中、西和东北四个省份的 8 市 4 县，反映调研对象在地理区位和经济发展的生育差异性与收入异质性，为后续更加深入地掌握生育政策—生育意愿—经济影响—生育行为之间的传导路径、明确生育意愿向生育行为的转化过程、阐释收入水平及收入流动的作用机制提供理论基础和现实的数据保证。

第三章　生育政策及其配套服务

不同时期的生育政策具有自身的历史背景和发展方向。从 1980 年国家提倡计划生育政策开始，至 2020 年《中共中央关于制定国民经济和社会发展第十四个五年规划和 2035 年远景目标的建议》中提出鼓励生育、提高生育效应、降低生育和养育成本为止，中国的生育政策已经从过去的紧缩型政策调整为目前的宽松型政策。2016 年国家实施全面二孩生育政策，标志着生育政策的重大转变。2021 年生育政策再次调整为三孩政策，意味着中国生育政策在全面二孩政策的基础上又向前迈出了一大步。在调整生育政策的同时，与之配套的婴幼儿照护支持措施也受到了社会的广泛关注，调查和完善生育配套服务措施，从微观家庭的实际需求和困境出发，对切实缓解家庭生育多孩的后顾之忧具有重要的现实意义。

本部分基于时间脉络梳理 1949 年至今中国不同阶段的生育政策，考察和预测不同生育政策下人口数量和人口结构的变化。借鉴国际先进经验系统分析生育政策配套措施，评估中国生育配套措施的需求强度。研究设计如下：首先，梳理中国生育政策的历史发展，在定性描述的基础上归纳生育政策的发展脉络；其次，遵循人口数量和人口结构指标，得到不同阶段生育政策的人口效应，选择 Leslie 模型预测三孩政策下人口趋势变化；最后，根据发达国家先进经验总结生育政策的配套服务需求，评估中国生育配套服务不同需求的强度偏好。

第一节　生育政策的历史沿革

一、1949—1972 年："由松到紧"的生育政策

1949—1972 年中国的生育政策从限制节育政策到节育政策，再延伸为有计划的生育政策，遵循循序渐进的过程，这一阶段实际上可以概括为"由松到紧"的生育政策转变。

（一）1949—1953 年的鼓励生育政策

1949 年中华人民共和国刚刚成立，人口总数仅为 5.4 亿人，人口死亡率为 20‰[1]，人口基数少、人口死亡率高。为鼓励人口增长，中国在这一时期出台了鼓励生育政策。1950 年 4 月，国家卫生部和军委卫生部提出"为保障母体安全和下一代生命，禁止非法打胎"[2]。1952 年 12 月，国家卫生部规定了施行绝育手术和人工流产需满足的条件和批准手续流程[3]。这些政策和措施的出台促使人口总量的增加和人口增长率的提升。由图 3-1 和图 3-2 可知，1949—1953 年中国人口总量逐年上升，由 1949 年的 5.4 亿人升至 1953 年的 5.8 亿人，人口自然增长率从 16‰升至 23‰。同时，人口出生率从 36‰升至 37.8‰，并在随后两年维持在 37‰水平。

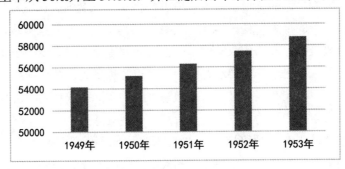

图 3-1　1949—1953 年中国人口总量变化（单位：万人）

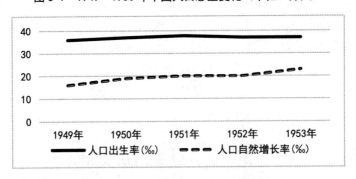

图 3-2　1949—1953 年中国人口指标变化

（二）1954—1959 年的节育政策

1954 年 11 月，中国开展了第一次人口普查，数据显示中国人口总数

---

① 数据来自国家统计局 1949 年人口数据。

② 1950 年 4 月 20 日中央人民政府卫生部、军委卫生部出台《机关部队妇女干部打胎限制的办法》。

③ 1952 年 12 月 31 日中央人民政府卫生部出台《限制节育及人工流产暂行办法》。

约为 6.00 亿，人口增速超出预期，学术界呼吁节制生育，认为需要实行有计划的生育。马寅初（1957）认为中国的人口增长速度过快，应当控制人口数量，提高人口质量，实行计划生育①。1954 年起中国逐步解除对节育、避孕的限制。1954 年 7 月，中央人民政府卫生部出台《修订避孕及人工流产办法》，提出"避孕方法可由人民自由采用""一切避孕用具和药品均可以在市场销售，不加限制"。1957 年国家设置节制生育调查委员会，专门进行节育的宣传工作。节制生育政策的实施取得了一定成效，1954—1959年，中国人口自然增长率整体呈下降趋势，从 24.79‰下降至 10.19‰，结果见图 3-4。

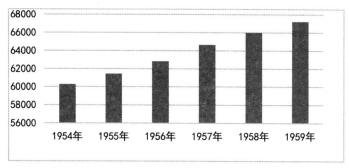

图 3-3　1954—1959 年年末中国总人口变化（单位：万人）

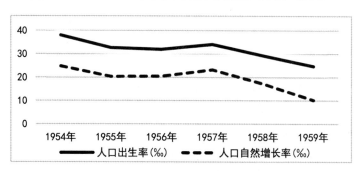

图 3-4　1954—1959 年中国人口指标变化

（三）1962—1972 年的"有计划"生育政策

经过前期的节育生育政策，中国人口自然增长率得到了一定控制。然而，人口基数过大、人口自然增长率过高、人均 GDP 不足的现实情况并未得到明显改善。为进一步缓解人口压力，中国自 1962 年起开始实行"有计

---

① 1957 年 7 月马寅初发表的《新人口论》。

划"的生育政策。1962 年 4 月，中央卫生部发文《关于进一步开展计划生育避孕知识的宣传与技术指导工作的通知》，强调贯彻落实"在城市和人口密度较大的农村，适当地宣传和推广计划生育"。1963 年 7 月周恩来在第二届全国人大常委会一零一次会议上指出，计划生育有两部分，一是提倡晚婚，一是提倡节育。这在一定程度上强调了拉长生育间隔的重要性。1962年 12 月，中共中央、国务院发文《关于认真提倡计划生育的指示》，提出在城乡之间开展有计划的生育政策方针。1966 年 1 月中共中央强调："采取鼓励计划生育的一些措施，不搞硬性限制，坚决反对强迫命令。"①从 1970年起全国开始实行避孕药免费供应政策，进一步加大在节育工作上的国家财政投入。相关政策文件及其主要内容见表 3-1。

表 3-1　"有计划"的生育政策文件及其主要内容

时间	文件	政策内容
1962 年	《关于进一步开展计划生育避孕知识的宣传与技术指导工作的通知》	在城市和人口密度较大的农村，适当地宣传和推广计划生育
1962 年	《关于认真提倡计划生育的指示》	在城乡之间提倡节制生育
1966 年	《有关计划生育的几个问题》	不搞硬性限制，坚决反对强迫命令
1970 年	《关于避孕药实行免费供应的通知》	全国实行避孕药免费供应

数据来源：资料整理所得。

这一时期的计划生育政策以城市地区为重点，不同省份根据本省实际情况制订因地制宜的计划生育政策。如 20 世纪 60 年代陕西省计划生育政策对节育手术的规定，1966 年《关于陕西省计划生育工作的有关规定》指出：(1) 各项节育手术全部免费；(2) 职工干部手术后休假期间工资照发，公社人员手术后不影响其口粮分配。但由于计划生育技术力量和设备条件的限制，节育手术主要在县级以上医院进行②。1963 年江苏省发文《关于认真提倡计划生育的几项规定（修正草案）》指出，积极提倡晚婚，在自觉自愿的基础上，男子结婚年龄一般以 28 岁左右，女子一般以 24 岁左右为宜。

---

① 1966 年 1 月 28 日钱信忠关于《有关计划生育的几个问题》的讨论。

② 陕西省《人口和计划生育志》http://dfz.shaanxi.gov.cn/sqzlk/xbsxsz/szdel/rkhjhsyz/。

1962—1972 年"有计划"的生育政策实质上是计划生育政策的雏形，政策的实施取得了一定效果。图 3-5 和图 3-6 显示，中国人口总量从 1962 年的 6.7 亿人升至 1972 年的 8.7 亿人，增加了 2 亿人。尽管 1962—1970 年中国人口出生率和自然增长率总体呈下降趋势，但二者数值始终维持在 20‰至 30‰之间，增长程度仍然居高不下。

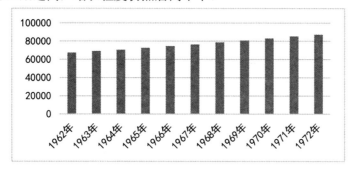

图 3-5　1962—1972 年中国人口总量（单位：万人）

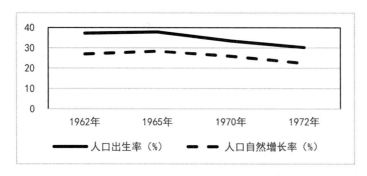

图 3-6　1962—1972 年中国人口指标变化

二、1972—2012 年：计划生育政策

1970 年的《第四个国民经济发展五年计划》指出，人口自然增长率要控制在 10‰。然而，1972 年中国人口总量为 87177 万人，人均 GDP 为 296 元，人口自然增长率为 22.27‰，人口增长压力依然存在，人口自然增长率放缓的难度巨大。为进一步控制人口增长，缓和资源和人口之间的矛盾，中国开始正式实施计划生育政策。

（一）1972—1980 年的"晚、稀、少"的计划生育政策

1972 年中国开始实施计划生育政策，这些政策由中央制定，各省市及地区依据自身情况加以调整，围绕"晚、稀、少"等政策要求展开。1973

年 12 月，全国计划生育工作报告会明确了"晚、稀、少"生育政策的具体要求，提倡晚婚晚育，男性结婚年龄须达到 25 周岁，女性则须达到 23 周岁，两胎间隔为 4 年，一对夫妇生育不超过 2 个孩子（少数民族除外）。1974 年 1 月，国务院计划生育领导小组、卫生部等部门联合发文《关于全国实行免费供应避孕药物和避孕工具的紧急联合通知》，决定从 1974 年 1 月 20 日起对 15 种避孕药具实行免费供应。1978 年，国务院强调计划生育工作任务仍艰巨，提出实行男女同工同酬、招工在同等条件下照顾有女无儿户等具体政策措施。1978 年 3 月，中国新修订的宪法规定国家提倡并推行计划生育。

表 3-2　"晚、稀、少"的计划生育政策文件及其主要内容

时间	文件或会议	政策内容
1973 年	全国计划生育工作报告会	明确"晚、稀、少"生育政策的具体要求
1974 年	《关于全国实行免费供应避孕药物和避孕工具的紧急联合通知》	避孕药具实行免费供应，并送货上门
1978 年	《关于全国计划生育工作汇报会的报告》	男女同工同酬，招工在同等条件下照顾有女无儿户
1978 年	《中华人民共和国宪法》	国家提倡并推行计划生育

数据来源：资料整理所得。

　　针对各省资源形势及人口自然增长率等客观因素，中央要求地方政府因地制宜地实施计划生育政策。例如，1978 年 7 月河北省出台了计划生育 10 条规定：（1）大力提倡晚婚晚育；（2）鼓励每对夫妻生育子女数最好为一个；（3）要求生两个孩子的，生育间隔 4 年以上；（4）夫妇终身要一个孩子者，国家给予鼓励和表扬；（5）独生子女保健费从出生发到 14 周岁；（6）免费发放避孕药具和施行节育手术；（7）提高手术质量，保证安全；（8）提倡男到女家落户，凡男到女家落户者，女婿视为直系亲属，任何人不得歧视；（9）各条战线评选先进集体、先进个人时，不实行计划生育者不得评为先进；（10）大力开展妇幼卫生和赡养老人的工作。从这一政策可以看出，当时的生育政策还是以"晚、稀、少"为政策基调，独生子女家庭享有奖励帮扶政策，并不涉及计划生育的相应行政处罚。

　　这一时期的学者强调实施计划生育的必要性以及重要性，认为应该把

人口计划纳入统一的国民经济计划。实行计划生育对于国民经济增长和四个现代化的实现具有重要意义，是社会主义社会人口发展的基本特征（刘若清，1978；陈慕华，1978）。刘铮等（1978）提出从经济措施入手解决养儿防老和重男轻女问题，加大对计划生育、少生优生的宣传，真正做到把人口增长纳入国民经济发展计划，同时设立人口委员会，调控人口政策，控制多胎，提倡一胎。通过实施的严格计划生育政策，生育问题在这一时期取得一定效果。图 3-7 和图 3-8 显示，尽管 1973—1980 年中国人口总数从 8.3 亿增长到 9.8 亿，但是人口出生率和人口自然增长率表现为大幅下降，人口出生率由 1973 年的 28.07‰下降至 1980 年的 18.21‰，人口自然增长率由 1973 年的 20.99‰下降至 1980 年的 11.87‰。

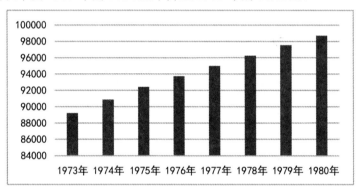

图 3-7　1973—1980 年中国人口总量（单位：万人）

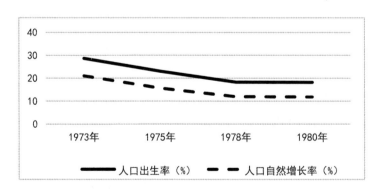

图 3-8　1973—1980 年中国人口指标变化

（二）1980—1990 年的独生子女政策

家庭联产承包责任制的实施让广大农民有了更高的生产积极性，生活质量改善的同时也让人们的生育积极性有所提高。1980—1982 年，中国人口自然增长率有所反弹，由 11.87%增至 15.68%。国内学者一致强调实施独生子女政策的重要性及必要性，认为应当提倡一对夫妇只生育一个孩子，提高生一个孩子的比例，严格控制生两个孩子，完全避免生三个孩子（邬沧萍，1980）。《人民日报》发文指出，国家推行计划生育，使人口增长与经济和社会发展计划相适应，当务之急是把计划生育政策的重点放到提倡一对夫妇只生育一个孩子上来①。魏桥文（1983）指出计划生育政策实施的难点是农民的思想教育工作，要重点普及人口、土地和粮食的关系，改变生育思想。在少数民族方面，田雪原（1981）重点分析了少数民族的人口形势，提出"区别情况，适当控制"的观点。

在人口自然增长率居高不下、国内学者提倡独生子女政策的背景下，党和国家做出实施一孩政策的决定，即独生子女政策。1980 年 9 月党中央、国务院号召广大人民群众"一对夫妇只生育一个孩子"，并对"人口平均年龄老化""劳动力不足""男性多于女性"等群众关心的问题做了解答②。1982 年中共十二大将独生子女政策作为一项基本国策正式实施。1984 年 4 月，中共中央在《关于计划生育工作情况的汇报》会议中提出计划生育政策的改进措施，指出放宽农村地区的生育二孩限制，符合条件的农村夫妇可以生育二孩，少数民族地区可以允许生育二到三孩，同时大力惩处在生育问题上搞不正之风的干部。

根据中央的纲领性文件，地方政府在独生子女政策上设置了相应的实施细则。例如，1979 年 10 月，江苏省发文《〈关于计划生育若干问题的暂行规定〉中有关问题说明》（以下简称《规定》），规定了《独生子女证》的发放条件和发放办法。《规定》提出从 1963 年 1 月 1 日起，一对夫妇生育了一个孩子后，表示终身不再生育，并落实有效节育措施者，可发给《独生子女证》。对于持有《独生子女证》的家庭，可享受如下待遇：（1）父母双方均系企事业单位职工，每年发给儿童保健费 40 元，父母双方均为农村人民公社社员的，每年发给儿童保健工分 400 分；（2）独生子女的父母年老退休时，按退休规定加发百分之五的退休金；（3）持有《独生子女证》者，同等条件下可优先入托、入园、入学、招工。对于不按计划生育要求生育的个人，也设置了相应的惩罚规定。1982 年 6 月江苏省委进一步规

---

① 1980 年《人民日报》发文《一定要有计划的控制人口增长》。

② 1980 年 9 月中共中央《关于控制我国人口增长问题致全体共产党员，共青团员的一封信》。

定：（1）凡无计划怀孕者，应主动采取措施，终止妊娠，经多次教育无效、执意生育者，取消其合理生育所享受的医药、福利待遇、产假期间工资不发、工分不记；（2）无计划生育二孩者，扣发夫妇双方工资或劳动收入的10%作为超计划生育费，期限7～10年，对生育二孩及以上者，扣发夫妇双方工资或劳动收入的20%，期限7～10年；（3）超计划生育的子女，农村不分责任田、自留田、宅基地、已划给的应予收回①。

随着计划生育观念的不断普及以及独生子女政策的不断推进，中国人口自然增长率得到有效控制。1981—1990年中国人口自然增长率维持在13‰～16‰之间。其中，1984—1987年有所反弹，由13.08‰反弹至16.61‰，随后逐年下降，1990年降至14.39‰。同时，这一时期的人口出生率维持在20‰～25‰之间。其中，1984—1987年有所上升，从19.9‰升至23.33‰，1987年以后逐年下滑，1990年降至21.06‰，见图3-10。

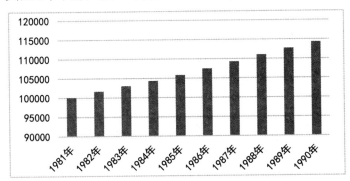

图3-9　1981—1990年中国人口总量（单位：万人）

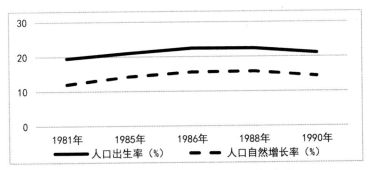

图3-10　1981—1990年中国人口指标变化

---

① 数据来源于江苏省人民政府网站《计划生育志》。

（三）1991—2013 年灵活的计划生育政策

1991 年 5 月，中共中央在《关于加强计划生育工作严格控制人口增长的决定》中科学合理地设定了未来 10 年的人口自然增长率目标，提出 1990—2000 年年均自然增长率要控制在 12.5‰以内，至 2000 年中国人口总量控制在 13 亿以内。2001 年 12 月，国家颁布《中华人民共和国计划生育法》，将计划生育政策以法律条文形式予以规范，要求各省市人民代表大会或其常务委员会规定各省市的计划生育政策及实施细则。

由于各地的社会发展情况以及民族地域分布的不同，各省在计划生育工作上按照本省省情，制定了一系列的计划生育实施细则，中国计划生育进入灵活的生育政策时期。

计划生育政策不再单一只要求生育一孩，而是融入了因地制宜的灵活性，由此形成因省市而异的计划生育政策。这些政策可以概括为，城镇地区实施严格的"一孩政策"，即只允许生育一孩；农村地区则按照地区不同，部分地区允许实施"一孩半政策"，即第一孩是女孩的家庭可以生育二孩，父母双方或者一方是独生子女的可以生育二孩，少数民族或者其他特殊情况的，经批准可以生育多孩，对违反计划生育条例进行计划外生育者，通常会被处以一定的罚款。例如，1988 年广西省在计划生育政策制定上兼顾了少数民族发展的权益，具体内容为：（1）生育必须按计划，禁止计划外生育，一对夫妻只能生育一个孩子，符合下列规定之一的非农业人口夫妻可以生育第二个孩子，第一个孩子经地、市以上残疾鉴定小组确定为非遗传性残疾的；夫妻双方为独生子女的；夫妻一方为二等甲级以上或者夫妻双方属二等乙级的革命残废军人的，以及其他人员因公残废丧失劳动能力的；夫妻一方为烈士且是独生子女的；夫妻双方为瑶、苗、侗、仫佬、毛南、回、京、彝、水、仡佬等一千万人口以下少数民族。（2）已生育两个孩子以上，经教育仍不采取绝育措施的，由县以上计划生育行政管理部门视情节给予 1000 元以上，5000 元以下的罚款，并督促其采取绝育措施；属干部职工的，由所在单位给予行政处罚。1990 年江苏省发文规定：（1）对可生育二孩的家庭做了具体规定，明确残疾、再婚、华侨、井下工作、海洋捕捞等特殊行业人员可按计划生育二孩。（2）无计划生育一孩的，对夫妻双方按其孩子出生前两年平均年经济总收入的 3 倍处以罚款；无计划生育二孩及以上的，对夫妻双方按其孩子出生前两年平均年经济总收入的 4～6 倍处以罚款。对前两年无经济收入或经济收入不明的，比照同时期同类人员的经济总收入计算。

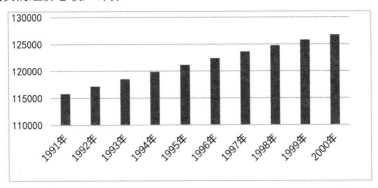

图 3-11　1991—2000 年中国人口总量（单位：万人）

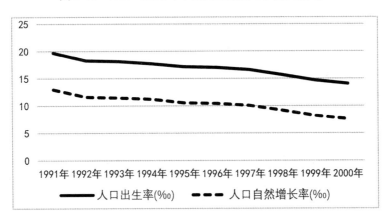

图 3-12　1991—2000 年中国人口指标变化

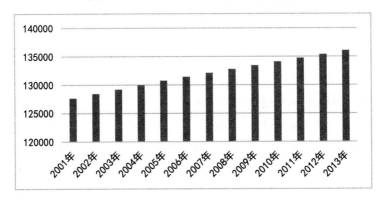

图 3-13　2001—2013 年中国人口总量（单位：万人）

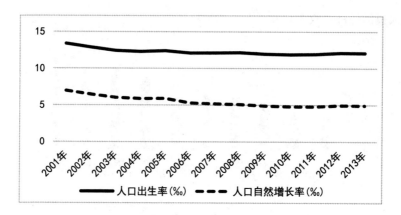

图 3-14　2001—2013 年中国人口指标变化

　　这一阶段灵活性的计划生育政策取得了一定效果。图 3-11 和图 3-13 显示,1991—2013 年中国人口总量平稳上升,由 11.5 亿人升至 13.6 亿人。图 3-12 和图 3-14 显示,1991—2013 年人口出生率和人口自然增长率总体呈大幅下降趋势,由 19.68‰降至 4.92‰。

三、2013—2022 年:多样化的鼓励生育政策

(一)单独二孩政策

　　灵活性的计划生育政策一方面控制了人口过快增长,另一方面也产生了一些问题。第一,人口性别比例失衡问题。2013 年中国人口男女性别比为 105.22,其中 0~4 岁性别比为 117.30,出生人口中男女性别比例相对于总体性别比例有所失衡[①]。第二,低生育率问题。2010 年中国出生人口数量约为 1592 万人,2013 年约为 1640 万人[②],出生率约为 12‰,中国已经步入低生育水平国家行列[③]。第三,人口老龄化问题[④]。2013 年中国总人口约为 13.6 亿人,其中,65 岁以上人口约为 1.3 亿人,占比达 9.67%。

　　针对中国人口形势的变化,学者们对于实行生育政策产生了分歧。一部分学者主张继续实施计划生育政策,认为控制人口增长依然是当今中国人口政策的主要内容,不应调整计划生育政策。李小平(2007)认为中国

---

　　① 数据来源于国家统计局 2013 年人口抽样调查样本数据。

　　② 数据由国家统计局 2013 年人口出生率及 2013 年人口总数计算而得,新生人口数=人口出生率×人口总数。

　　③ 国际上一般把出生率低于 20‰的生育水平称为低生育水平。

　　④ 国际社会的普遍认知是当国家 65 岁以上人口占比达 7%以上时,表明该国进入了老龄化社会。

在出现人口零增长情况之前不需要调整生育政策，同时总和生育率不应高于 1.5。程富恩等（2010）主张在人们生育意愿和生育行为未发生根本改变，同时人口数量未达到 15 亿人的规模以前，中国应继续实施"城乡一孩、特殊二孩、严禁三孩、奖励无孩"的计划生育政策。翟振武（2013）认为在未来相当长的一段时期，中国的基本国情不会改变，人口对经济社会发展压力沉重的局面不会根本改变，计划生育国策必须长期坚持。另一部分学者则认为，随着人口形势的变化，国家应该放宽甚至放开计划生育政策。调整现行生育政策，规避独生子女及其家庭风险的最好方式就是调整现行生育政策，普遍允许一对夫妇生育至少两个孩子，并非"允许生三个，就会生三个"，生育政策调整并不会带来就业压力增大（陈友华，2008；穆光宗，2012）。乔晓春等（2006）的研究表明，经过人为的努力，将生育率从高降到低具有可能性；而对于提高长期较低的生育率，则不太可能。李冬玉（2011）认为应当实行单独二孩政策，即在全国已普遍实行双独二孩的基础上，在部分城市先试行"夫妻一方为独生子女的家庭可以生育第二个孩子"（单独二孩）政策。要完善人口政策，必须即刻废止以独生子女政策为主的现行生育政策。放开生育政策，是中国实现人口长期均衡发展目标的必然选择（李建新，2013）。有关学者的主要观点见表 3-3。

　　针对这一时期的人口发展形势，中国调整生育政策。生育政策调整实际上是一个过程，需要一定的时间（陈友华，2008）。2013 年 12 月，十八届三中全会发文《中共中央关于全面深化改革若干重大问题的决定》，提出"坚持计划生育基本国策，启动实施一方是独生子女的夫妇可生育两个孩子的政策，逐步调整完善生育政策，促进人口长期均衡发展"，即单独二孩政策。单独二孩政策成为中国最先实施的放宽生育政策。2013 年 12 月，中共中央、国务院发布《关于调整完善生育政策的意见》，要求"根据人口与计划生育法的规定，各省（自治区、直辖市）人民政府在全面评估当地人口形势、计划生育工作基础及政策实施风险的情况下，制定单独二孩政策实施方案"。2014 年多数省份开始实施单独二孩政策。

表 3-3　生育政策的不同学者及观点

坚持计划生育政策		废止计划生育政策	
李小平（2007）	实现人口零增长前不应调整现行生育政策，未来百年控制生育率不高于 1.5 的水平	穆光宗（2012）	独生子女家庭本质上是风险家庭

坚持计划生育政策		废止计划生育政策	
程恩富等 （2010）	"先控后减"，控制人口总量在 15 亿以下	陈友华 （2008）	普遍允许一对夫妇生育至少 两个孩子
翟振武 （2013）	计划生育国策必须长期坚持	李冬玉 （2011）	夫妻一方为独生子女的家庭 可以生育第二个孩子

数据来源：资料整理所得。

　　然而，单独二孩政策的实施效果并不显著。2014 年生育二孩的育龄家庭仅为 70 多万[①]。2015 年 1 月，符合单独二孩政策条件的夫妇约 1100 万对，仅约 100 万对夫妇提出二孩生育申请，占比不足 10%[②]。同期上海本地进入生育年龄的女性中有 90%的人符合生育政策条件，但提出二孩生育申请的不足 5%[③]。

（二）全面二孩政策

　　单独二孩政策效应"遇冷"，国内学者对是否继续放开生育政策进行了一系列讨论和研究，学者们在放开生育政策的问题上看法一致，仅在放开形式方面存在分歧。一部分学者主张应当实行全面二孩生育政策。2014 年中国社科院《经济蓝皮书：2015 年中国经济形势分析与预测》表明，中国已经进入"低生育陷阱"[④]时期。单独二孩政策仅是一个中间步骤，不宜长期施行。随着中国经济社会的持续发展和人口形势的不断变化，还要从实际需要出发，继续推进生育政策的调整优化，全面二孩政策将为实现人口长期均衡发展创造更好的条件（翟振武等，2014）。全面二孩生育政策在一定程度上取消了人们的生育限制，是转变人口发展思路的根本之策，使我们能积极应对前所未有的人口格局新常态所带来的挑战，并迈出坚实的步伐（顾宝昌，2015）。另一部分学者则认为全面二孩政策不足以解决问题，应当全面放开生育。通过全面放开生育政策提升生育率，无论是对消费需求、资本市场、人力资源和劳动市场、政府税收和财政，还是创新产业发展都具有正面意义（梁建章，2014）。为应对人口问题，仅实施全面二孩政

---

① 数据来自 2014 年 11 月 5 日国家卫生计生委例行新闻发布会。

② 数据来自 2016 年国家卫生计生委发布的信息。

③ 数据来自 2016 年上海市卫计委发布的信息。

④ 低生育陷阱指的是生育率下降到一定水平之下，由于价值观的转变、生存压力增加等多方面因素共同作用，生育率会不断下降，很难或者不可逆转。

策是不能解决问题的，而是需要全面放开生育。

2015 年中共中央文件首次提及"少子化""适龄人口生育意愿降低"等问题①。2015 年 10 月中共第十八届中央委员会第五次全体会议提出，全面实施一个夫妇可以生育两个孩子的政策②。2015 年 12 月全国人大常委会指出，国家提倡一对夫妻生育两个子女。随着《人口与计划生育修正案》的颁布，全面二孩政策于 2016 年 1 月 1 日开始实施，中国进入了全面二孩阶段。然而，自 2016 年实施全面二孩政策以来，人口出生率并没有出现持续上升，反而在 2018 年和 2019 年出现了下滑，人口自然增长率在 3%～5%之间窄幅徘徊，人口数量缓慢增加，中国人口占世界人口比例也在下降。由此，进一步放开生育条件、实行更为宽松的生育政策迫在眉睫。

（三）三孩政策

全面二孩政策的实施并未真正释放政策效应，中国出生人口的数量和增长率仍然处于下降阶段，生育率随之进入低水平状态。如果生育率长期低于更替水平，会影响人口规模的正常增长和人口结构的良性发展。为此，2021 年国家在"十四五规划"中明确指出，制定人口长期发展战略，增强生育政策包容性。为积极应对这些问题，国家在 2021 年 5 月对于生育政策再次进行了重大调整和优化，允许一对夫妻生育三孩子女，即三孩政策，以期满足国家对人口发展的宏观要求。虽然三孩政策从内容上说依旧具有约束性，但是约束条件已经较弱。从微观层面看，三孩政策基本适用于大多家庭的生育意愿，为满足个性化和多元化的生育需求提供了更大的空间，对于那些既有多孩生育需求又具养育能力的家庭，提供了生育供给方面的现实可能。

第二节　生育政策下的人口变动

不同时期的生育政策具有自身的历史背景和发展方向，需要结合人口数量和人口结构考察人口政策效应。总体而言，考察指标包含测度人口数量的总和生育率、死亡率和人口自然增长率，以及测度人口结构的出生性别比。其中，总和生育率是指一个地区孕龄妇女平均生育子女的数量，是

① 2015 年《中共中央关于制定国民经济和社会发展第十三个五年规划的建议》。
② 2015 年 10 月《中共第十八届中央委员会第五次全体会议公报》。

衡量妇女生育水平的综合指标，对于人口数量预测、人口决策与分析意义重大，其计算通常是将某年某地 15～49 岁的育龄妇女按年龄将生育率相加得到。因此，孕龄妇女的生育意愿、生育水平及其占比都会引起总和生育率的波动。同时，区域的经济水平、社会的发展状况以及生育政策的执行力度也会影响总和生育率的大小。死亡率在人口数量的变化中起着至关重要的作用。某一时期死亡率的大小反映了国家医疗发展水平、个人经济能力、社会经济发展、自然环境等因素对人口发展趋势、人口再生产规模及速度的影响，为研究人口政策效应的发展提供有力的数据支撑。影响死亡率的因素很多，包括经济收入、医疗水平、社保覆盖程度等社会经济因素，父母受教育水平、父母经济收入等家庭因素以及生活环境等因素。出生性别比则是出生男孩与女孩之比，正常标准为 1.02～1.07。如果比值符合标准，则表示男女性别结构均衡；大于标准则表示与女孩相比，出生男孩数量偏多；小于标准则是与女孩相比，出生男孩数量偏少。

一、计划生育政策

表 3-4 显示 1949—2012 年全国人口数量变化情况，通过总人口、出生率、死亡率和自然增长率指标可以看出全国人口的变化趋势。1950—1970 年的 20 年间，全国总人口年均增加 1372.62 万人，年均增长率高达 2.05%。其中，1950—1958 年和 1962—1970 年是两个生育高峰时期，总人口年均增长超过 1300 万人，年均增长率均 2.2%。生育高峰导致中国人口增长速度过快，人口、经济与社会资源之间的矛盾十分显著。为遏制过快增长的人口速度，国家实行计划生育政策，政策效应显著。1971—2010 年全国总人口的上升趋缓，年均增长降至 1277.48 万人、年均增长率为 1.01%，显著低于前期水平。

表 3-4 1949—2012 年计划生育时期全国人口数量

年份	总人口（万人）	出生率（‰）	死亡率（‰）	自然增长率（‰）
1949	54167	36.00	20.00	16.00
1950	55196	37.00	18.00	19.00
1960	66207	20.86	25.43	-4.57
1970	82992	33.43	7.60	25.83
1980	99705	18.21	6.34	11.87
1990	114333	21.06	6.67	14.39

续表

年份	总人口（万人）	出生率（‰）	死亡率（‰）	自然增长率（‰）
2000	126743	14.03	6.45	7.58
2010	134091	11.90	7.11	4.79
2011	134735	11.93	7.14	4.79
2012	135404	12.10	7.15	4.95

数据来源：2013 年统计年鉴。

然而，随着计划生育政策的贯彻和实施，负面效应也随之显现。表现之一是自 2010 年起，中国人口出生率均为低水平，不仅低于同为人口大国的印度（23%），甚至降至世界的平均水平，比同期的美国（14%）和英国（12%）两个发达国家还要低。表现之二则是中国出生性别比偏高现象严重，学者关于出生性别比偏高的讨论存在三种观点：第一种观点认为计划生育政策的实施造成性别比失衡。中国传统观念中对于男孩的偏好导致人们从多生子女转变为少生女孩，基于通过医学方式提前甄别子女性别，主观采取选择性妊娠极大增加了生育男孩的可能性。第二种观点认为计划生育政策并未对子女性别比产生作用。第三种观点认为出生性别比的失衡是不同影响因素相互作用的结果。然而，不论是何种观点，出生性别比失衡的趋势逐渐严重，至 2012 年比值已经高达 121.2[①]。表现之三则体现在劳动力人口减少、出生率下降以及老龄化日趋严重等问题。

二、单独二孩政策

表 3-5 给出了单独二孩政策实施后全国人口数量的变化情况。人口出生率减少，人口红利逐步消失，严重影响经济长远发展。2016 年国家统计局公布的数据显示，人口出生率逐年降低，2015 年全国出生人口为 1655 万人，比 2014 年减少了 32 万人[②]，造成该现象的原因是育龄女性人数的下降。自 2011 年起，育龄女性总人口逐年减少，2015 年减少得最为明显，人口数量比 2014 年少了约 500 万，特别是 20～29 岁的适龄生育女性人数减少近 1/3（约 150 万）。同时，出生性别比率失衡问题严重。从 2008 年男女出生性别比例出现失衡，到 2015 年比例升至 113.5，远高于正常标准，

---

① 数据来源于 2013 年统计年鉴。

② 数据来源于 2016 年统计年鉴。

导致男性相较于同龄女性"过剩"，此后可能造成"婚姻挤压"等负面问题。

表 3-5 单独二孩时期全国人口数量

年份	总人口（万人）	出生率（‰）	死亡率（‰）	自然增长率（‰）
2013	136072	12.08	7.16	4.92
2014	137646	13.83	7.12	6.71
2015	138326	11.99	7.07	4.93

数据来源：2016 年统计年鉴。

三、全面二孩政策

表 3-6 全面二孩生育时期人口数量

年份	总人口（万人）	出生率（‰）	死亡率（‰）	自然增长率（‰）
2016	139232	13.57	7.04	6.53
2017	140011	12.64	7.06	5.58
2018	140541	10.86	7.08	3.78
2019	141008	10.41	7.09	3.32
2020	141212	8.52	7.07	1.45
2021	141260	7.52	7.18	0.34

数据来源：2022 年统计年鉴。

为缓解人口问题，2016 年全面二孩政策实施。这一时期的人口出生率逐年降低，老龄化问题越发严重。老年人口年均增加率 5%，年均增长率约为 3%。2016 年 7 月民政部发布的数据显示，2015 年底，中国 60 岁以上的老年人超过 2.2 亿人，占全部人口的 16.1%，2020 年这一数值将达到 2.43 亿，2025 年还会突破 3 亿。老龄人口总量排列世界第一，是世界上唯一老年人口超过一亿的国家，中国已进入人口快速老龄化阶段。同时，男女性别结构失衡问题十分严重。2020 年 22～34 岁适婚男性人口比同年龄段的女性人口多出 2600 多万，即使此后性别比能够达到 1.03：1.07 标准，男性人口的"过剩"现象也会持续到 2030 年以后（庄国波，2017）。

四、三孩政策

第七次人口普查数据显示，2020 年中国的总和生育率为 1.3，低于世代更替水平，中国已经进入超低生育时代。2019 年初社科院发布的报告显示：2030 年中国人口将进入持续的负增长阶段。为此，2021 年 6 月 26 日，中共中央调整和优化生育政策，发布了《关于优化生育政策促进人口长期均衡发展的决定》，正式实施三孩政策并提高一系列生育支持配套措施。那么，人口数量的趋势发展如何？对此，人口数量的科学预测显得尤为重要。三孩生育政策下预测人口数量的变化趋势、探究生育政策对于中国现阶段低生育率的影响，直接关系着经济发展与社会进步，在社会经济实践、国家调控和地区发展中处于关键地位，具有现实意义（Hyndman R.，2013；赵清源等，2019）。

人口数量的预测模型主要包括线性回归模型、GM（1，1）模型、BP 神经网络模型和 Leslie 矩阵模型等（张娟等，2015；徐翔燕等，2020；侯瑞环等，2021）。从实践应用角度切入，在人口数据变动趋于平稳、直线趋势时，线性回归模型效果较好，但由于经济、社会等因素的制约，人口数量较难呈现直线趋势，使得线性回归模型的预测精度略低（徐翔燕等，2020）。作为经典的灰色预测模型，GM（1，1）模型可以对含有已知信息及未知信息的系统进行预测（吴琼等，2015），当数据本身的离散程度较大时，预测精度也会受到影响而变小（徐翔燕等，2020）。当数据量缺失信息过多时，BP 神经网络模型对人口数量预测的精度也会降低。1945 年，澳大利亚学者正式提出了一种以人口年龄及结构为基础的 Leslie 离散矩阵模型，能够直观预测人口数量及结构的发展趋势，其参数方法简单，模拟预测精度较高（王艺芳等，2018），因此可以选择 Leslie 矩阵模型预测中国 2022—2032 年人口数量。

以 2010 年第六次全国人口普查数据、2020 年第七次全国人口普查数据及《中国统计年鉴》为基础，根据年龄区间分类别建立了 Leslie 人口数量和年龄结构预测模型，估算不同年龄妇女的生育率，设置不同的总和生育率情境，分析 2022—2032 年中国人口数量和结构的发展趋势。

（一）理论构建

1. 借鉴王艺芳等（2018）、赵清源等（2019）、崔俊富等（2020）和程婉静（2022）的做法，对模型提出如下假设：

第一，假设中国是一个封闭的人口系统，所研究的人口在预测时间段内不存在太大的迁入、迁出行为，即不考虑人口迁移。

第二，假设在预测时间段，中国不发生战乱、饥荒等影响人口数量的突发因素，即不同年龄别的存活率保持不变。

第三，假设生育模式、死亡率及新生儿性别比不随人口的流动而发生变化。

第四，假设不同总和生育率情景（将短期的人口生育率、死亡率看为常数）。

2. 基本模型。假设人类最大年龄为L岁，主要变量如表 3-7 所示。

表 3-7　预测变量定义

变量名称	含义
$p(r,t)$	第 t 年第 r 个年龄的人口数量，$p(r,t)(r=1,2,...,L)$
P_n	第 n 期的年龄结构向量，$P_n = \left(p(1,n), p(2,n),..., p(T,n)\right)^T$
$h(r)$	第 r 年龄妇女的生育模式，$i=1,2,...,L$
u_{00}	新生儿存活率
$k(r,t)$	第 r 年龄中妇女比例，$r=1,2,...,L$
$w(r,t)$	第 t 年 r 岁人的存活率
N_0	起始人口数量
$TFR(t)$	第 t 年的总和生育率
$c(t)$	第 t 年女婴出生比重

有下列关系式：

$$\begin{cases} p(1,n+1) = TFR(n)\sum_{r=r_1}^{r_2} h(r)\,p(r,n)\,k(r) \\[2mm] p(i,n+1) = w_{i-1}\,p(i-1,n),\, i=2,3,...,L-1 \\[2mm] p_{L,n+1} = w_{L-1}\,p(L-1,n) + w_L\,p(L,n) \end{cases} \tag{3-1}$$

令

$$Q = \begin{pmatrix} TFR_t h_1 c_1 & TFR_t h_2 c_2 & & & & \\ w_1 & 0 & TFR_t h_3 c_3 & \cdots & TFR_t h_{L-1} c_{L-1} & TFR_t h_L c_L \\ 0 & w_2 & 0 & \cdots? & 0 & 0 \\ \vdots & \vdots & 0 & \cdots & 0 & 0 \\ 0 & 0 & \vdots & \ddots & \vdots & \vdots \\ & & 0 & \cdots & w_{L-1} & w_L \end{pmatrix}$$

Q 称为 Leslie 矩阵，则式（3-1）可用矩阵表示为：

$$X_{n+1} = QX_n \qquad (3-2)$$

假设起始年龄结构向量 P_0 为已知，根据式（3-2）得 Leslie 矩阵人口模型：

$$X_n = Q^n X_0 \qquad (3-3)$$

3. 生育模式及年龄别生育率的确定。

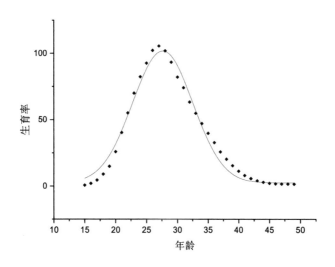

图 3-15　不同年龄别妇女生育率

在稳定环境下，生育率通常与孕龄女性的年龄相关，根据全国第七次人口普查的相关数据，使用 Origin 对生育率和年龄数据绘制散点图，如图 3-15 所示。

根据总和生育率与年龄别生育率的关系，不同年龄的妇女生育率表达式为：

$$b_i = TFR(t) * h(r) \qquad r \in [15, 49] \qquad (3-4)$$

由图拟合出 $h(r)$ 的表达式：$h(r) = 2.4 + 99.4e^{-\frac{(t-27.6)^2}{2 \times 4.9^2}}$ （3-5）

因此，分年龄别的妇女生育率为：

$$b_i = TFR(t) * (2.4 + 99.4e^{-\frac{(t-27.6)^2}{2 \times 4.9^2}}) \qquad (3-6)$$

（二）人口预测

通过改变总和生育率的设定，对中国未来人口数量和人口结构两方面展开预测。对比第六次和第七次人口普查总和生育率，对社会总和生育率按照低、中、高三种情景进行设定，分别为：

情景 1：$TFR = 1.3$。中国目前适龄、适孕青年生育意愿不强，且在三孩政策放开背景下，2020 年第七次人口普查公布的总和生育率为 1.3。

情景 2：$TFR = 1.6$。若三孩政策取得一定效果，总和生育率在政策调控下略有上升，稳定在 1.6 左右。

情景 3：$TFR = 1.9$。三孩政策及其支持配套措施全面落实，总和生育率得到较大提升，基本稳定在 1.9 左右。

1. 人口数量预测分析

三孩政策实施后，根据设定的 2022—2032 年中国总和生育率的 3 个情景，将上述参数代入 Leslie 矩阵模型中，运用统计软件进行求解，结果如表 3-8 所示。

表 3-8　不同时期人口数量预测

年份	0-14 岁（万人）			15～64 岁（万人）	65 岁及以上（万人）	出生人口（万人）			总人口（万人）		
	1.3	1.6	1.9			1.3	1.6	1.9	1.3	1.6	1.9
2022	24473	25889	26597	96044	21037	1163	1859	2207	141554.41	142970.71	143678.34
2023	23888	25970	27013	96046	21847	1126	1795	2131	141780.93	143863.35	144906.03
2024	23232	25954	27320	96406	22291	1090	1733	2058	141929.73	144651.58	146017.44
2025	22579	25921	27601	96642	22796	1057	1677	1991	142016.61	145358.44	147038.86
2026	21847	25793	27780	97114	23049	1027	1627	1932	142010.27	145955.78	147943.09
2027	20927	25464	27752	96923	24075	1002	1587	1884	141925.57	146462.16	148749.99
2028	20119	25236	27819	95969	25698	981	1556	1848	141785.25	146902.94	149485.55
2029	19231	24926	27800	95405	26932	966	1536	1823	141568.18	147262.90	150137.38
2030	18534	24805	27970	94618	28157	957	1524	1810	141308.62	147579.67	150744.61
2031	17695	24545	28000	93928	29373	953	1522	1807	140996.44	147846.03	151301.52
2032	16787	24218	27964	93541	30297	955	1527	1813	140624.79	148055.59	151801.99

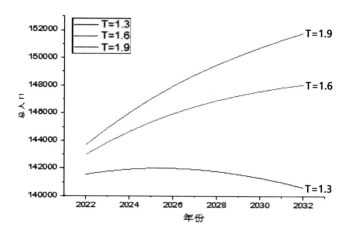

图 3-16 不同生育率水平下的人口数量

图 3-16 为国家持续实施三孩政策后，2022—2032 年不同总和生育率
情景下全国人口数量，刻画了不同情景下中国未来人口走势图。当总和生
育率为 1.3 时，新生儿出生人数在 953 万人以上，中国人口高峰在 2027 年，
达到 141925.58 万人，此后开始逐渐下降；当总和生育率为 1.6 时，新生儿
出生人数在 1522 万人以上，中国人口高峰在 2039 年达到 148724.61 万人；
当总和生育率为 1.9 时，新生儿出生人数在 1807 万人以上，且在近 100 年
内，中国人口会持续增长，短时间内不会出现峰值。

2. 人口结构预测分析

自 21 世纪中国进入老龄化社会，未来可能还会面临快速老龄化、加速
老龄化及稳定重度老龄化三个阶段。通过 Leslie 模型预测中国人口结构比
重，考察老龄化程度，结果见表 3-9。

表 3-9 不同时期人口结构预测

年龄	0~14 岁（%）			15~64 岁（%）			65 岁及以上（%）		
总和生育率	1.3	1.6	1.9	1.3	1.6	1.9	1.3	1.6	1.9
2022	17.3	18.1	18.5	68.4	67.2	66.8	14.9	14.7	14.6
2023	16.8	18.0	18.6	68.5	66.8	66.3	15.4	15.2	15.1
2024	16.4	18.1	18.7	68.8	66.6	66.0	15.7	15.4	15.3
2025	15.9	18.0	18.8	68.6	66.5	65.7	16.1	15.7	15.5

续表

年龄	0～14 岁（%）			15～64 岁（%）			65 岁及以上（%）		
总和生育率	1.3	1.6	1.9	1.3	1.6	1.9	1.3	1.6	1.9
2026	15.4	17.8	18.8	67.9	66.5	65.6	16.2	15.8	15.6
2027	14.7	17.7	18.7	67.6	66.2	65.2	17.0	16.4	16.2
2028	14.2	17.4	18.6	67.1	65.3	64.2	18.1	17.5	17.2
2029	13.6	17.2	18.5	66.7	64.8	63.5	19.0	18.3	17.9
2030	13.1	16.9	18.6	66.5	64.1	62.8	19.9	19.1	18.7
2031	12.5	16.8	18.5	65.8	63.5	62.1	20.8	19.9	19.4
2032	11.9	16.6	18.4	65.2	63.2	61.6	21.5	20.5	20.0

　　图 3-17 给出中国人口年龄结构变化，可以清晰看出 2022—2032 年中国老龄化程度。在不同总和生育率情景下，老龄化人口比重（65 岁以上人口比重）在不同年份均超过 14%，中国社会的老龄化严重。

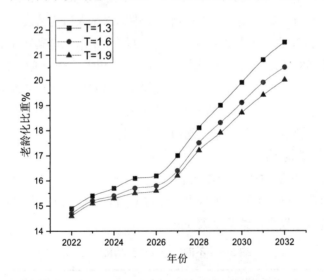

图 3-17　不同生育率水平下的老龄化比重

　　三孩政策的实施能够促使生育率提升，虽然在一定程度上可以缓解中国的人口老龄化问题，但其抑制作用较为有限，不能从根本上解决中国的人口老龄化问题，未来老龄化比重仍将持续升高。

（三）误差分析

　　由于 2021 年的总和生育率为 1.3，因此仅将生育率水平为 1.3 时的预测值与 2021 年的真实值进行比较，进而算出相对误差，如表 3-10 所示。

表 3-10 误差结果分析

变量	实际值	预测值	相对误差（%）
总人口（万人）	141260	141289.612	0.02
0~14 岁（万人）	24721	24949.4802	0.9
15~64 岁（万人）	96481	96336.8482	-0.1
65 岁及以上（万人）	20059	20003.2836	0.3

由表 3-10 可知，运用总和生育率预测出的人口数与 2021 年真实值的相对误差都在 0.9% 以下，说明 Leslie 模型对中国人口数量及老龄化预测效果较好，符合实际情况，具有较强的说服力。

五、人口变动与城市发展

在推进现代化的进程中，人口问题始终是我国面临的首要问题。我国在取得了举世瞩目的经济增长奇迹的同时，人口结构与城市经济社会发展关系呈现一定的独特性。人口变动不仅影响国家的发展，还与城市发展密切相关。城市在社会、经济发展状况为人口发展创造了条件和基础，决定了其人口结构的形式、内容与特点，是人口结构产生和发展变化的前提和基础；反过来，人口结构的变化同样会在一定程度上影响城市经济和社会的发展与进步，二者的关系是相互作用和影响。因此，研究人口变化与城市发展对于一个城市或地区的经济社会发展、政策制定、产业转型有着重要的意义。一方面，人口结构变化面临着持续低生育率、老龄化问题日益凸显。如果没有适应社会发展的一定数量的人口，城市发展以及城市竞争力的分析就失去了重要基础，提高生育率能够保证少儿人口的增加以及未来劳动力的增加，同时降低老龄人口的比例，降低社会的养老负担；另一方面，随着城市化加速期的到来，农村人口向城市加速流动成为影响人口结构的关键因素，如何保证流动人口。当前，我国正处在经济转轨、社会转型和人口结构变革的关键时期，如果人口问题不能得到有效的解决，人口与城市经济社会资源环境之间的关系将始终处于紧张状态，人口数量、素质、结构和分布等问题的相互交织、相互影响将给城市带来巨大压力。然而，生育水平是具有一定惯性的，要想改变中国低生育水平的现状，需要在实施鼓励性生育政策的同时，采取一系列相互配套的措施，即生育支持政策进一步降低育龄家庭的生育负担，提高生育水平。

第三节　生育政策的配套服务需求评估

一、国家经验借鉴

（一）美国

18 世纪末美国仅有 530 万人，劳动力供给不足阻碍了国家发展。因此，美国采取鼓励生育政策和引进外来移民两种方式增加本国人口数量。一方面，通过减税、增加生育补贴及完善带薪产假等方式鼓励育龄家庭生育，针对贫困家庭、残疾和单亲家庭发放多种类型的生育现金补贴，生育女性可享有 12 周无薪产假，部分州女性享有带薪产假，但在全国范围内并未形成统一的带薪产假支持制度。另一方面，给予外来移民土地资格。1862 年，美国在南北战争后通过的《宅地法》规定，凡有意成为美国公民的外国移民均可获得 64 万平方米土地。1865 年政府制定的《合同劳工法》规定，国会为移民支付路费，兴办外籍学校，为外籍儿童创造良好的教育条件。在这些措施的推进下，1863—1914 年美国白人的总和生育率增至 4.1，黑人妇女的总和生育率高达 5.2（梁茂信，2009），并在之后的 50 年内促使人口增长近 6 倍，一度缓解了劳动力短缺的问题。进入 20 世纪后，通过移民增加人口数量已经成为美国保持人口增长的主要方式。1997 年美国移民人口数量达到 886 万，是总人口的重要组成部分。移民增加和自然生育保证了美国人口的稳定增长。1977—2017 年，美国人口总数增速稳定，总人口在 3 亿上下波动，于 2018 年达到 3.28 亿，成为仅次于中国与印度的世界人口第三大国。

（二）亚洲

新加坡在 1965 年独立后，面临一系列社会和经济问题。其中，粮食短缺问题尤为突出。为应对危机，国家实施限制生育政策，总和生育率由 1966 年的 4.46 降到 1977 年的 1.82，首次低于人口替代水平。1985 年新加坡总和生育率为 1.61，1986 年降至 1.43。老龄化的提前到来促使新加坡政府调整生育政策。1987 年国家制定了第一轮鼓励生育政策，具体措施主要体现在放宽个人所得税的税款减免方面。1987 年财政部长在预算报告里提出，在 1987 年 1 月 1 日之后生育第三胎的夫妻可以获得特别退税款。生育率的下降趋势在短期内得到缓解（刘玮玮，2020）。2000 年新加坡政府再次推出结婚生育配套政策，并在 2004 年、2008 年、2013 年和 2015 年逐步加强奖励力度，但该政策并没有显著提升新加坡的生育率，只在一定程度上缓解了生育率下降的幅度，总和生育率从 2003 年开始一直维持在 1.2 左右，2018 年新加坡总和生育率降为 1.14（刘玮玮，2020）。

　　1945 年第二次世界大战后日本出现生育高峰，为抑制高生育率，日本成为世界上第一个限制人口增长的国家。1948 年日本国会通过了《优生保护法》，支持合理的避孕措施，流产合法化。这一政策的出台，使得日本的生育率在 20 世纪 50 年代下降到 40 年代的一半（迟明，2015）。1957 年日本总和生育率降至世界更替水平，1989 年日本的总和生育率为 1.57。人口红利的减少让日本意识到低生育率所带来的负面问题，日本政府开始实施鼓励生育政策，推出儿童补贴政策，规定 3 岁以下儿童每月可领取 1.5 万日元，3～15 岁每月可领取 1 万日元补贴。同时，为减少抚养压力，日本政府成立了儿童安全局，多次修改《育儿照护休假法》，规定女性可享受 14 周产假，男性也可享受 8 周的休假。1991 年举办“妇女就职活动”，设立雇用促进中心和妇女就业援助部门，每年进行 6 期妇女再就业培训。1994 年政府颁布“天使计划”。2002 年日本政府完善育儿休假与托幼的相关服务。2003 年日本政府颁布《少子化社会对策基本法》，但是效果不理想，生育率并未明显提高。2005 年日本总和生育率已下降至 1.26。2015 年日本人口首次开始出现负增长，65 岁及以上人口占总人口的 1/5，老龄化问题严重。

　　1950 年韩国人口为 2000 万，1960 年增至 2500 万，总和生育率高达 6.09。韩国人口的快速增长影响了国家经济的快速发展。为遏制人口的快速增长，韩国政府在 1961 年制定家庭生育计划方案，《母子保健法》出台使流产合法化，同时开展节育奖励。在这些政策的刺激下，总和生育率不断下降，1990 年已低于世界交替水平。然而，韩国政府并未采取积极的生育政策，仅保持对生育的中立态度，既不鼓励也不限制生育。2000 年韩国 65 岁及以上人口占比高达 7.2%，已进入老龄化社会。2005 年韩国总和生育率降至 1.08。韩国学者认为，继续以这样的生育率发展，至 2200 年韩国人口将减少到 140 万人，人口过于稀少将导致国家灭亡（汤梦君，2013）。为此，韩国通过《低生育、老龄化社会基本法》，成立总统直属低生育、老龄化社会委员会和低生育、老龄化社会政策本部，并在结婚、生育、养育子女等环节进行奖励，如韩国政府免费提供恢复生育的手术，并对生育子女的休假妇女给予资金补贴。为解决低生育率及人口老龄化问题，2006 年韩国政府出台了 5 年基本计划，包括减免家庭税收、实行父母育儿假、补贴 4 岁以下儿童等。政策实施后，总和生育率于 2006—2007 年有所回升，但于 2008 年再次回落。鼓励生育政策实施至今，韩国总和生育率一直处于 1.4 以下，整体呈下降趋势，2018 年创历史最低，仅有 0.98。

1967 年印尼总和生育率高达 5.58，但 GDP 仅有 56.68 亿，占世界 0.2494%。有限的资源与国力支撑不起过多的人口，印尼政府开始采取计划生育政策。1968 年印尼政府成立了全国家庭计划生育协会，把控制人口增长纳入国家第一个五年计划中（1969 年 4 月—1974 年 3 月），同时印尼政府派遣有关人员去新加坡学习现代化避孕技术，在医学院增加计划生育课程，建立流动诊所以便于每星期去偏僻的地区开一次例行讲座，由医生与护士介绍计划生育的必要性。1972 年印尼政府制定了人口规划，要求将 5 年内的全国育龄人口纳入家庭计划，规定每个家庭的子女数平均降为 2 人，以保证 2000 年的出生率下降一半。为实现这一规划，印尼相关法律规定了女性的最低婚龄，鼓励女性 20 岁后生育，30 岁最好停止生育，生育间隔最好为 3 年（刘佩航，1993）。这一计划实施后，1972—1996 年印尼的人口增长率由 2.3% 降至 1.6%。1992 年印尼政府通过《人口与幸福家庭发展法》，确立了人口与计划生育的工作地位。2009 年，印尼政府成立印尼国家家庭局，该法律将人口控制作为国家发展的重要因素。

表 3-11　亚洲典型国家具体政策及内容

国家	年份	政策法规名称	政策内容
新加坡	1965	家庭计划法	在未来保持相对稳定的人口
	1969	堕胎法	允许堕胎
	1970	自愿绝育法	执行自愿绝育措施
	1987	新人口政策	鼓励家庭生育三孩，措施为：削减所得税、优先考虑小学注册、托儿津贴补助、分娩津贴、优先住房分配、劝阻人工流产和绝育、对已婚女性公务员给予特殊休假安排、加强婚姻规划、建立家庭生活教育规划等
	2013	人口白皮书	2030 年前将新加坡人口增加 30% 至 690 万

续表

国家	年份	政策法规名称	政策内容
日本	1948	优生保护法	支持合理的避孕措施，流产成为合法化
	1989	育儿照护休假法	规定女性可享受 14 周产假，丈夫也可享受 8 周的休假
	2004	少子化社会基本法	设置家庭日、家庭周
	2006	新少子化对策	重新审视生活与工作的方式
	2007	支持儿童和家庭的日本重点战略	支持合理的避孕措施
韩国	1961	母子保健法	对结婚、生育、养育孩子等环节进行奖励
	2005	低生育、老龄化社会基本法	减免家庭税收、对父母实行育儿假、对 4 岁以下的儿童给予补贴等
印尼	1968	五年计划	集中力量控制人口增长，降低出生率和死亡率
	1992	人口与幸福家庭发展法	确立人口与计划生育工作地位

数据来源：资料整理所得。

（三）欧洲

1945 年德国人口总数为 6245 万，总和生育率为 1.53，低于同时期的法国[①]。为鼓励生育，1953 年德国成立联邦家庭事务部，专门负责与生育相关的社会服务。1964 年德国总和生育率升至 2.53，随后又逐步下降，1970 年德国生育率已低于更替水平，成为发达国中总和生育率下降最多的国家。1994 年总和生育率降至历史最低水平 1.24。2002 年德国政府提出可持续家庭政策，成立了家庭政策联盟，推行一系列政策法规以缓解家庭与工作之间的矛盾，提高生育率。内容集中在以下几方面：第一，增加儿童保育场所数量。2004 年国家开始增加公共儿童保育场所数量，2007 年引入低龄儿童托儿所。第二，保障职业妇女怀孕期间的各项权利，如健康权、产假、父母假、生育保险金等。《职业妈妈保护法案》规定，劳动力市场中的女性在怀孕和哺乳期间不得被解雇（吕世辰，2019）。第三，政府对生育家庭的经济补贴，包括子女的生育、养育补贴以及父母补贴。其中，养育补贴涵盖一岁以下的子女看护费用、教育费用和家庭生活费用等。然而，这些政策的实施依旧未见明显效果，德国的人口增长率仍然处于负值，导致人口

---

① 法国同时期生育率为 2.9%。

总量呈现零增长甚至负增长，人口老龄化速度依然在缓慢上升，生育政策的配套措施并未真正扭转老龄化的局面，仅是减缓老龄化的进程。

1970 年瑞典人口总数为 800 万人，2017 年升至 1000 万人，人口总数整体呈现缓慢上升趋势，但总和生育率低于世界更替水平，且起伏较大，波动剧烈。为鼓励生育，瑞典政府出台了各种高福利政策以提高生育水平。一是为 1～12 周岁儿童提供公共照顾服务。政府保障一岁以上孩子的家庭享有看护服务，并支持发展私立儿童教育机构，鼓励社区建立免费开放式幼儿园，建立家庭式托儿所。二是设立育儿津贴、儿童津贴、看护津贴等，以减轻儿童养育负担（杨菊花，2017）。给予 19 岁以下的孩子每月 79 欧元的补助，超过三个孩子的家庭还可以获得大家庭补贴。三是给予妇女一年带薪哺乳假，规定父亲可休产假。同时，对于休产假的夫妇保留其原有职位直到产假结束，2002 年父亲产假延长到 60 天。此外，对于 12 岁以下生病的孩子，父母还有 60 天的病假。四是政府为女性就业提供大量时间灵活的岗位，以保证其有看护孩子的时间。一系列生育配套政策的实施，促进总和生育率从 2000 年的 1.56 升至 2015 年的 1.92。总和生育率的逐步提高，使得瑞典生育率高于欧洲平均水平。

表 3-12 欧洲典型国家具体政策及内容

国家	年份	政策名称	政策内容
德国	2002	可持续家庭政策	减轻家庭与工作矛盾
		职业妈妈保护法案	职场女性不得被解雇
瑞典	1974	育儿假法	父亲可休假
	1995		30 天父亲假期，不可转让

数据来源：资料整理所得。

表 3-13 生育率与生育政策的国别比较

国家	1976—2016 年	2016 年总和生育率	2016 年人口政策
中国	急剧下降略有提升	1.68	全面二孩政策
美国	平稳波动	1.82	不鼓励、不限制
德国	低水平缓慢波动	1.57	鼓励生育
新加坡	缓慢下降	1.20	鼓励生育
韩国	急剧下降到平缓下降	1.17	鼓励生育
日本	缓慢波动	1.44	鼓励生育
瑞典	大范围波动	1.85	鼓励生育

数据来源：资料整理所得。

比较发达国家生育政策的配套服务可以发现，社会化抚养的配套服务主要集中在三个方面：给予家庭补贴或减税、增加父母生育假期以及增加儿童抚养机构。多个国家仅在女性的生育保护力度上存在差异。瑞典对于女性生育权益的保障最为明显，因此该国的生育率稳定维持在1.8，显著高于欧洲同期水平。

二、需求强度评估

提高生育率的国际经验表明，仅开放生育政策不能真正扭转少子化以及老龄化的趋势。现阶段中国生育率的真正提升、宏观生育政策的落地和释放，需要多个相关配套政策和服务与之完善，本节基于发达国家生育的先进经验，量化中国全面二孩政策实施的配套需求评估，为促进人口健康、稳定发展提供理论依据。

（一）整体特征

1. 研究设计

选择日本学者卡诺提出的用于产品质量用户满意度评价的"狩野模型"（Kano Model），阐释生育政策下育龄家庭对社会化抚养配套服务需求的优先序。狩野模型起源于赫兹伯格的双因素理论，最初在管理学研究中被用于了解客户对于产品（或服务）的每个质量要素在提供和不提供两种情境下的态度和感受，进而对各要素进行分类（一般可分为魅力属性、期望属性、无差异属性以及必备属性）。相较于其他评价模型，狩野模型对受访者的心理需求变化具有高度敏感的识别能力，因而其结果更加客观和实用（潘秋岑等，2016）。我们选取育龄家庭在生育后所需要的社会化抚养配套服务作为研究对象，以育龄家庭问卷调查数据作为统计依据，将生育后的抚养配套政策按照实际需求进行分类和排序，以此分析育龄家庭对社会化抚养配套服务的需求现状。

首先，选择具体的研究对象，即生育政策下的社会化抚养配套服务内容。根据现有相关研究，对育龄家庭生育子女在不同阶段中需求较高的配套服务进行选择，共筛选出8项社会化抚养配套服务作为具体对象（见表3-14）。其中，育儿服务针对0～3岁孩子的抚养服务，是孩子进入幼儿园之前社会提供的养育服务；学前托育服务是指为3岁以上学龄前幼儿实施保育和教育。

表 3-14 8 项社会化抚养配套服务的选取

抚育阶段	社会化抚养配套服务	参考文献
0～3 岁	育儿服务、育儿指导、延长产假及陪产假	医疗、住房、生育补贴、税收减免	杨菊花，2018；高琛卓，2020；Vilarcompte et al. 2019；徐浙宁，2015；吴帆等，2017；杨华磊，2015
3～6 岁	学前托育服务		

数据来源：资料整理所得。

其次，设计结构性问卷。针对每一项生育政策下的社会化抚养配套服务，在问卷中为育龄家庭设定政府"提供"和"不提供"相应服务两种情境，育龄家庭分别就每一种情境选择态度，选项包括 5 种：很喜欢、理所当然、无所谓、勉强接受和很不喜欢。

表 3-15 狩野模型评价结果分类

选项	很喜欢	理所当然	无所谓	勉强接受	很不喜欢
很喜欢	可疑	魅力型	魅力型	魅力型	期望型
理所当然	反向型	无差异型	无差异型	无差异型	必备型
无所谓	反向型	无差异型	无差异型	无差异型	必备型
勉强接受	反向型	无差异型	无差异型	无差异型	必备型
很不喜欢	反向型	反向型	反向型	反向型	可疑

然后，识别评价结果。基于表 3-15 分类研究调研样本中的社会化抚养配套服务的调查结果。按照"提供""不提供"两种结果分类考察，能够将育龄家庭对每一项生育政策下的社会化抚养配套服务需求表达分为 6 类：第一，魅力型。政府如果提供该类社会化抚养配套服务，则可以提升育龄家庭的满意程度。如果没有提供，将显著影响育龄家庭的满意度。第二，期望型，也称一元型需求。假设政府提供该类服务，育龄家庭则会表现出满意，且所提供的社会化抚养配套服务质量越好，育龄家庭会越满意；若不提供，育龄家庭的不满意程度会明显增强。第三，必备型，即育龄家庭认为政府提供该类服务是应该履行的职责。政府提供这类服务可能不会使育龄家庭提高满意度，但若不提供，育龄家庭则会十分不满意。第四，无差异型。即政府提供或不提供这类社会化抚养配套服务，育龄家庭态度都一样。第五，反向型，又称逆向需求。即政府提供该类服务反而会招致育龄家庭的反感。第六，可疑结果。即受访者需求表达的逻辑机理有待进一

步确认。

最后，统计信息并确立属性。统计所有样本对各项社会化抚养配套服务需求的态度，依据每种态度的出现频率，识别每项公共服务的需求类型。根据狩野模型的操作原理（潘秋岑等，2016），识别结果中育龄家庭态度占比最大的方面就是每项公共服务的最终需求类型。

2. 结果分析

表 3-16 提供了育龄家庭对 8 项社会化抚养配套服务需求类型的识别结果。可以发现，育龄家庭对这些社会化服务的需求可以分为三类：魅力型需求有医疗补贴、住房优惠和育儿指导；期望型需求有税收减免和学前教育机构；必备型需求有育儿服务机构、生育补贴和延长产假。根据狩野模型可知，需求的重要性排序为：必备型>期望型>魅力型>无差异型。生育二孩后，如果政府不采取医疗补助、住房优惠和育儿指导政策，育龄家庭不会表现出明显的失望和不满意；然而，一旦政府没有为二孩家庭提供税收减免和学前教育机构，育龄家庭的不满意程度则会明显增加。政府为育龄家庭提供 0～3 岁的育儿服务机构、生育补贴和延长产假政策获得了受访者的广泛认可，成为育龄家庭生育二孩的必备要求。

表 3-16 育龄家庭对社会化抚养服务需求类型的识别结果 单位：%

需求	魅力型	期望型	必备型	无差异型	识别结果
延长产假	17.54	23.38	**50.75**	8.33	必备型
住房优惠	**38.81**	28.14	18.53	14.52	魅力型
育儿服务机构	15.64	33.32	**40.85**	10.19	必备型
学前教育机构	12.38	**45.86**	25.66	16.10	期望型
生育补贴	13.16	28.25	**48.52**	10.07	必备型
税收减免	18.15	**47.44**	27.08	7.33	期望型
育儿指导	**43.64**	20.25	23.12	12.99	魅力型
医疗补贴	**41.22**	28.86	16.36	13.56	魅力型

虽然表 3-16 提供了育龄家庭对各项社会化抚养服务需求类型的识别结果，然而，按照这种方式进行分类并不严谨，可能导致研究内容的缺失，例如，超过 33%的育龄服务机构的需求划分为期望型，该结果与最终识别结果（必备型）的差异性相差小。为此，需要使用 Better-Worse 系数（潘秋岑等，2016），以最终确定社会化抚养服务供给的优先序。计算公式为：

$$Better系数 = \left[P_{魅力型} + P_{期望型}\right] \Big/ \left[P_{魅力型} + P_{期望型} + P_{必备型} + P_{无差异型}\right] \quad （3-7）$$

$$Worse系数 = \pm\left[P_{期望型} + P_{必备型}\right] \Big/ \left[P_{魅力型} + P_{期望型} + P_{必备型} + P_{无差异型}\right] \quad （3-8）$$

（3-7）式和（3-8）式中，P 是某项需求类型出现的频率；Better 系数反映的是政府提供某项社会化抚养服务需求对育龄家庭有关满意度的影响程度，一般为正；Worse 系数则代表的是政府不提供该项社会化抚养服务需求对育龄家庭有关满意度的影响程度，一般为负。在确定育龄家庭对 8 项社会化抚养服务需求的急切程度或政府供给的优先序的过程中，根据狩野模型的自身特征，需求的重要性首先依据类型进行排序，依次为：必备型>期望型>魅力型>无差异型。确定 Better-Worse 综合系数（即 Better 系数与 Worse 系数之差），因为该系数整体反映了提供和不提供某项社会化抚养服务对育龄家庭有关满意度的影响程度。同时，Worse 系数的大小也应得到考虑，某项社会化抚养服务 Worse 系数的绝对值越大，说明其被需要的程度越高，一般被认为应予以优先满足。在表 3-17 的优先序排名中，基本遵循了类型框架下 Better-Worse 综合系数、Worse 系数绝对值以及 Better 系数从大到小的规律，因此，这一排序结果具有较高的可信度。

从表 3-17 中可以发现，0～3 岁的育儿服务机构、生育补贴和延长产假三项服务的 Better 系数低、Worse 系数高，属于配套需求中的必备型需求。生育二孩后能够为婴幼儿提供抚养机构、延长产假是育龄家庭的基本要求，这两项服务不仅可以为孩子提供更为科学、专业的养育机构，也能够减少夫妇的时间和机会成本，更好地配置工作和家庭关系。生育补贴能够降低育龄家庭的直接经济支出、缓解育龄家庭经济压力。以上的社会化抚养服务，分别从时间资源和经济资源两方面减轻育龄家庭的生育压力。因而，不难理解它们在育龄夫妇心中的首要需求地位。税收减免和学前教育机构的 Better 系数与 Worse 系数双高，处于期望型需求。如果政府提供该类服务，则育龄家庭会表现出满意，且所提供的社会化抚养配套服务质量越好，育龄家庭会越满意；若不提供，育龄家庭的不满意程度会明显增强。医疗补贴、住房优惠和育儿指导三项服务的 Better 系数高、Worse 系数低，处于魅力型需求。如果政府提供这三项服务，育龄家庭满意度会提高，如果没有这些政策的支持，育龄家庭的满意度也不会出现明显下降。医疗补贴包括两部分：一部分是针对女性生育及后续生育保健费用；另一部分是婴幼儿的医药费用。生育保险虽然能够保证女性在生育时的医疗费用，但是该政策的普及率偏低，社会成本极易转换为家庭成本①。事实上，女性在生育后的医疗保健费用并没有任何优惠政策，如果政府提供生育的医疗保健服务则是影响满意度的重要方面。更为严重的是，目前婴幼儿的医疗和保健费用基本私有化，除了住院费用能够由医疗保险分摊外，其他的门诊、医药和保健费用均由育龄家庭负担。因此，医疗补贴能够减轻家庭的经济冲击。育儿指导是科学、健康抚养孩子的关键步骤，多生一个孩子，不仅要追求孩子的数量，还要保证孩子的质量。普及育儿知识、提供健康合理的育儿指导因而成为育龄家庭的需求。需要指出的是，这些服务需求均不属于无差别需求。8 项社会化抚养服务对于生育二孩育龄家庭的满意度相对重要。

表 3-17　　　育龄家庭对社会化抚养服务需求的 Better-Worse 系数与排序

需求	Better 系数	Worse 系数	Better-Worse 综合系数	类型	排序
育儿服务机构	48.96	74.17	123.13	必备型	1
生育补贴	41.41	76.77	118.18	必备型	2
延长产假	40.92	74.13	115.05	必备型	3
税收减免	65.59	74.52	140.11	期望型	4
学前教育机构	58.24	71.52	129.76	期望型	5
医疗补贴	70.08	45.22	115.30	魅力型	6
住房优惠	66.95	46.67	113.62	魅力型	7
育儿指导	63.89	43.37	107.26	魅力型	8

（二）城乡之间

由于城乡二元结构的长期存在，使得中国城乡的生育配套需求也可能不尽相同。如果将城乡居民的社会化抚养需求统一进行强度评估，将影响实证结果的精度。因此，需要分别从城乡视角考察生育二孩后社会化抚养配套需求。

从表 3-18 可以得到城镇的需求排序，延长产假和 0～3 岁的育儿服务机构两项服务的 Better 系数低、Worse 系数高，属于配套需求中的必备型

---

① 按照《企业职工生育保险试行办法》的相关要求，企业应为女性职工按期缴纳生育保险费，女性职工在生育时可享受生育保险待遇（生育医疗费用和生育津贴）。但是，生育保险制度普惠力度小，受益范围未涵盖自主创业、非正规就业等女性群体。人社部统计公报显示，2014 年、2017 年享受全国生育保险待遇的人次分别为 613 万和 1027 万，占当年全国出生人口的 36%和 59%。

需求。对于城镇育龄家庭而言，生育二孩后延长产假是抚养孩子的基本要求，而提供 0～3 岁的育儿服务机构不仅可以为孩子提供更为科学、专业的养育机构，也能够减少夫妇的时间和机会成本，更好地配置工作和家庭关系，这两项社会化抚养服务与养育两孩的联系最为紧密。在养育能力中，优先考虑的是照料婴幼儿的资源，包括时间资源和经济资源两方面。对于大多生育孩子的城镇家庭，夫妻双方都处于寻求事业发展的时期，极少有人愿意放弃工作将时间投入到养育孩子中。那么，照料孩子的时间究竟由谁"买单"就成为生育是否影响城镇家庭收入的关键。对于城镇家庭而言，照料孩子不仅仅涉及一个家庭，可能还需要动员两个父辈家庭。延长产假和提供育儿服务机构能够真正解决这一问题，夫妻双方既保证孩子的陪护时间，又能够继续留在劳动力市场。因而，不难理解它们在育龄夫妇心中的首要需求地位。生育补贴、税收减免和住房优惠的 Better 系数与 Worse 系数双高，处于期望型需求。通过增加育龄家庭的生育补助、减轻住房的经济负担，能够降低育龄家庭的直接经济支出，缓解育龄家庭经济压力。医疗补贴和育儿指导的 Better 系数高、Worse 系数低，属于魅力型需求。如果政府提供这两项服务，城镇育龄家庭满意度会提高，如果没有这些政策的支持，育龄家庭的满意度也不会出现明显下降。需要注意的是，学前教育机构供给的 Better 系数低、Worse 系数低，属于无差异型需求。

表 3-18　城镇育龄家庭对社会化抚养服务需求的 Better-Worse 系数与排序

需求	Better 系数	Worse 系数	Better-Worse 综合系数	类型	排序
延长产假	48.96	74.17	123.13	必备型	1
育儿服务机构	40.92	74.13	115.05	必备型	2
生育补贴	65.13	81.48	146.61	期望型	3
税收减免	55.59	87.52	143.11	期望型	4
住房优惠	51.21	79.42	130.63	期望型	5
医疗补贴	62.89	43.37	106.26	魅力型	6
育儿指导	58.95	42.67	101.62	魅力型	7
学前教育机构	32.8	46.08	78.88	无差异型	8

从表 3-19 可以发现，农村育龄家庭在生育补贴和医疗补贴两项服务的 Better 系数低、Worse 系数高，属于配套需求中的必备型需求。对于农村育龄家庭而言，生育二孩后的经济补助能够降低家庭的直接经济支出、

缓解育龄家庭经济压力，因而成为抚养孩子的基本要求。0~3 岁育儿机构和 3~6 岁学前教育机构供给的 Better 系数与 Worse 系数双高，属于期望型需求。通过增加抚养及教育机构的供给，减少家庭成员的时间和机会成本，能够更好地配置工作和家庭关系。医疗的生育保险在农村居民中的普及率偏低，社会成本往往转换为家庭成本。如果政府提供生育的医疗补贴，将大幅提升农村育龄家庭的满意度。住房优惠的 Better 系数高、Worse 系数低，属于魅力型需求。如果政府提供这项服务，育龄家庭满意度会提高，如果没有这些政策的支持，育龄家庭的满意度也不会出现明显下降。税收减免、延长产假和育儿指导的 Better 系数低、Worse 系数低，属于无差异型需求。现阶段进城务工是农村居民的非农收入的主要来源，他们多为临时雇用的流动人口，工作的不稳定及非正规性导致大多农村居民没有享受到城镇的社会保障，同时也是税收的"灰色人群"，因此产假和税收的覆盖缺失，导致这些优惠政策对农村居民群体的生育决策不会产生显著作用。

表 3-19　农村育龄家庭对社会化抚养服务需求的 Better-Worse 系数与排序

需求	Better 系数	Worse 系数	Better-Worse 综合系数	类型	排序
生育补贴	47.54	75.23	122.77	必备型	1
医疗补贴	41.89	73.67	115.56	必备型	2
育儿服务机构	66.76	87.13	153.89	期望型	3
学前教育机构	56.12	86.88	143.00	期望型	4
住房优惠	52.34	78.38	130.72	魅力型	5
税收减免	63.11	44.54	107.65	无差异型	6
延长产假	60.03	41.34	101.37	无差异型	7
育儿指导	31.95	44.67	76.62	无差异型	8

　　生育二孩的社会化配套抚养需求在城乡之间出现不同特征。城镇育龄家庭关注的社会化抚养需求顺序，依次是合理配置家庭成员的时间资源、降低家庭的经济压力以及提高孩子"质量"。相比城镇居民家庭，农村居民进城务工成为城镇的流动人口，往往就职于次级劳动力市场，就业的临时性和非正规性导致企业大多不会签订劳动合同或缴纳五险一金，社会保障的覆盖面远远达不到城镇居民，造成城乡之间生育孩子的社会化抚养配套需求也存在差异。因此，税收减免、延长产假这两类具有社会保障的抚养服务并不是农村育龄家庭关注的焦点，农村育龄家庭对于配套抚养服务的

需求主要聚焦在降低家庭的经济压力和配置时间资源方面。值得注意的是，不论是城镇还是农村，都在解决时间配置和经济压力方面的服务需求上达到共识。

（三）阶层之间

生育的社会化配套抚养服务需求在不同收入阶层之间不尽相同。某项社会化服务也许能够解决某一群体家庭生育二孩后的"燃眉之急"，但是，对于其他群体而言，也只是"锦上添花"的社会服务。因此，应以收入作为分层依据划分社会阶层地位并产生不同的收入群体，评估不同阶层的社会化抚养服务需求强度，客观反映中国二孩家庭生育服务需求阶层异质性的现实情况，因地制宜地解决不同阶层的"生育焦虑"。选取样本家庭净收入的第 25 分位、第 50 分位和第 75 分位分别表示低收入、中等收入和高收入群体，考察不同收入阶层家庭社会化配套抚养服务需求差异。需求强度的优先序排名依然遵循类型框架下，Better-Worse 综合系数、Worse 系数以及 Better 系数从大到小的规律。

从表 3-20 中可以得到低收入阶层的需求排序，生育补贴、医疗补贴和税收减免这三项服务的 Better 系数低、Worse 系数高，属于配套需求中的必备型需求。低收入阶层的生活水准相对较低，生育二孩后减缓家庭的经济负担是需要首要考虑的现实问题。0～3 岁育儿服务机构和 3～6 岁学前教育机构的 Better 系数与 Worse 系数双高，属于期望型需求。提供婴幼儿的照料、教育机构能够为低收入阶层家庭合理配置时间资源，政府提供这两项服务能够提高低收入阶层的满意度，降低甚至弥补生育二孩对低收入阶层家庭收入的负面效应。延长产假和住房优惠的 Better 系数高、Worse 系数低，属于魅力型需求。如果政府提供这两项服务，低收入阶层家庭满意度会提高，如果没有这些政策的支持，低收入阶层家庭的满意度也不会出现明显下降。育儿指导的 Better 系数低、Worse 系数低，属于无差异型需求。低收入阶层受经济水平约束，对于孩子的质量服务需求关注度不高。

表 3-20　低收入阶层社会化抚养服务需求的 Better-Worse 系数与排序

需求	Better 系数	Worse 系数	Better-Worse 综合系数	类型	排序
生育补贴	44.68	81.14	125.82	必备型	1
医疗补贴	42.87	78.55	121.42	必备型	2
税收减免	45.74	73.24	118.98	必备型	3

续表

需求	Better 系数	Worse 系数	Better-Worse 综合系数	类型	排序
育儿服务机构	60.23	77.87	138.1	期望型	4
学前教育机构	57.87	76.33	134.2	期望型	5
延长产假	68.96	40.17	109.13	魅力型	6
住房优惠	62.37	39.67	102.04	魅力型	7
育儿指导	42.8	40.08	82.88	无差异型	8

从表 3-21 可以得到中等收入阶层的需求排序。延长产假和育儿服务机构这两项服务的 Better 系数低、Worse 系数高，属于配套需求中的必备型需求。中等收入阶层大多就职于朝九晚五的企业，那么，照料孩子的时间究竟由谁"买单"就成为中等收入阶层家庭二孩生育决策的关键。生育初期的婴儿阶段需要家庭成员付出较多的时间资源照料孩子，延长产假有助于合理配置时间资源，提供 0～3 岁婴幼儿的抚育机构能够解决家庭成员可能不得不放弃工作来抚育孩子的"困境"，在一定程度上"解放"照料孩子的时间束缚，降低家庭的时间成本。因此这两项需求是生育二孩社会化抚养的必备需求。税收减免、生育补贴和育儿指导的 Better 系数与 Worse 系数双高，属于期望型需求。中等收入家庭既要保证孩子的数量，又要追求孩子的质量，需要承受巨大的经济压力。税收减免和生育补贴能够缓解中等收入阶层的物质负担。政府提供这三项服务能够提高中等收入阶层的满意度，降低甚至弥补生育二孩对中等收入阶层家庭的负面效应。住房优惠、学前教育机构和医疗补贴的 Better 系数高、Worse 系数低，属于魅力型需求。如果政府提供这三项服务，中等收入阶层家庭满意度会提高，如果没有这些政策的支持,中等收入阶层家庭的满意度也不会出现明显下降。

表 3-21　中等收入阶层社会化抚养服务需求的 Better-Worse 系数与排序

需求	Better 系数	Worse 系数	Better-Worse 综合系数	类型	排序
延长产假	47.81	80.36	128.17	必备型	1
育儿服务机构	44.57	78.44	123.01	必备型	2
税收减免	64.74	79.68	144.42	期望型	3
生育补贴	59.72	77.08	136.8	期望型	4
育儿指导	54.37	78.14	132.51	期望型	5

需求	Better 系数	Worse 系数	Better-Worse 综合系数	类型	排序
住房优惠	63.35	42.21	105.56	魅力型	6
学前教育机构	60.14	43.59	103.73	魅力型	7
医疗补贴	61.08	40.10	101.18	魅力型	8

高收入阶层拥有充足的社会和物质资源,生育二孩增加的货币支出和时间成本并不会影响家庭原本的收入水平和生活水准,即使有所下降,程度也极为有限,高收入阶层基本不存在生育二孩的负面效应。从表 3-22 中可以得到高收入阶层的需求排序。仅有育儿指导一项服务的 Better 系数低、Worse 系数高,属于配套需求中的必备型需求。科学的育儿指导成为高收入阶层唯一的必备需求。0~3 岁的育儿服务机构、3~6 岁的学前教育机构的 Better 系数与 Worse 系数双高,属于期望型需求。这一部分与低收入和中等收入阶层的需求类型一致。延长产假、税收减免和生育补贴的 Better 系数高、Worse 系数低,属于魅力型需求。如果政府提供这三项服务,高收入阶层家庭满意度会提高;如果没有这些政策的支持,该阶层家庭的满意度也不会出现明显下降。住房优惠和医疗补贴的 Better 系数低、Worse 系数低,属于无差异型需求。高收入阶层不受经济水平约束,对于降低家庭物质成本服务的需求关注度不高。

表 3-22　高收入阶层社会化抚养服务需求的 Better-Worse 系数与排序

需求	Better 系数	Worse 系数	Better-Worse 综合系数	类型	排序
育儿指导	45.37	72.24	117.61	必备型	1
学前教育机构	55.41	70.04	125.45	期望型	2
育儿服务机构	58.04	63.09	121.13	期望型	3
延长产假	60.39	44.30	104.69	魅力型	4
税收减免	59.37	42.83	102.2	魅力型	5
生育补贴	58.04	40.36	98.4	魅力型	6
住房优惠	38.95	41.27	80.22	无差异型	7
医疗补贴	36.80	40.13	76.93	无差异型	8

三、生育和儿童友好型城市（社区）建设

我国已步入少子化社会，人口结构性问题日益显著，"人口红利"渐行渐远，严重影响社会的可持续发展。当前我国城市化建设主要围绕成年人需求展开，儿童的基础设施、学前教育、安全等权益一直得不到保障①。为此，2019 年，习近平总书记在"一带一路"国际论坛讲话中提出"关爱儿童、促进可持续发展目标实现"的合作倡议。2021 年，我国"十四五"规划《纲要》明确"创建儿童友好型城市"的战略目标，预计 2025 年，在全国 100 个城市开展儿童友好型城市建设试点工作。儿童友好型城市最早可以追溯到 1996 年，由联合国儿童基金会与联合国人居署共同发起"儿童友好型城市"倡议（Child Friendly City，简称 CFC）。联合国儿童基金会给出具体定义：儿童友好型城市是一个城市、社区和任何地方治理体系，旨在通过保护儿童权力改善辖区内的儿童生活，给予儿童自由的空间，在成长过程中享受自我。创建儿童友好型城市有助于儿童的成长发展，是改善生育环境、缓解人口矛盾的重要举措，既符合社会长远发展的需要，也是我国未来城市规划发展的必然趋势。

第四节 本章小结

梳理历史脉络可知，生育政策已经从过去的紧缩型政策转向当前的宽松型政策。然而，通过测度计划生育、单独二孩和全面二孩一系列生育政策下的人口变化，预测三孩政策下人口发展趋势，结果表明，生育政策的不断放开并未真正提高中国人口生育数量、改善人口生育结构，生育率仍将处于低水平，对国家、地区以及城市的发展具有一定的负面影响。完善生育支持政策、创建儿童友好型城市是促进人口高质量发展的关键。

生育政策配套服务是完善生育供给的重要环节。在借鉴其他国家生育政策经验的基础上，评估生育政策配套服务需求。实际上，识别生育配套服务需求是一项复杂的系统工程，既是生育政策中必须面临的制度问题，更是关乎社会治理大局的重大实践考验。生育配套服务需求的起始条件、

---

① 《中国教育统计年鉴》显示，公办幼儿园从 1980 年的 87.5% 下降到 2012 年的 27.41%，全国 20 万余所幼儿园中公办幼儿园数量仅占三成。《中国儿童发展纲要（2021-2030 年）》显示，我国儿童伤害死亡率为 8.74/10 万，溺水死亡率为 3.29/10 万。

要素结构、实际水平和环境状况，决定了其发展不能脱离城乡和阶层视角的分析。本章采用狩野模型探究不同群体生育配套服务的需求特征，结果表明：第一，8 项配套服务有半数以上被识别为必备需求和期望需求，育龄家庭对生育政策配套服务的整体需求较为强烈，但城乡和阶层侧重有所不同。第二，生育二孩的社会化配套抚养需求在城乡之间体现了不同特征。城镇家庭关注的社会化抚养服务是延长产假和提供0～3 岁育儿服务机构两方面，而农村家庭更加偏好生育补贴和医疗补贴两个方面。城镇家庭对于社会化配套抚养倾向于育儿的便利性需求，而农村家庭重视育儿的成本性需求。第三，生育配套服务需求具有阶层异质性。随着低收入向中、高收入的阶层递进，需求层次也从关注补贴和税收减免的成本性需求，延伸为延长产假和提供0～3 岁育儿服务机构的便利性需求及育儿指导的素质性需求。

第四章　全面二孩政策表现：生育意愿与生育行为

　　基于社会长远稳定发展的战略目标，中国接连出台全面二孩、三孩的鼓励性生育政策，旨在提高生育率、改善人口结构、缓解老龄化问题。如果全面二孩政策能够发挥积极效应，必然能够增强人们的生育意愿和实际生育水平，真正满足人们在生育上的获得感、幸福感和安全感。与计划生育政策下一孩生育意愿和生育行为相比，二孩生育意愿的评估和生育行为的调控具有更多的不确定性。因此，二孩生育意愿和生育行为的理论探索、实证研究以及影响机制，对于识别全面二孩政策表现具有重要价值。

　　本章阐释全面二孩政策实施后，育龄家庭的二孩生育意愿、实际生育行为以及二者之间的关系。同时，揭示现实情境下二孩生育意愿的作用机制，评估全面二孩政策效应。研究设计如下：首先，围绕生育意愿和生育行为梳理国内外现有文献，归纳和总结研究成果，寻找全面二孩政策的分析空间；其次，遵循区域差异性和阶层异质性，参照二孩生育意愿与实际生育水平之间的整体偏离程度，考察二者在城乡之间、阶层之间的不同表现，甄别偏离现象下的真正原因；再次，针对二孩生育意愿的作用机制进行细致的经验验证，识别影响因素，确定作用方向；最后，通过倾向得分匹配法实证分析生育意愿的政策因果关系，考察全面二孩生育政策表现。

第一节　理论分析

　　生育意愿涉及国家、企业和个人多方主体，既与宏观的国家治理、社会发展相关，又关系着微观家庭的结构与决策。梳理生育意愿和生育行为的已有文献，可以得到三个方面的分析：一是生育意愿的理论探讨，包括概念、发展脉络和未来趋势；二是生育意愿的影响因素，探究生育意愿的动机离不开不同层面的作用机制；三是分析生育意愿与生育行为的关系，阐释生育意愿付之于生育行动的难题和答案。

一、生育意愿

（一）理论探讨

《管子·形势解》中说："道者，扶持众物，使得生育，而各终其性命者也。"生育代表了生物的延续。生育，生而育也，包含生和育两层含义，从而保证生命的延续不息。从狭义范畴看，生育注重"生"的概念，是指从生命体孕育在母亲体内开始，直到分娩完成的过程。此意义下的生育意愿仅仅局限于生产子女的偏好或意愿，等同于英文的"Fertility"。如果从广义范畴看，生育的重点是"育"，不仅包含"生"的含义，也涵盖了"育"，即子女的抚养、照料和教育过程。因而，生育具有双层意义，等同于英文的"Childbearing and Childrearing"。比较两类含义可知，与"生"的意义相比，"育"被赋予了更为长久的时间要求和更为重要的养育责任。从子女的成长时期看，生育包括0～3岁的婴幼儿期、3～6岁的学前期、7～15岁的义务教育期以及15岁后的高等教育期，直到子女独立步入社会（杨菊花，2019）。漫长的生育过程与宏观的国家政策、微观的家庭特征密切相关，具有理论和现实的双重意义。因此，生育研究关注的是广义范畴，包含"生"和"育"两层内容，并侧重于后者的分析。作为生育的核心内容之一，生育意愿是指人们对于生和育两方面的认知和偏好（赵景辉，1997），更为具体的可以理解为家庭对生育子女的数量、性别比、生育时机和子女素质等多维度的期望（杨瑛，2003）。其中，研究较为集中的是子女的数量和性别（何林浩、陈梦，2021）。

第一，关于子女的数量。伊斯特林（1987）将生育意愿定义为在节制生育是免费或费用低廉的前提下，家庭想要的存活子女数量。一般而言，子女数量的衡量指标有2个：理想的子女意愿数和实际的总和生育率。理想的子女意愿数显示，1980—2020年育龄人群的子女意愿数呈现逐步下降的趋势，中国已进入低生育率时代，发展走势与世界其他国家的变化基本一致（侯佳伟等，2014）。卿石松（2020）通过调研数据发现，约27%受访者的理想子女数发生了变化，其中增加和减少的比例大致相当。1997年全国人口与生殖健康调查结果显示，平均理想子女数为1.74。2002年全国城乡居民生育意愿调查的意愿子女数为1.78。2006年全国人口和计划生育抽样调查的结果是1.73。侯佳伟等（2014）估算出2000—2011年中国居民的理想子女数均值为1.673。王军等（2013）根据2012年中国家庭幸福感热点问题调查，认为育龄人群平均意愿生育子女数为 1.86。从总和生育率看，自 20 世纪 90 年代起，中国的出生率已开始低于国际上的人口更替水平 2.1。2010 年第六次人口普查的总和生育率仅为 1.18，2013 年国家开始实施鼓励性生育政策，2020 年第七次人口普查显示，总和生育率 1.3 虽有所上升，但仍低于世界平均总和生育率 2.41，也低于正常的人口更替水平 2.1，甚至低于"高度敏感警戒线"1.5。中国进入低生育率时代。低于中等偏上收入国家平均水平 1.90 和高收入国家平均水平 1.60，甚至低于长期低生育率的日本 1.34。

不同生育政策下子女生育数量是否发生了变化？随着 2013 年单独二孩、2016 年全面二孩、2022 年三孩等一系列鼓励生育的实施，学者们从一孩、二孩甚至三孩视角考察生育意愿。在实施 20 多年的计划生育政策后，2013 年国家实行了生育政策的鼓励微调，由一孩转变为一孩半，开始单独二孩生育政策。比较生育政策改变前后的生育意愿发现，与计划生育政策相比，单独二孩生育政策下的政策效应明显低于预期，育龄家庭的子女生育数量没有得到显著提高，生育意愿并未真正得到提升（风笑天，2018；马小红等，2008；宋健等，2010；石智雷等，2014）。为此，2016 年国家开放生育政策，实施全面放开二孩政策。2021 年进一步优化和鼓励生育，再次调整为三孩生育政策及配套支持措施。生育政策不断宽松，但是子女生育数量并未产生显著提高（邱幼云，2022）。2015 年国家的人口出生率和人口增长率分别为 11.99‰和 4.93‰，2019 年分别降至 10.41‰和 3.32‰，2021 年再次降为 7.52‰和 0.34‰[①]（国家统计局，2021，2022），短期内人口出生率降低了 4.47‰，人口增长率降低了 4.59‰，鼓励性生育政策并未真正提高生育意愿。尽管生育政策的调整并不会导致生育发生长久、明显的反弹，但是政策干预会缓解生育的下降速度，因而应选择鼓励性生育政策，尽量改善低生育率现状（陈友华，2007）。

陈卫民、李晓晴（2021）比较不同群体的子女生育数量发现，城市青年的期望生育子女数量比其父辈少，已婚青年的生育意愿比未婚青年低，并且这种趋势在男性和女性中并没有明显差异（风笑天，2018）。在城乡层面上，农村二孩生育意愿高于城市家庭，并且不同代际育龄妇女的二孩生

---

① 国家统计局：《中国统计年鉴》，中国统计出版社 2021 年版。国家统计局：《中华人民共和国 2021 年国民经济与社会发展统计公报》，http://www.gov.cn/shuju/2022-02/28/content 5676015.htm，2022 年 2 月 28 日。

育意愿差异明显（石智雷等，2014）。

第二，关于子女的性别。生育意愿的另一个侧面是子女的性别偏好。一部分学者认为育龄家庭存在男孩偏好。中国传统生育观念中，男孩被认为是家庭传承的重要标志（张川川、马光荣，2017；Ebenstein，2014）。康传坤等（2020）的研究结果表明单独二孩的生育政策导致出生性别比例失衡，男孩出生率远高于女孩。杨菊花（2008）则认为一男一女的子女性别比例是当代育龄家庭的性别偏好，儿女双全已成为人们普遍的生育意愿。在很多调查中，生育两个孩子是大多数人理想的生育选择。一儿一女凑成一个"好"字，这样带有浓厚传统文化色彩的生育观念更深入人心（梁斌、陈茹，2022；风笑天，2018）。另外，也有学者认为育龄人群的性别偏好观念差异在逐渐缩减，不存在明显的生育性别意愿（尹勤等，2006）。

生育意愿除了被理解为子女数量和子女性别偏好外，还有学者认为生育意愿是一种具有目的性的概念或仅仅是一种愿望甚至是要求。不同的研究视角对生育意愿有不同的诠释，为后续生育意愿与生育行为的研究建立了联系。

（二）影响因素

国内外学者对于生育意愿影响因素的研究已进行了各种演绎，主要集中在四个方面：一是阐释不同学科下影响因素的差异性；二是基于国家层面分析不同生育政策下生育意愿的演变过程；三是探索不同群体生育意愿的影响因素；四是从社会生活互动看，生育意愿也受到个体所处社会、生活环境影响。

第一，不同学科下生育意愿影响因素的差异性。经济学从微观和宏观两大视角分析生育意愿的影响因素。微观层面以家庭为单位，基于成本—效用理论、风险—投资理论、消费—储蓄理论和偏好—效用理论探讨受经济制约的影响因素（顾宝昌，2015）。宏观层面的研究视角则以经济结构为基础，分析生育意愿框架下社会发展与经济结构的变迁时效，以及相对滞后的时期表现和特征（周连福等，1997）。还有学者基于人口社会学或是人口统计学，研究人力资本禀赋、技术禀赋、地理区位、资源和资本等因素对育龄人群特别是女性生育意愿的影响（卿石松，2020；Ma，2019）。王志章、刘天元（2017）的研究表明，女性的生育意愿会受到能力、资源、资本、技术禀赋等多种力量的共同作用，是形成生育数量和性别偏好差异的主要原因。

第二，基于国家层面分析不同生育政策下生育意愿的演变过程。国外由于缺少计划生育政策的背景，专门针对生育政策开放后二孩生育意愿的研究较为少见。因此，这部分的研究主要集中于国内学者。自2013年国家逐步实行鼓励性生育政策，二孩的生育意愿成为学者们关注的焦点。有学者针对单独二孩和全面二孩政策背景，比较二孩生育意愿及影响因素。在单独二孩政策下，超过半数的"单独"家庭二孩生育意愿都不强烈。其中，经济因素是影响生育二孩的关键要素，另外还有生活质量、事业发展等个人和家庭因素影响。具体而言，影响因素包括夫妻职业、年龄、受教育程度、一孩年龄等客观条件，还有在计划生育时代形成的"只生一个"的主观育儿观念，父辈的生育意愿也会潜移默化地代际传递给子女。这些客观条件和主观观念都抑制了单独家庭的二孩生育意愿（马小红等，2008）。在全面二孩政策下，二孩生育意愿仍旧低迷，经济成本、生育观念、一孩年龄和性别、个人及家庭特征都是影响二孩生育意愿的主要因素（张晓晴等，2016）。方大春等（2018）和王广州等（2017）的研究均表明，经济因素是影响家庭生育二孩的重要原因。随着女性不断进入劳动力市场，女性越来越关注事业发展和自身价值，女性生育后的权益保障（即社会化配套福利）对于二孩生育意愿的影响显著，同时生育二孩后产生的职业发展成本和人际成本抑制生育意愿（曹艳春，2017）。比较单独二孩与全面二孩两个生育政策背景下的二孩生育意愿发现，相同之处在于影响因素的构成基本相似，一孩的性别和年龄、育龄家庭的主观观念、地区因素等要素对二孩生育意愿的影响均表现得极为显著（乔雅君，2019）；不同之处则表现为单独二孩政策下家庭的生育意愿受生育效用影响，往往从生育二孩后所获得的精神效用和自身养老需要考量是否生育二孩，而全面放开二孩政策下的家庭则更多地从成本角度确定二孩的生育意愿和生育决策（张晓晴等，2016）。

第三，育龄人群个人和家庭特征下的生育意愿影响因素。基于个人特征视角，性别、年龄、受教育程度等因素与生育意愿的影响因素有关（王一帆等，2021；靳永爱等，2016）。首先，女性年龄与生育意愿密切相关。Iacovou等（2010）的结果表明，年龄增长与生育意愿呈倒"U"形关系。女性在35岁以前，生育意愿随着年龄不断增长，35岁以后，生育意愿则逐渐下降。可能是由于女性的生理因素导致，抑或是生育意愿逐渐趋于成熟和理性，年龄增长增加了生育难度，进一步降低生育意愿，甚至放弃生育。Heaton等（1999）则持有相反观点，认为随着女性年龄的增大，她们将面临一定的生育压力，可能会提升生育意愿，在可生育年龄下渴望生育子女，这也可以解释西方国家第一胎女性生育年龄延迟的普遍现象。其次，人力资本对生育意愿具有重要作用。梁土坤（2021）和 Blossfeld（1991）认为二者呈现反向关系，人力资本程度越高，生育意愿越低。人力资本投资客观推迟了女性生育年龄，并且增加了生育子女而产生的离开劳动力市场的机会成本。同时，教育构建并完善了女性的知识结构，使得女性更加注重自我价值，促使其在主观上降低了生育意愿（Rondinelli，2010）。然而，也有学者持有相反的观点。Lesthaeghe（1998）分析欧盟国家女性生育数据发现，人力资本程度越高，生育意愿越强烈。与低人力资本女性相比，高人力资本女性拥有更多机会进入劳动力市场，能够获得更高的收入水平，在育龄夫妇关系中具有更高的博弈水平，促使夫妻双方可以更加合理地分配家庭责任、承担养育工作。因而，女性具有较为强烈的生育意愿。

基于家庭特征视角，家庭收入、婚姻关系、生育和养育经历、工作、社会规范等因素是影响生育意愿的重要原因（周慧，2022）。首先，学者们认为家庭收入对生育意愿的影响显著，但作用方向存在分歧。陈钟翰等（2009）分析认为，家庭收入与生育意愿呈现正向作用，收入水平越高、经济能力越强的家庭，生育意愿越低。方慧芬等（2021）则认为家庭收入与生育意愿具有负向关系，而胡静（2010）的研究发现二者并不存在显著关系。其次，家庭婚姻状况也会影响生育意愿。伴侣关系的改变导致生育意愿也随之改变。具有婚姻关系的伴侣群体，生育意愿高于仅是伴侣但未结婚群体，更高于单身人群（Mitchell，2007）。具有生育和养育经历的家庭具有较低的生育意愿（Rotkirch，2007）。配偶双方的工作状态也对生育意愿产生作用（Heiland，1998）。另外，家庭成员的生育态度也影响生育意愿，此类研究主要集中在亚洲国家。Sang（2010）的研究表明，丈夫对于家庭的贡献程度影响生育意愿，包括在家务分担、照料孩子、关爱家庭等多方面的投入情况，丈夫贡献越大，家庭生育意愿越强烈。Kristin（2013）的研究显示家庭是否能够得到父辈的助力，也是影响家庭生育意愿的重要因素之一。

第四，从社会生活互动看，生育意愿也受到个体所处社会、生活环境影响。社会网络关系通过相互作用能够影响生育意愿，例如，通过与父辈、配偶、朋友、同事和邻居等周围人群的社会互动，会对个体的生育意愿和生育决策产生"传染效应"（邱幼云，2022）。社会活动带来的社会收益和社会成本作用于生育意愿（Balbo，2013）。同时，鼓励性生育政策下国家实行配套的社会化抚养制度和措施（延长产假、构建托育服务机构等）也会影响生育意愿（Buhler，2005）。

此外，不同人群的生育意愿呈现显著特征。流动人口①发生人口流动后，在适应新环境的过程中会对生育意愿造成一定冲击，同时需要面对心理、生理的双重压力，这都可能导致流动人口在流动到流入地后的一段时间改变生育。Goldstein 等（2003）认为，在现代化进程的早期，流动人口的生育率可能低于城市地区的当地人，但随着农村向城市的流动人口变得庞大，与城市地区的女性相比，后来的流动人口往往具有更高的生育率。这一群体的生育意愿主要受人力资本程度、年龄、流动时间、经济水平、社会资本等因素影响。其中，关系密切的因素是家庭收入、社会保障和婚姻状况，关系不显著的因素则是性别、年龄、文化程度、是否独生子女等因素。对于城乡人群而言，区位要素、一孩性别和户籍对育龄人群生育意愿的作用显著。相比于一孩为男孩的农村家庭，一孩为女孩的农村家庭二孩生育意愿更为强烈，性别偏好在农村家庭中仍然存在（风笑天，2018）。低收入群体和高人力资本的高收入群体，生育意愿表现为低迷（苏立红，2018），中等收入群体的生育意愿最低（田卫军、谭静静，2016）。

二、生育行为

（一）生育意愿与生育行为

梳理国内外学者的相关文献可知，生育意愿与生育行为之间的关系并未得出一致结论，二者关系存在 4 种观点：等同论、无关论、大于论和小于论。其中，等同论和无关论的研究曲高和寡，分析集中在大于论和小于论。也就是说，生育意愿与生育行为之间并不是完全契合，存在相互偏离的现象。基于此，学术界展开了广泛讨论。当前低生育率国家的育龄人群生育意愿均大于实际生育水平。1989 年 12 个发展中国家的生育数据表明，个体的子女生育意愿是 2.16 个，而实际生育水平仅为 1.6 个，生育意愿高于生育水平 0.6 个（Lutz，1996）。Hagewen 等（2005）根据欧洲 10 个发达

---

① 中国卫生健康委《2017 年全国流动人口动态检测调查技术性文件》将流动人口定义为离开了户籍区县到其他区县居住生活工作 1 个月及以上的人口。这一概念包含三个要素，一是地域范围为跨区县，二是时间期限为 1 个月及以上，三是外出目的以生活、工作为主，不包括外出旅游、外出看病、外出出差、外出探亲等原因的临时离开。

国家的调查数据分析子女生育意愿与生育水平的关系，发现这些国家的生育意愿均高于实际生育水平，其中 8 个国家的理想子女意愿数大于 2 个，2 个国家高达 2.5，但是这些国家子女实际生育水平均小于 2 个。这些研究说明不论是发展中国家抑或发达国家，生育意愿与生育水平之间均存在偏离，生育意愿大于实际生育水平的现象最为普遍，而生育意愿小于实际生育水平的情况往往发生在发展中国家，"非意愿生育"因素导致小于论的存在，即生育意愿小于生育水平（杨菊花，2008）。

那么，中国生育意愿与生育水平的关系如何？不同时期不同生育政策的实施增加了生育意愿与生育水平之间的复杂性和不确定性。梳理已有文献可以发现，二者之间存在以下表现中国的生育意愿与实际生育水平出现偏离现象的情况。生育数量方面，意愿生育子女数大于实际生育子女数，中国生育问题的发展趋势与发达国家基本一致。宋健等（2022）认为，50%以上的育龄家庭想生但实际并未真正生育。顾宝昌（2011）使用湖北省调研数据研究发现，尽管受访者的生育意愿均为 2 个，但实际上的生育水平均维持在 1 个。性别方面，实际性别满足意愿性别的程度在 18%～60%之间（贾志科等，2019；张冲等，2020）。

基于中国城乡层面，大量学者比较城乡生育意愿与生育水平的特征差异，得到较为一致的观点：农村地区的生育意愿和实际生育水平均高于城市（葛晓萍，2004；郭剑雄，2005；张银锋等，2016）。生育意愿方面，城乡的生育观念是决定差异的重要因素，农村的养老和传宗接代的观念仍然普遍存在，因而生育意愿要高于城镇。姚从容等（2010）的研究表明，2000—2008 年城乡之间的生育意愿差异在逐渐缩小，但意愿生育性别的差异仍然显著；大量进城务工的农村人口导致生育年龄向后推移，生育意愿降低。生育水平方面，长期的计划生育政策规定，农村地区第一胎为女孩的家庭可以生育第二胎，因此生育限制为 1.5 个子女，要高于城市的 1 个子女。郝娟等（2011）比较城乡之间的生育水平发现，城乡的实际生育水平均出现波动现象，农村总和生育率为 1.8，高于城镇的 1.3，但城乡差异逐步趋于缩小。

（二）偏离因素

生育意愿与生育水平之间存在偏离现象，那么深层的原因是什么？大量学者探索了二者的差异原因。Bongaarts（2001）认为影响因素主要有 6 个：非意愿生育（Unwanted Fertility）、替代孩子死亡的生育（Replacement

Effect）、性别偏好（Gender Preference）、年龄推后（Tempo Effect）、非自愿不孕不育（Infecundity）和竞争性因素（Competition Effect）。其中，前三者是生育意愿低于生育水平的关键要素，后三者则是生育意愿高于生育水平的主要原因。茅倬彦（2009）选取江苏省生育调研数据考察影响因素时发现，生育意愿高于生育水平的三大因素与 Bongaarts（2001）的结论一致。顾宝昌（2011）结合中国生育问题研究，进一步提出二者契合的必要条件，在人们生育意愿明确、生育技术可控的前提下生育意愿与生育水平可能达到一致；如果人们仅能明确生育意愿，但生育技术不可控，则生育意愿可能会低于实际生育水平；如果人们生育意愿明确、生育技术可控，受经济、社会、文化观念等因素影响，生育意愿可能会高于生育水平。

20 世纪 70 年代开始实行的计划生育政策限制了生育子女数量，这也是生育意愿大于生育水平的重要原因之一，长期的政策限制约束了人们对生育意愿的想法，导致生育率无法在鼓励生育政策实施后大幅增长（顾宝昌，2011）。但是，已有研究显示中国生育政策调整对于减少生育意愿与生育行为偏差的能力极为有限（王军等，2016），而经济社会的不断演进才是造成生育率下降的主要原因（Peng，1989）。两种影响因素相互作用，导致中国低迷生育率的现实情境。还有学者将 1990 年作为分界点，节点之前生育率的下降是由计划生育政策所导致，节点之后则是由中国经济和社会发展所影响（李建民，2004）。特别是养育成本的节节攀升，使得实际生育水平持续低迷，即使在鼓励生育政策之下，中国生育率仍然低于更替水平（Merli，2010；Adsera，2011；吴帆，2020）。另外，生育偏好、工作与家庭冲突、婚姻质量等微观要素也是影响生育意愿与生育行为偏离的重要因素（Bongaarts，2001；Newman，2008；任远等，2022）。

三、生育、就业和数字经济

有关生育对女性劳动参与的影响的研究还没有一致的结论。一些研究认为，生育对女性就业具有显著的负向作用（张川川等，2017）；另一些研究发现，生育对女性就业没有显著影响（Alesina 等，2018），或是生育反而促进女性就业（Heaton，1999）。生育也会影响女性就业类型的选择（江求川等，2019）。部分女性因照料孩子倾向于选择时间地点比较灵活的非正规就业，如自雇就业、自主经营等灵活有弹性的就业形式。生育决策和就业决策联系紧密，女性在生育决策时会考虑就业状况，在就业决策时也会考虑是否生育，二者可能存在反向因果关系。

数字经济影响微观主体的资源禀赋，并对生育问题产生作用。一方面，人们在实现更高的收入回报和经济地位提升的同时，生育的机会成本也在不断扩大。另一方面，随着就业方式更加灵活化和多样化，女性获得了更多能够兼顾家庭育儿和自身职业发展的机会，生育意愿提升。此外，随着家务劳动的社会化发展，数字经济不断更新人们的知识体系和生育观念，进一步影响其生育意愿和生育决策。

四、研究述评

综上所述，已有成果着重考察了生育意愿的概念、意愿要素的影响机理以及生育意愿与生育水平的关系，为相关领域的研究做出了一定贡献。其局限性则表现为：第一，从研究的深度上，现有文献缺少严密的理论支撑和实证推理，结论的科学性和客观性难以得到论证；第二，从研究的针对性上，由于中国同西方国家的体制结构、生育政策演进、发展水平和发展方向等有所不同，生育意愿与实际生育水平之间的演进轨迹更具独特的表现；第三，从研究的细化程度上，对二孩生育意愿现状，即生育主体之间的网络联系和现实困境的跟踪把握尚显不足，缺乏对二孩生育意愿总体特征、城乡地区差异性、阶层异质性等问题的关注；第四，当前研究大多关注生育意愿整体的影响因素，缺乏对二孩生育意愿影响因素的细化和研究，这些将影响生育政策的实施效果、生育配套措施和制度体系的完整性和协调性。破解这些问题是二孩生育意愿研究的切入点和着力方向。

第二节　二孩生育意愿和生育水平

遵循从理论到实际的逻辑思路，采用 2016—2019 年的调研数据，得到二孩生育意愿和实际生育水平的总体情况，比较二孩的生育差异性；随后，针对中国收入不平等和地域幅员辽阔的现实，结合人力资本、养育模式、就业特征、流动人口、城乡以及收入阶层 6 个方面做异质性分析，刻画全面二孩生育政策下的二孩生育意愿和生育水平。

一、数据来源与处理

本部分的研究焦点是育龄家庭二孩生育情况，以此探究以家庭为单位的二孩生育意愿与实际生育水平。使用调查组 2016—2019 年生育二孩的微观数据，通过对中国育龄家庭样本的追踪调查，反映二孩生育问题发展过程。按照 2019 年家庭年收入从低到高划分为 3 个阶层样本：低收入样本、中等收入样本和高收入样本。数据基本信息见表 4-1，二孩生育意愿的基本信息见表 4-2。

二孩生育意愿的调查问卷涉及两方面。一是育龄家庭的基本信息、个人情况、家庭特征和养育观念等 4 方面，具体包括年龄、性别、户籍地、人力资本程度等信息；二是育龄家庭二孩生育意愿。Miller 等（2010）认为生育情况包含多个联动环节，从最初仅考虑主观因素的生育动机，到主观和客观共同作用下的意愿生育子女数量和时间，再到最终生育技术完备下的实际生育行为。这一生育路径的关联效应显著，体现了生育问题的环环相扣。为此，确定育龄家庭的二孩生育意愿和实际生育水平以及二者的偏差程度，考察全面二孩政策的生育表现。其中，二孩生育意愿指标包括家庭理想子女数、二孩生育意愿、二孩的计划生育时间以及不想生二孩的原因等，二孩生育水平指标则是实际生育子女数量。

表 4-1　调查样本分布（户）

调查区域	低收入样本	中等收入样本	高收入样本	总计
广东	49	96	207	352
河南	107	112	63	282
贵州	133	87	51	271
吉林	101	95	74	270

数据来源：调研所得。

表 4-2　二孩生育意愿

项目	变量	频率	百分比（%）	项目	变量	频率	百分比（%）
城乡	城镇	12932	56.80	父亲受教育年限	9 年及以下	3521	18.20
	农村	6431	43.20		12 年	4291	22.10
照料方式	父母	14305	43.90		15 年	3982	20.60
	祖辈	4271	52.10		16 年	6074	31.40
	雇用	432	2.20		18 年及以上	1495	7.70
	机构	355	1.80	母亲受教育年限	9 年及以下	3715	19.20
夫妻就业	双职工	12940	71.50		12 年	3989	20.60
	非双职工	5166	28.50		15 年	4070	21.00

续表

项目	变量	频率	百分比（%）	项目	变量	频率	百分比（%）
家庭收入	低收入	7377	38.10		16 年	6301	32.50
	中收入	8113	41.90		18 年及以上	1288	6.70
	高收入	3872	20.00				
流动群体	流动人口	4325	23.80				
	本地人口	13780	76.20				

数据来源：调研所得。

二、二孩生育意愿

（一）总体情况

图 4-1 给出了二孩生育意愿指标。第一，理想子女数指标表明，希望拥有 1 个、2 个、3 个及以上子女的育龄家庭比重分别为 18.55%、73.06% 和 8.39%，说明大多数育龄家庭的理想子女数是 2 个，为促进鼓励性生育政策发挥政策效应提供了可能。第二，生育意愿指标表明，想要生育二孩的比重为 18.36%，确定不生二孩的高达 52.47%，没想好的比重为 29.17%，理想子女数指与主观的生育意愿指标的差别十分明显，大多数家庭的二孩生育从理想过渡到意愿受到巨大阻碍，经济、家庭、工作和时间等多维度的综合作用，制约了二孩生育意愿，也是生育率低迷的根源。对于想要二孩的育龄家庭，生育计划指标表明，打算三年内生育二孩的家庭比重最高（59.25%），其次是 5 年及更多年份内生育二孩的比重（28.64%），仅有 12.11% 的家庭打算一年内生育二孩，已经开始计划生育二孩的具体事宜。

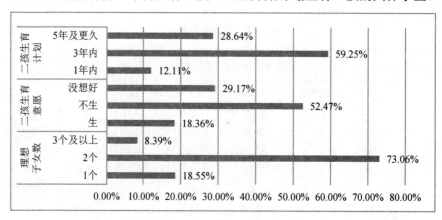

图 4-1　育龄家庭二孩生育意愿的总体分布情况

（二）群体差异

中国地域广阔，从东南到西北的生育观念差异巨大，导致育龄家庭的区位地点、经济能力、个人特征与家庭情况等客观因素各不相同。鼓励生育政策实施后，二孩生育意愿的差异可能导致政策执行产生不同的效果，因此，有必要考察不同群体的二孩生育意愿。本节通过人力资本、养育模式、夫妻就业特征、流动人群、城乡和阶层之间等多个视角，揭示不同群体的二孩生育意愿。对不同群体的二孩生育意愿进行卡方检验后发现，无论是家庭的理想子女个数、生育意愿还是生育计划，在不同群体之间存在显著差异（P<0.001），并且差异趋势一致。本书重点选择二孩生育意愿指标分析群体差异性。

第一，人力资本。人力资本是决定二孩生育意愿的重要因素之一。调研结果显示，不同人力资本的育龄家庭，卡方检验存在显著差异。父母特别是母亲的人力资本程度越高，二孩生育意愿越低。其中，母亲的本科学历可以看成二孩生育意愿的分水岭，母亲是本科学历以下（受教育年限低于 16 年）的家庭，二孩生育意愿为 40.32%；母亲是本科学历以上（受教育年限等于或高于 16 年）的家庭，二孩生育意愿仅为 10.55%。个体受教育水平越高，社会竞争的机会越多，生育的机会成本也越高。为了追求更高人力资本投资回报率，个体往往选择为更好的职业发展而推迟甚至放弃生育二孩（刘小鸽等，2018；何明帅、于淼，2017）。因而，人力资本降低了育龄家庭的二孩生育意愿。

第二，养育模式。养育照料子女的方式与二孩生育意愿密切相关。通过调研发现，现阶段中国家庭的养育模式有 4 种：第一种是需要夫妻一方离开劳动力市场，全职在家照料孩子；第二种是通过祖辈家庭的扶持和帮助照料孩子；第三种是通过雇用专业人士养育孩子；第四种是由专业托育机构照料孩子。表 4-3 显示，夫妻一方全职照料孩子的养育模式下，育龄家庭的二孩生育意愿仅有 11.36%，生育意愿十分低迷。这种养育模式下的家庭在生育二孩后需要面临十分严峻的现实问题：经济压力和时间成本。经济压力源于"缩水"的收入和大额的养育费用，仅靠夫妻一方承担两个孩子的养育成本，加大了家庭的经济压力。同时，放弃就业的家庭成员可能在再次进入劳动力市场中因为中断劳动而受到就业歧视，造成养育二孩的机会成本。祖辈扶持照顾孩子的家庭，二孩生育意愿为 52.31%，该模式是育龄家庭生育二孩的主要方式。养育孩子不仅关系着育龄夫妇双方，还要涉及祖辈两个家庭。因此，祖辈家庭成员的基本状况、身心承受能力、生育观念等因素都与养育二孩息息相关。但是，祖辈在照顾二孩时年龄一般都较大，很难同时照看两个孩子，这是这种模式下育龄家庭不敢生育二孩的重要原因。通过雇用专业人士养育孩子的家庭，二孩生育意愿仅为9.74%。育龄家庭雇用他人不仅需要耗费巨大的经济成本，还要花费大量精力考察照看者的品质和能力，双方信息不对称可能造成养育困境。另外，诉诸0~3岁婴幼儿托育机构照料孩子的家庭比例非常低，仅有0.15%。实际上，参考低生育率国家可以发现，托育服务体系是这些国家的普遍养育方式。然而，由于现阶段中国托育服务发展严重滞后、质量参差不齐，导致托育机构并不普遍。通过上述养育模式的分析可知，养育孩子的责任基本由家庭主体承担，增加了养育两孩的难度。

第三，就业特征。夫妻就业情况直接关乎二孩生育意愿。其中，影响最严重的就是双职工家庭。从表4-3的调研结果看，双职工家庭是最不响应二孩的群体，二孩生育意愿比重仅为9.3%，而非双职工家庭的比重为21.41%，比前者高2倍多。生育二孩需要重新配置家庭成员的时间资源，增加家庭的时间投入，挤占工作和休闲等其他类别时间。对于双职工家庭而言，如何平衡家庭和工作成为了亟须解决的两难问题。特别是作为生育载体的母亲，既要在事业发展中参与激烈的社会竞争，又要投入大量时间承担育儿职责，导致家庭的养育焦虑。因而，双职工家庭自然不会具有强烈的二孩生育意愿。

第四，流动人群。流动人口二孩生育意愿比重为11.66%，本地人口的比重为35.01%，后者是前者的三倍，结果见4-3。与本地人口相比，流动人口表现出较低的二孩生育意愿。中国特有的户籍制度决定了流动人口需要面对以下困境：一是与迁移有关的压力问题，二是迁移后可能产生配偶分离（臧微，2022）。这些因素可能导致流动人口二孩生育意愿的下降。

第五，城镇和农村地区。表4-3显示，城镇家庭二孩生育意愿比重为26.31%，农村的比重为57.84%，超过半数的农村家庭具有二孩生育意愿，远高于城镇家庭。实际上，生育二孩对城镇和农村家庭的影响不同，主要体现在时间成本和经济成本方面。时间成本上，城镇家庭生育二孩后可能导致夫妻一方暂时离开劳动力市场，重返工作岗位时更容易受到就业歧视，时间成本导致的负面效应更为显著、更加深远。农村家庭成员的流动性较强，大多为灵活就业者，可以重新配置家庭成员时间，时间成本损失较少。

经济成本上，相对于城镇家庭，农村家庭二孩的生育成本较低，如果孩子能提前工作还能增加家庭收入。但在城镇，各种成本都会提高，最直观的表现为二孩生育成本可能直接降低家庭的经济能力和生活水平，因此农村的二孩生育意愿整体好于城镇。

第六，收入阶层。经济负担是制约育龄家庭二孩生育意愿的根本原因。家庭的二孩养育成本并不相同，这与家庭的经济能力、消费水准、生活习惯和养育观念等因素有关。随着收入阶层的不断递增，二孩养育成本也发生相应变化，直接表现为二孩生育意愿的阶层差异。这种差异特征体现在照料两孩的资源上，包括时间资源和经济资源两方面。表4-3显示，低收入家庭的二孩生育意愿比例为58.37%，高收入家庭为63.52%，而中等收入家庭二孩生育意愿仅为12.63%，是三个阶层中比例最低的。二孩生育意愿和收入阶层呈V形关系，中等收入家庭最不愿生二孩。低收入家庭更加关注养育孩子的基本支出，二孩导致的机会成本远低于其他两个收入阶层。因此，仍有超过半数的低收入家庭具有二孩生育意愿。中等收入家庭既要增加两孩的数量又要保证孩子的质量，养育成本也从基本的养育支出变为提升质量的教育支出和改善住房的资产支出。同时，生育二孩可能影响母亲的职业发展机会，对中等收入阶层具有十分明显的负效应。高收入阶层拥有优渥的物质资本和社会资源，生育二孩并不会对家庭的经济水平和机会成本造成过大压力，因而是最为响应生育二孩政策的收入群体。

二孩生育意愿的群体差异性可归结为不同资源和传统文化共同作用的结果。想要提高生育率，就要真正提高二孩生育意愿，只有从根源处对症下药，针对不同群体制定适宜的方案，落实生育配套设施，才能有效减少"想生而不敢生"群体的存在，缓解中国老龄化压力，真正提高育龄家庭的二孩生育意愿。

表4-3　二孩生育意愿的群体差异

变量		生（%）	不生（%）	没想好（%）	X^2
父亲受教育年限	9年及以下	31.07	24.87	44.06	40.25*
	12年	15.25	21.68	63.07	
	15年	12.74	30.36	56.9	
	16年及以上	13.65	40.18	46.17	
母亲受教育年限	9年及以下	20.92	36.25	42.83	55.93***
	12年	10.77	40.25	48.98	

续表

变量		生（%）	不生（%）	没想好（%）	X²
	15 年	8.63	55.98	35.39	
	16 年及以上	10.55	69.65	19.8	
养育模式	父母	11.36	59.31	29.33	30.69***
	祖辈	52.31	20.17	27.52	
	雇用他人	9.74	70.52	19.74	
	0～3 岁托育机构	0.15	74.81	25.04	
夫妻就业	双职工	9.3	70.98	19.72	60.88***
	非双职工	21.41	57.58	21.01	
流动群体	流动人口	11.66	49.62	38.72	51.36***
	本地人口	35.01	29.63	35.36	
城镇和农村地区	城镇	26.31	49.57	24.12	124.32**
	农村	57.84	30.17	11.99	
收入阶层	低收入	58.37	39.68	1.95	603.36***
	中收入	12.63	78.36	9.01	
	高收入	63.52	10.41	26.07	

注：***、**、*分别为 1%、5%和 10%显著。

三、二孩生育行为

生育意愿与生育水平之间存在偏离现象。为此，部分学者质疑通过生育意愿推测实际生育水平的合理性和可靠性。实际生育水平是多种因素共同作用的结果，生育意愿作为十分关键的一环，对于推理和预测生育水平具有重要的参考价值。鼓励生育政策下，寻找二孩生育意愿与实际生育水平之间的偏离情况，识别群体之间的差异性，对于把握实际生育发展趋势、制定相关配套措施具有较强的现实意义。基于此，本节根据调研数据结合二孩生育意愿和二孩生育水平的实际情况，比较二者的总体偏差和群体异质。

（一）总体情况

为探究生育意愿与实际生育水平的偏离问题，需要交叉分析代表生育意愿的理想子女数与代表生育水平的实际生育子女数。根据调研结果，理想子女数的赋值范围为 0~7 个，实际子女数的赋值范围则为 0~7 个，见表 4-4。第一，比较理想子女数和实际子女数可以发现，前者小于后者的样本数为 79，等于的样本数为 510，大于的样本数为 585。可见，生育意愿与生育行为之间的关系集中在"生育意愿>生育行为"部分，其次是"生育意愿=生育行为"，"生育意愿<生育行为"部分相对较少。第二，考察频数的分布情况，从理想子女数分布看，生育意愿由高到低依次是 2 个孩子（65%）、1 个孩子（16%）、3 个孩子（10%）、0 个孩子（6%）、4 个孩子（2%），说明绝大多数育龄家庭二孩生育意愿较为强烈，为实际生育行为的转化提供了基础。需要指出的是，倾向于不生的育龄家庭比例为 6%，零孩生育意愿的问题不可小觑，是最不响应全面二孩生育政策的群体。从实际子女数分布看，生育水平由高到低依次是 1 个孩子（39%）、2 个孩子（32%）、0 个孩子（21%）、3 个孩子（7%），育龄家庭的生育水平集中在 0～2 个孩子，其中，近 40% 的育龄家庭实际上只生育了 1 个孩子，是最为普遍的生育数量。比较生育意愿和生育水平的分布可知，理想子女数为 2，而实际子女数为 1，二孩生育意愿与实际生育水平之间的差异表现较为显著，与理论分析的结论一致。

表 4-4　二孩生育意愿与生育水平分布

频数		实际子女数								合计
		0 个	1 个	2 个	3 个	4 个	5 个	6 个	7 个	
理想子女数	0 个	73	2	1	0	0	0	0	0	76
	1 个	47	109	18	6	1	0	0	0	181
	2 个	119	323	280	39	6	1	0	0	768
	3 个	6	7	64	37	2	1	1	0	118
	4 个	2	1	15	2	5	1	0	0	26
	5 个	0	1	1	0	1	1	0	0	4
	6 个	0	0	0	0	0	0	1	0	1
	7 个	0	0	0	0	0	0	0	0	0
合计		247	443	379	84	15	4	2	0	1174

数据来源：调研数据整理所得。

（二）群体差异

人力资本、养育模式、夫妻就业特征、流动群体、城乡之间和收入阶层都是影响二孩生育意愿与实际生育水平的重要因素。因此，有必要通过列联表交叉分析不同群体的二孩生育意愿与实际生育行为。设计方式如下：按照总体情况的分析逻辑，横向方向上，二孩生育意愿使用理想子女数为

2 个的指标、生育行为使用实际生育子女数指标，通过频数将二孩生育意愿与实际生育行为之间的差异分为三种类型，即二孩生育意愿<实际生育行为、二孩生育意愿=实际生育行为、二孩生育意愿>实际生育行为；纵向方向上，将总体样本分为不同群体，包括育龄夫妇的人力资本、养育模式、就业特征、流动群体、城镇和农村及收入阶层。全面二孩生育政策实施后，二孩生育意愿与实际生育行为的偏离具有显著的群体差异。见表 4-5。

第一，人力资本。从父亲受教育年限看，具有初中、高中学历的父亲样本主要体现为"二孩生育意愿=实际生育行为"；具有大专及以上的父亲样本则是"二孩生育意愿>实际生育行为"。从生理角度看，父亲并非生育的载体，父亲的受教育年限与生育的关系看似并不明显。然而，父亲具有养育的重要责任，父亲的人力资本程度关系着家庭的养育观念、经济能力、生活习惯。因而，父亲的受教育程度越高，二孩生育意愿与实际生育水平的偏差越显著，并且是向"意愿>行为"的方向发展。从母亲受教育年限看，二者的比较轨迹十分值得注意和探讨。从母亲为初中学历的"二孩生育意愿<实际生育行为"延伸至母亲为高中的"二孩生育意愿=实际生育行为"，并逐步发展为母亲为大专及以上学历的"二孩生育意愿>实际生育行为"。母亲承担着生育和养育的双重责任，需要付出更多的时间和成本，随着母亲受教育程度的提高，更高的人力资本回报率会因生育和养育二孩而短期或长期停滞，导致实际生育行为减少的现象。不论是父亲或母亲样本，随着人力资本程度的逐步升高，二孩生育意愿与实际生育水平的偏差逐渐拉大。

表 4-5　二孩生育意愿与实际生育行为的群体差异分布

群体	类型		二孩生育意愿与实际生育行为差异			合计	卡方
			意愿<行为	意愿=行为	意愿>行为		
人力资本	父亲受教育年限	9 年及以下	56	48	36	140	569.36*
		12 年	60	58	52	170	
		15 年	46	54	58	158	
		16 年及以上	68	92	140	300	
	母亲受教育年限	9 年及以下	53	48	45	146	783.52***
		12 年	28	75	53	158	
		15 年	34	46	81	161	
		16 年及以上	14	100	189	303	

群体	类型		二孩生育意愿与实际生育行为差异			合计	卡方
			意愿<行为	意愿=行为	意愿>行为		
养育模式	照料主体	父母	65	136	136	337	40.27**
		祖辈	62	223	115	400	
		雇用	0	3	13	16	
		机构	0	1	4	5	
就业特征	夫妻就业状况	双职工	30	87	396	513	80.98**
		非双职工	124	81	50	255	
流动群体	流动人口		107	86	68	261	77.02**
	本地人口		85	101	319	505	
地区特征	城乡	城镇	72	90	274	436	69.11*
		农村	105	195	32	332	
经济特征	收入阶层	低收入	70	111	111	292	142.25**
		中等收入	38	82	201	321	
		高收入	76	59	20	155	

注：***、**、*分别为1%、5%和10%显著。

第二，养育模式。照料子女需要养育主体付出时间、精力和费用，因而养育主体是决定二孩生育意愿和实际生育水平偏差的关键要素。调研结果显示，祖辈为养育主体的家庭更多地表现为"二孩生育意愿=实际生育行为"，而以父母为养育主体的家庭则在"二孩生育意愿=实际生育行为"和"二孩生育意愿>实际生育行为"的频数相似，说明祖辈为养育主体对于生育行为的决策和实施更具可靠性和稳定性。养育主体为雇用或是寻求机构等方式的"二孩生育意愿>实际生育行为"频数占绝对优势，即大多数这类育龄家庭都不会选择生育二孩。

第三，就业特征。双职工家庭普遍表现为"二孩生育意愿>实际生育行为"，非双职工家庭则是"二孩生育意愿<实际生育行为"。双职工家庭夫妻双方既要为追求职业效益付出时间，又要为生育二孩花费时间，分身乏术的困境导致二孩的生育决策往往停留在意愿层面。在非双职工家庭中，没有进入劳动力市场的一方能够胜任生育和养育子女的工作，完成实际生育行为，因而在全面二孩政策下能够生育二孩。

第四，流动特征。流动人口表现为"二孩生育意愿<实际生育行为"，

本地人口则是"二孩生育意愿>实际生育行为"。随着流动时间的推移，流动人口逐渐接受并适应流入地的文化价值和生活习惯，导致二孩生育特征也发生变化，出现了生育意愿小于实际生育行为的现象。

第五，城乡特征。二元经济的存在使得城乡之间的经济发展、自然资源、社会历史与生育观念各不相同。鼓励生育政策实施后，二孩生育意愿与实际生育之间的城乡特征也同样表现在偏差变化方面。城镇家庭表现为"二孩生育意愿>实际生育行为"，这可能与城镇家庭两孩抚养成本的不断攀升有关。不论是货币支出还是时间成本，城镇都要远高于农村。在货币支出方面，生育二孩后两孩的经济成本大幅升高，现实情境下学前教育和门诊医疗的费用大部分都由育龄家庭负担，再加上改善型住房的长期支出都需要家庭承担巨大的经济压力。时间成本方面，城镇家庭夫妻双方往往就职于朝九晚五的工作，生育二孩后暂时或永久离开劳动力市场，需要付出时间成本。双重要素的累加导致城镇家庭的实际生育行为低于二孩生育意愿。农村家庭的调研结果则是"二孩生育意愿=实际生育行为"。相对于城镇家庭，农村家庭二孩的生育成本较低，如果孩子能提前工作还能增加家庭收入。同时，农村家庭男孩偏好的生育观念相对浓厚，实际生育决策要比城镇积极，因而二孩生育意愿与实际生育行为基本一致。

第六，收入阶层。基于收入阶层视角对于"理想"和"实际"的生育探讨，加深了对生育问题的认识。生育意愿与生育行为的关系需要比较经济层面的生育收益和成本。经济能力的异质性导致不同阶层育龄家庭对于养育成本上承受能力存在差异。随着社会进步和经济水平的提高，中国家庭比以往任何时期都更关注子女的素质教育，提高"子女质量"已经成为大多家庭的养育方式。"科学化""精细化"的育儿方式同时提高了养育成本，不同收入阶层的生育选择值得高度关注。由表4-5可知，低收入家庭表现的是"二孩生育意愿=实际生育行为"和"二孩生育意愿>实际生育行为"的频数基本一致，中等收入家庭"二孩生育意愿>实际生育行为"的表现十分突出，是该阶层的主要特征，高收入家庭则是"二孩生育意愿<实际生育行为"。低收入家庭大多是灵活就业者，工作时间弹性相对较大，能够将精力和时间用于养育子女，因而二孩生育意愿与实际生育决策的偏差并不十分显著。中等收入家庭往往都是双职工家庭，养育子女需要的时间和精力将影响他们在劳动力市场的表现，导致"生育惩罚"现象的出现。高收入家庭的物质资本优渥，社会资本丰富。他们既能负担物质需求，也能

通过雇用等方式投入大量精力和时间。因此，高收入家庭更倾向于多生孩子，是鼓励生育政策的积极响应群体。

第三节　生育意愿和生育行为的影响因素

个人特征、家庭情况、区位地点与经济能力等客观因素均是影响生育意愿和生育行为的重要因素。然而，拥有哪些特征的育龄家庭生育意愿更高，并付诸实际生育行为？即意愿与行为偏差的影响因素或潜在原因是什么？这些影响要素的作用孰高孰低，是否存在城乡差异？虽然现阶段中国生育意愿的总体情况、群体差异以及与实际生育水平偏差的发展已经为二孩生育提供了基本面貌，但是对于上述问题的破解无疑能够进一步明确鼓励生育政策的效应程度，为构建生育配套措施提供主要着力点。

一、模型设定

（一）变量选择

结合问卷设计设置以下变量，分析生育意愿和生育行为的影响路径和作用程度。

被解释变量：本部分的研究主题是全面二孩政策背景下的生育意愿和实际生育行为，不仅要衡量生育意愿的变化，还要分析生育意愿与生育行为的偏差。（1）生育意愿变量。已有成果多数使用理想子女数考察生育意愿，但是有学者提出，理想子女数属于理想层面的变量，实际变化结果往往滞后于生育率水平，因而该变量更加适合分析生育观念变迁的回顾性研究，而期望子女数反映的是育龄家庭可能达到的生育子女数，可以替换理想子女数测量生育意愿（郑真真，2014）。基于此，生育意愿的衡量指标是将计划生育子女数作为衡量生育意愿的代理变量。选择调查问卷中的问题是"未来您的家庭打算生几个孩子？"，根据生育政策规定，生育意愿子女数分别赋值为0、1、2、3。（2）偏差变量。考察育龄家庭5年内的期望子女数与实际子女数之差，体现生育意愿与实际生育水平的差异。

解释变量：借鉴已有生育意愿影响机制的相关成果，从个人特征、家庭特征、地区特征3个方面选取解释变量。个人特征选择户主年龄、年龄平方、民族和受教育程度4个变量；家庭特征选择现有子女性别、家庭经济收入和养育模式3个变量。为了降低收入变量可能导致的共线性问题，在探讨经济收入时取个人收入变量的自然对数简化模型；地区特征研究城镇和农村地区差异，选择受访者所在地判断其城乡属性。具体变量含义和赋值见表4-6。

表4-6 变量含义及赋值

变量		赋值方式	均值/百分比	标准差
因变量	生育意愿	"无生育意愿"=0，"希望生育 1 个孩子"=1，"希望生育 2 个孩子"=2，"希望生育 3 个及以上孩子"=3	0.77	0.97
	生育偏差	计划生育子女数-实际生育子女数	1.05	3.66
个人特征	年龄	单位：岁	34.25	5.07
	年龄平方		1039.63	385.30
	民族	汉族=0；少数民族=1	0.14	1.04
	受教育程度	本科以下=1；本科=2；本科以上=3	2.04	15.66
家庭特征	现有子女性别	女孩=0，男孩=1	0.56	2.07
	养育模式	孩子 3 岁以前的照料方式，托育机构照料=1；雇人照料=2；父母照料=3；父母和祖辈共同照料=4；祖辈照料=5。得分越高代表祖辈对孩子的照顾程度越高	3.99	10.55
家庭特征	家庭收入对数	——	9.87	91.36
地区特征	城乡	农村=0；城镇=1	0.61	2.07
样本量		1096		

（二）模型构建

被解释变量生育意愿和生育偏差是离散型分类变量，不能满足多元线性回归模型的连续、正态分布假设，否则将造成统计偏差。而多项 Logistic 回归模型不需要满足连续、正态前提，核心思想是按照效用最大化原则，通过对生育子女数量进行实证分析，判断最优生育决策。根据变量设置，多项 Logistic 模型的具体形式如下：

$$U_{ij} = X_i'\beta_j + \varepsilon_{ij} \qquad (i=1,\ldots,n; j=1,\ldots,J) \qquad (4\text{-}1)$$

其中，X_i 代表育龄家庭 i 的解释变量，该类变量完全由家庭决定，但与生育选择无关。具体包括个体、家庭及生育观念等特征变量。系数 β_j 反映的是影响因素 X_i 对随机效应 U_{ij} 的作用仅由生育子女个数 j 决定，是本部分关注的焦点。ε_{ij} 为模型的残差项。

如果育龄家庭 i 进行生育决策后生育 j 个子女，说明生育 j 个子女对家庭产生的效用高于其他生育决策，因此育龄家庭 i 生育 j 个子女的概率模型为：

$$P\left(y_i = j\middle|x_i\right) = P\left(U_{ij} \geq U_{ik}, \forall k \neq j\right) = P\left(\varepsilon_{ik} - \varepsilon_{ij} \leq x_i'\beta_j - x_i'\beta_k, \forall k \neq j\right) \quad (4-2)$$

可见，所有生育决策方案的概率之和为 1。选择其中一种生育决策结果作为参照系，比较其他结果。令核心系数 $\beta_k = 0$，育龄家庭 i 进行生育决策后生育 j 个子女时的概率模型为：

$$P\left(y_i = j\middle|x_i\right) = \begin{cases} \dfrac{1}{1 + \sum_k^J \exp\left(x_i'\beta_k\right)}, (j = 1) \\[3mm] \dfrac{\exp\left(x_i'\beta_k\right)}{1 + \sum_k^J \exp\left(x_i'\beta_k\right)}, (j = 2, \ldots J) \end{cases} \quad (4-3)$$

模型（4-3）即为多项 Logistic 回归模型，受限于鼓励生育政策的约束，将 j 的取值为 0、1、2、3，生育子女数量在 0～3 个。

二、结果解析

表 4-7 给出了全面二孩政策下生育意愿与生育偏差影响因素的估计结果，考察生育意愿与实际生育水平的差异。

表 4-7　生育意愿与生育偏差的影响因素

变量		生育意愿	生育偏差
个体特征	年龄	0.163*	0.167
		(0.029)	(0.274)
	年龄平方	-0.004**	-0.006
		(0.002)	(0.007)
	性别	0.158***	-0.589***
		(0.114)	(0.250)
	受教育程度=2	-0.481**	0.207
		(0.229)	(0.302)
	受教育程度=3	-0.604**	0.546*
		(0.244)	(0.317)
家庭特征	现有子女性别	-0.276*	-0.285
		(0.174)	(0.241)

续表

变量		生育意愿	生育偏差
家庭特征	养育模式=2	0.278***	0.283**
		（0.055）	（0.057）
	养育模式=3	0.326**	0.355***
		（0.077）	（0.034）
	养育模式=4	0.339*	0.361***
		（0.064）	（0.085）
	养育模式=5	0.351**	0.399
		（0.087）	（0.061）
	家庭收入	0.328**	-0.485**
		（0.147）	（0.222）
地区特征	城镇地区	-0.287*	0.038
		（0.155）	（0.283）

注：各变量的参照组分别为女性、本科以下、现有子女为女孩、养育模式为机构、所在地为农村。

***、**、*分别为1%、5%和10%显著，括号里为标准误。

年龄变量。考察全面二孩政策实施后生育意愿的变化可知，个人的年龄变量系数显著为正，而年龄平方项变量系数显著为负，表示生育意愿与年龄呈现倒"U"形关系，即随着育龄夫妻双方年龄的增长，生育意愿先上升后下降。也就是说，年龄增长导致育龄夫妻的生育意愿不断增强，在进入最佳育龄年龄时生育意愿达到最大，之后随着年龄逐渐降低。从生育偏差结果看，育龄夫妇的年龄不是导致生育意愿与实际生育行为出现偏差的重要因素。

性别变量。与女性相比，男性更倾向于生育二孩。女性在生育后将投入大量精力和时间照顾子女，自身劳动力生产率下降，可能减少收入甚至退出劳动力市场。而男性在生育后反而会将精力和时间投入到工作中，劳动力生产率和收入水平均获得提高。从生育偏差的结果看，生育偏差具有明显的性别差异，男性比女性的生育偏差更小，女性更容易出现生育意愿大于生育行为的可能。

受教育程度变量。生育意愿的估计结果表明，户主受教育程度的影响系数随着受教育年限的增加而减小。全面二孩政策实施后，受教育水平为本科以下的个体更倾向于生育多孩。一般而言，受过高等教育的个体往往职务地位也高，生育后产生的机会成本较大，生育可能引致"收入惩罚机制"。从生育偏差结果看，受教育程度显著为正，说明受教育程度越高，个体的生育偏差越大。

现有子女性别变量。现有子女性别变量的系数均为负，若是育龄家庭已经生育一名男孩，生育意愿和生育偏差均出现显著下降。可见，"男孩偏好"的传统观念依然存在。

家庭收入变量。考察经济水平对于生育意愿的影响可知，家庭收入系数显著为正，全面二孩生育政策下家庭收入越高，生育意愿越高，生育偏差越小。值得注意的是，在影响因素中，家庭收入起着绝对作用。家庭的经济能力越高，越倾向于提高生育意愿，并真正实现，因而生育意愿与生育水平的偏差小。

养育模式变量。生育意愿方面的结果说明，养育模式系数与生育意愿呈现正相关关系。当养育主体由机构或雇用他人逐渐转变为父母，再延伸为祖辈，育龄夫妇在生育方面的机会成本和经济压力逐步降低，生育意愿也相应提高。养育模式为祖辈的家庭，生育意愿更为强烈，祖辈的育儿支持能够减少家庭的养育时间和精力。生育偏差方面的结果表明，当养育主体由机构或雇用他人逐渐转变为父母，再延伸为祖辈，生育偏差也越大。实际上，祖辈是中国养育子女的主力，祖辈年龄偏高、精力有限可能无法继续长期胜任养育主体，因而导致生育意愿与生育行为的偏差增大。

城乡变量。城镇家庭的生育意愿较低，系数为负并且极为显著，说明城镇家庭的生育意愿低于农村家庭。城乡之间的差异受到社会、经济、文化和观念等多种因素所影响，城镇夫妻双方更多地就职于劳动力市场，工作与家庭的冲突使得事业与生育成为"鱼与熊掌不可兼得"的问题，再加上生育成本进一步升高，城镇家庭的生育意愿必然降低。在农村，育龄夫妇在事业和生育成本方面的矛盾相对较小，同时传宗接代、多子多福、重男轻女等传统生育观念较为强烈，因而表现出更为积极的生育意愿。

三、稳健性检验

为了佐证模型结果的可靠性，本书更换被解释变量考察估计结果的稳健性。关于家庭生育意愿的调查，使用调查问卷"您家庭的理想子女数是多少？"替换被解释变量。虽然理想子女数更倾向于测度受访者个体的子女偏好，但也能体现家庭的生育意愿。故使用理想子女数替换被解释变量使用多项 logit 模型比较实证结果，见表 4-8。回归结果和表 4-7 的结论基本一致。

表4-8　生育意愿和生育偏差影响因素的稳健性检验结果

变量		生育意愿	生育偏差
个体特征	年龄	0.113*	0.108**
		(0.031)	(0.224)
	年龄平方	−0.009**	−0.002**
		(0.007)	(0.008)
	性别	0.147***	−0.119***
		(0.110)	(0.211)
	受教育程度=2	−0.471**	0.235**
		(0.201)	(0.311)
	受教育程度=3	−0.504**	0.218*
		(0.241)	(0.277)
家庭特征	现有子女性别	−0.231*	−0.103**
		(0.189)	(0.207)
家庭特征	养育模式=2	0.278***	0.283**
		(0.054)	(0.051)
	养育模式=3	0.284**	0.301***
		(0.070)	(0.041)
	养育模式=4	0.325*	0.170***
		(0.017)	(0.027)
	养育模式=5	0.351**	0.203**
		(0.087)	(0.004)
	家庭收入	0.307**	−0.193**
		(0.141)	(0.208)
地区特征	城镇地区	−0.256*	0.188**
		(0.150)	(0.207)

注：各变量的参照组分别为女性、本科以下、现有子女为女孩、养育模式为机构、所在地为农村。

***、**、*分别为1%、5%和10%显著，括号里为标准误。

第四节　全面二孩政策效应

2016年全面二孩政策的政策效应如何？最直接的表现是生育意愿和生育水平的变化，本节通过倾向得分匹配法实证分析生育意愿及其与实际生育偏差的政策因果关系，考察全面二孩生育政策效应。

一、模型设定

为了估计生育政策对生育意愿和生育偏差的影响，最直观的方法是比较全面二孩政策前后生育意愿和生育偏差的差异，但这一差异除了可能源于生育政策的作用，还可能受到同一时间发生的其他共时性因素的影响，如资产存量、家庭收入、家庭成员的个人特征、经济背景环境等因素。为了排除掉这些因素的干扰，需要找到同时期未受生育政策影响的家庭（控制组），其生育意愿和生育偏差变化反映了除生育政策外其他共时性因素的影响。当受生育政策影响的家庭（处理组）的生育变化减去其他共时性因素影响导致的变化，便可得到排除共时性因素影响之后的净效用。为了达到这一效果，最重要的前提是要求处理组和控制组满足共同趋势假设，即排除政策因素影响下，两组家庭类似于"双胞胎"样本，生育变动趋势大致相同。本书按照 Rubin（1974）提出的反事实分析方法，借助倾向得分法（PSM，Propensity Score Matching）排除不可观测的遗漏变量干扰，保证控制组和处理组的同质性和共同趋势假定成立，使用匹配后的样本推断全面二孩政策与生育意愿、生育偏差的因果关系。该方法弥补了数据缺失问题，能够直接进行因果推断。

具体而言，构造反事实情境。首先，建立虚拟变量 $T_i = \{0,1\}$，其中 0 代表家庭的生育意愿未受生育政策影响，1 则代表家庭的生育意愿受到生育政策影响，因此该变量考察的是全面二孩政策对于生育意愿的影响变量。其次，设定生育意愿变量 Y_0 和 Y_1，分别表示同一家庭未受生育政策影响和受到影响的生育意愿。$Y_1 - Y_0$ 则表示全面二孩生育政策实施后，虚拟变量 T 对生育意愿 Y 的影响机制。再次，设定生育偏差变量 Z_0 和 Z_1，分别表示同一家庭未受生育政策影响和受到影响的生育意愿。$Z_1 - Z_0$ 则表示全面二孩生育政策实施后，虚拟变量 T 对生育偏差 Z 的影响机制。最后，如果按照数据直接测度因果效应将产生数据缺失问题，选择倾向得分匹配法可以在某一情况下的数据中匹配到另一情况下数据特征相似的家庭，由此获得反事实结果。

本节涉及的变量是全面二孩政策对育龄家庭生育意愿和生育偏差的影响，即处理组（受政策影响）的平均处理效应或因果效应参数（Average

Treatment on the Treated，ATT）能够表示为处理组 Y_1（可观测）的期望值与控制组 Y_0（不可观测）的期望值之差，表达形式：

$$\tau_{ATT} = E[Y_1 - Y_0 | T = 1] = E[Y_1 | T = 1] - E[Y_0 | T = 1] \tag{4-4}$$

$$\Psi_{ATT} = E[Z_1 - Z_0 | T = 1] = E[Z_1 | T = 1] - E[Z_0 | T = 1] \tag{4-5}$$

实际上，估算 ATT 需要满足两个条件：条件独立性（Conditional Independence）和共同支撑条件（Common-Support Condition）。其中，X 为可观测的特征变量。两个条件下 ATT 的表达式可以表示为：

$$\tau_{ATT} = E[Y_1 - Y_0 | T = 1] = E\{E[Y_1 | P(X), T = 1] - E[Y_0 | P(X), T = 0]\} \tag{4-6}$$

$$\psi_{ATT} = E[Z_1 - Z_0 | T = 1] = E\{E[Z_1 | P(X), T = 1] - E[Z_0 | P(X), T = 0]\} \tag{4-7}$$

其中，$P(X) = E[T | X] = P(T = 1 | X)$ 表示倾向指数，代表具有特征 X 的家庭受全面二孩政策影响的概率大小。特征变量 X 表示个体特征和家庭特征，具体包括户主的年龄及年龄平方、性别、受教育程度、现有子女性别、养育模式、家庭收入以及城乡特征。另外，在进行全面二孩政策效应分析时，为确保研究结果的可靠性，本书使用具有代表性的 3 种匹配形式测度全面二孩政策实施后家庭生育意愿和生育偏差的变化，分别是最短邻域匹配、半径匹配或卡尺匹配以及核匹配。

二、结果解析

根据模型设置，首先需要考察研究结果是否满足假设条件，需要对变量进行平衡性检验。结果显示，尽管处理组和控制组的变量在匹配前存在显著性差异，但匹配后二者不具有显著性差异。考察偏误值发现，匹配后两组之间的标准化偏误减小。通过平衡性检验，模型满足假设条件。具体结果见表 4-9。

表4-9 平衡性检验

变量	匹配程度	均值		B	RB	P
		处理组	控制组			
年龄	U	29.622	30.456	-19.35		0.005**
	M	29.052	3.0025	-1.83	85.23	0.325
性别	U	0.405	0.443	-12.89		0.024**
	M	0.381	0.328	6.20	60.39	0.226

续表

变量	匹配程度	均值		B	RB	P
		处理组	控制组			
受教育程度=2	U	0.482	0.451	10.31		0.182
	M	0.477	0.444	−5.63	75.28	0.501
受教育程度=3	U	0.388	0.367	8.87		0.171
	M	0.375	0.358	1.57	84.22	0.327
现有子女性别	U	0.277	0.282	−1.79		0.205
	M	0.291	0.286	1.98	62.39	0.727
养育模式=2	U	0.315	0.342	−9.22		0.905
	M	0.324	0.329	−1.57	77.18	0.882
养育模式=3	U	0.339	0.341	5.14		0.757
	M	0.347	0.360	1.85	52.36	0.905
养育模式=4	U	0.359	0.364	−10.36		0.709
	M	0.367	0.374	−2.05	80.25	0.439
养育模式=5	U	0.392	0.402	−9.63		0.674
	M	0.408	0.411	−2.18	76.32	0.146
家庭收入	U	0.228	0.210	9.88		0.565
	M	0.228	0.223	−2.64	65.38	0.120
城乡	U	0.201	0.199	6.15		0.001**
	M	0.210	0.187	−1.35	70.23	0.321

注：（1）U 表示不匹配，M 表示匹配。（2）B 表示匹配后的变量偏误。（3）***、**、*分别为1%、5%和10%显著。

依次测度全面二孩政策变动对于生育意愿和生育偏差的因果效应。表4-10表明，第一，使用最短距离匹配、半径匹配和核匹配 3 种方法的估计结果均说明，全面二孩政策对生育意愿的作用显著，生育意愿明显提高。第二，全面二孩政策实施对生育偏差的正向作用显著。全面二孩政策实施拉大了生育意愿与生育水平的偏差，实际生育数量并未随着生育意愿的提高而增大。

表4-10　全面二孩政策对生育意愿和生育偏差的影响

匹配方法	生育意愿	生育偏差
最短距离匹配	0.499** （0.027）	0.181* （0.016）

匹配方法	生育意愿	生育偏差
半径匹配	0.424* （0.033）	0.192** （0.017）
核匹配	0.503*** （0.032）	0.183*** （0.018）
样本量	1099	

注：***、**、*分别为1%、5%和10%显著，括号里为标准误。

第五节　本章小结

关于生育意愿和生育行为的已有研究较多，但涉及全面二孩政策实施后生育意愿的动态变化、生育意愿与实际生育行为的偏差轨迹、生育意愿与生育偏差的作用机制的文献却并不多见，尤其国外的研究几乎未见。为此，本章基于生育意愿和生育行为的理论基础，测度全面二孩生育政策下生育意愿和生育行为现状，衡量二者变化，识别收入阶层和城乡地区的异质性特征，在影响因素上筛选个体和家庭特征下的可能要素，通过生育意愿层面系统分析全面二孩生育的政策效应，具有重要的现实意义。

本章首先梳理生育意愿的理论基础、测度方法以及与实际生育行为之间的研究框架，并对这些内容进行总结归纳；其次，遵循从理想到实际的逻辑思路，采用2016—2019年的调研数据，得到生育意愿的总体情况及其实际生育行为的差异，随后，针对中国收入不平等和地域幅员辽阔的现实，结合收入阶层和城乡地区两方面做异质性分析；最后，根据生育政策对生育意愿和生育偏差的作用机制进行经验验证，识别因果关联，检验影响机制。从估计结果来看，二孩生育意愿与实际生育水平之间出现了偏差：二孩生育意愿>实际生育水平。收入阶层方面，中等收入家庭的二孩生育意愿最低，低收入家庭次之，高收入家庭的生育意愿最为积极。城乡地区方面，农村家庭的二孩生育意愿整体好于城镇家庭。依据理论模型考察生育意愿和生育偏差的作用机制，影响因素互有异同，重要性各有高低。经济因素和养育模式的重要性绝对领先于其他因素，增加工资收入、解决养育困境是提高生育意愿、减少生育偏差的根本途径。受教育程度、年龄和现有子女性别可归入重要性第二层次因素。受教育程度越高、户主为男性、现有子女为女孩的家庭，生育意愿越高，生育偏差越小。年龄与生育意愿呈现倒"U"形关系。使用倾向得分匹配估计识别全面二孩生育政策对生育意愿和生育偏差的因果效应，生育政策显著提高了生育意愿，但拉大了生育意愿与生育水平的偏差，实际生育水平并未随着生育意愿的提高而增大。不同群体的生育意愿差异根源上可归结于资源机会成本和传统文化差异性共同作用的结果，而想要提高生育率，就要真正提高二孩生育意愿，减少生育意愿与生育行为的实际偏差，只有从根源处对症下药，针对不同群体制定适宜的方案，促进相应配套设施落实，才能有效减少"想生而不敢生"群体的存在，从而增强生育意愿，提高实际生育率。

第五章 全面二孩政策的静态经济影响：收入水平

　　提高家庭生育率是保持人口红利、减缓少子化趋势的基本措施，也是保持中国经济持续发展的根本动力，在很大程度上决定着中国是否能够实现社会主义和谐社会的最终目标。第四章的实证结果显示，2016 年全面二孩政策实施后政策"遇冷"，宏观的生育供给政策并未真正提高育龄家庭的二孩生育率，微观家庭对生育二孩政策的响应不高。尽管学术界已经意识到育龄家庭的经济水平对于提高二孩生育率的重要性，但迄今还没有专门的文献对全面二孩政策实施以来的影响程度做具体深入分析，这使得我们对全面二孩生育政策的政策效应仅停留在影响方向的判断上，而无法明确知晓具体的效应强度。

　　收入水平是影响育龄家庭生育的重要因素，收入群体的差异性可能产生不同的生育行为。因此，比较低收入、中等收入和高收入群体，考察生育与收入的影响机制在收入阶层上的异质性是很好的切入点。为此，本章在分析生育二孩对育龄家庭收入水平总体影响的基础上，比较二孩前后不同收入阶层家庭收入变动的差异性，分阶层评估全面二孩政策对微观家庭的经济影响，为优化生育政策和收入分配政策的协同效应提供依据。具体的，首先，针对生育与收入水平之间的经济效应、不同收入阶层的生育决策，梳理现有文献并对生育和收入的影响机制做相应的总结归纳。其次，基于微观视角考察二孩家庭的收入和支出变化，构建生育二孩与家庭纯收入作用的理论机制，并针对不同生育阶段做异质性分析。依据 2016 年实施全面二孩政策后的时间序列展开逻辑思路，利用调研数据明确 2016—2019年二孩家庭收入水平的动态变化。再次，分析生育对二孩家庭收入水平的经济影响，将生育作为核心解释变量，家庭纯收入作为被解释变量构建计量模型。考虑到可能存在的双向因果所引致的内生性问题，构建育龄夫妇生育年龄的工具变量，对模型采用最小二乘回归模型和加入工具变量两种估计方法，以期得到因果关联。最后，针对不同收入阶层的生育行为，结合不同时期分收入阶层评估全面二孩政策对微观家庭的经济影响，检验影响机制。

第一节　文献综述

伊斯特林（1987）在生育供给与需求理论分析中将生育需求定义为在节制生育免费或费用低廉的前提下，家庭想要的存活孩子的数量。生育需求必须满足两个条件：一是生育意愿，即家庭有生育孩子的欲望或要求；二是生育方式，即具备实现这种欲望的手段。那么，生育如何作用于家庭收入？生育之后收入的变化直接关乎家庭的生育意愿。收入水平是影响生育意愿更为根本、更为重要的变量（Galor，2005）。换言之，生育对收入的影响将内生决定生育意愿。大量研究发现，高生育率会增加家庭负担，减少家庭收入，生育率与家庭收入之间存在负相关关系（Adelman、Morris，1973；Repetto，1978；郭剑雄，2005；穆光宗，2017；王志章等，2017；于长永等，2017），并且对家庭中女性收入的负面效应尤为显著。中国女性在生育后的工资收入低于生育前，生育者受到了"工资惩罚"（贾男等，2013；Jia、Dong，2013）。并且，这一"惩罚"不仅存在于生育当年，还具有长期持续性（Bloom et al，2009）。但是，并不是所有研究都一致认为生育与收入之间具有负相关关系。杨涛等（2000）研究发现家庭收入水平的提高有助于增加生育需求，生育率与家庭收入之间是正相关关系。众多学者的研究焦点都集中在生育对家庭收入水平的影响上，最为著名的就是贝克尔关于生育与收入的经典经济理论。

一、生育与收入水平

在经济学经典文献中，家庭的生育意愿被解释为是一种关乎利益的经济决策，取决于家庭从生育中所获得的收益与所支付的成本之间的权衡。如果收益大于成本，家庭倾向于多生育；反之，则少生甚至拒生。一般而言，家庭从生育中所获得的收益或效用，主要包括消费效用、生产效用和安全效用三类，分别指孩子给家庭带来的生活乐趣、经济价值和安全保障（Leibenstein，1957），所支付的成本则是父母投入抚养、教育孩子的货币现值与时间影子价格现值之和（贝克尔，1976）。由于孩子被理解为是一种通过货币支付和时间投入即可获得消费效用或价值增值的"产品"，因此，对于一个家庭而言，在收入不断上升的情形下，父母可以通过不断购买孩子的替代品——其他产品来获得越来越大的效用。孩子所带来的总效用必然随着家庭总收入的上升而递减，而生育子女的激励则将因此而减少。

贝克尔（1976）的研究发现在家庭收入不变的情形下，父母不仅在购买商品与生育孩子之间进行收入的合理配置，还在生育孩子的"数量"和"质量"之间进行有效权衡，以期获得最大程度的效用满足。如果父母投入的成本小于孩子可能提供的收益，那么，孩子可以被看作是耐用生产品，父母可望从孩子身上获得现金收入，这将促使家庭增加生育的数量。相反，如果父母投入的成本大于孩子可能提供的收益，那么，孩子则可以被看作是耐用消费品，父母主要从孩子身上取得心理满足和精神收益，因而家庭更加注重生育的质量（罗淳，1991）。在此前提下，为了尽可能给予每个孩子最高的资源总量，家庭会选择减少生育的数量。

国内外已有大量研究发现生育会减少家庭收入（Repetto，1978；Galor，2005；贾男等，2013；段志民，2016；穆光宗，2017）。Waldfogel（1997）发现生育女性和其他女性相比，工资存在较大差距，有一个孩子的女性收入减少4%，有两个或两个以上孩子的女性收入"罚款"高达12%。臧微、徐鸿艳（2020）通过中国健康与营养调查数据发现，生育降低了家庭收入。黄乾、晋晓飞（2022）评估生育政策发现，政策放松导致中国城镇女性平均月收入下降12.36%，平均小时收入下降11.37%。

二、生育与收入阶层

根据贝克尔的经典理论，不同收入阶层的生育决策可以解释为低收入家庭倾向于多生孩子，以期获得生产效用和安全效用；高收入家庭倾向于少生孩子，因为生育孩子只是为了满足消费效用。然而，贝克尔的理论难以解释现阶段中国高收入家庭对多子女的生育需求不仅没有减少反而有所增加的现象（罗淳，1991；陈钟翰等，2009）。臧微（2022）和李子联（2016）的研究发现高收入和低收入家庭比中间收入家庭具有更高的生育率。事实上，"高收入群体具有较低的生育需求"的说法缺乏合理依据，同时也无可靠证据证明富人的孩子比穷人的孩子要少（刘易斯，1999）。不同收入阶层生育决策的作用形式往往需要经过若干中间变量或中间环节才能显现出来，如人口城市化、职业变化、年龄限制以及人口受教育程度等。

此外，中国地区发展不平衡和收入水平的差异，导致生育与家庭收入之间的关系也表现出不同的地域特征（张晓青等，2016）。Wang（1996）通过分析中国不同地区农村生育率与收入的内在规律，发现欠发达地区（如四川、陕西）生育率与家庭收入呈正相关，较发达地区（如广东、浙江）二者呈现负相关。

在总和生育率普遍下降的情况下，高收入家庭与低收入家庭之间的生育率差距不断拉大，这将导致收入不平等通过代际转移的形式传递下去，进而扩大下一代人群的收入不平等程度（Bongaarts，2001）。因此，降低贫困人口的生育率水平将有助于减少收入不平等，实现社会福利的帕累托改进（Chu，1987）。Lam（1986）则认为，只有当贫困家庭根据经济现实情况做出减少生育水平的反映时，不平等程度才会有效降低。郭剑雄（2005）将生育率、人力资本以及二者的互动影响作为观察和分析中国城乡收入差距的基本变量，结果发现中国城市地区与农村地区处于不同的均衡阶段，从而解释了城乡收入差距的存在原因。张敏锋、吴俊瑶（2022）认为二孩生育通过降低家庭收入，调节了地区收入不平等的正向作用。

三、文献评述

综上所述，有关生育与家庭收入的研究已经深入展开，并为其发展实践提供了丰富的理论参考。但是对于生育政策放松下的收入水平发展规律的研究还很有限：第一，大量文献对于生育与家庭收入之间的关系并未得出一致的结论，这就为深化研究提供了较大空间；第二，现有文献虽然涉及了不同收入阶层的生育意愿，但未有效揭示其中所蕴含的内在机理；第三，已有研究成果忽略了从不同生育阶段分析和比较生育与收入的作用机制，不同生育阶段引致的生育对收入水平的影响未能予以反映。

第二节　收入与生育的理论机制

在收入与生育的影响机制中存在着双重效应，体现为直接效应和间接效应（Wang，1996）见图 5-1。其中，直接效应是指从经济资源角度看，生育会增加货币支出降低购买力，家庭将因此而减少消费品的数量和效用，包括从孩子那里所得的效用。间接效应是指从人力资源角度看，生育会通过时间以及由此产生的妇女生育机会成本减少收入。两类效应都表明生育对收入的作用方向为负。货币支出的增加或是时间成本的提高通过不同的负向效应内含于影响机制之中，从而对收入发挥作用。

　　生育上的货币支出是从客观上减少家庭收入的直接因素，也是约束家庭生育意愿转变成生育需求的现实基础。生育孩子既要增加"数量"又要保证"质量"，需要持续消耗与家庭经济水平相对应的物质储备，对收入具有十分明显的负效应。时间在影响机制中通过机会成本间接发挥作用。生育会重新配置家庭成员的时间资源，需要增加家庭的时间投入，减少工作上的必要或额外时间，不利于家庭成员的职业发展。尤其是作为生育载体的妇女，既要在劳动就业和事业发展中参与激烈的社会竞争，又要投入大量的时间承担育儿的职责。工作与家庭的两难困境令她们损失的不仅仅是时间，还包括连带的职位上升和个人发展等机会成本。事业上的弱势地位和家庭中的重要责任导致妇女不得不面临职位的下降或中止就业，收入水平也随之大打折扣。

　　收入越高的家庭对质量的需求也更高，这不仅适用于家庭消费品（Matsuyama，2002；Foellmi、Zweimuller，2006），而且对子女的需求同样成立（Barro、Becker，1988；Becker et al.，1991）。收入越高越注重子女质量的培养，因而往往具有较低的生育率和较高的子女教育投资。一般来说，生育对具有相对较高收入水平、较多时间资源的家庭影响甚微。反之，收入越低、时间越少的家庭，生育对其冲击越大。这一规律普遍适用于不同收入阶层。需要明确的是，生育孩子的物质成本和时间投入往往与家庭的生活方式以及对子女的人力资本投资密切相关。因此，生育上的货币支出和时间成本是一个相对概念，与家庭所属的收入阶层的生活水准相对应。（1）高收入家庭拥有充足的物质资源，生育孩子增加的货币支出并不会影响家庭原本的收入水平和生活水准，即使有所下降，程度也极为有限。尽管部分高收入家庭可能由于工作繁忙而无法在养育孩子上分配过多时间，但仍然能够通过雇用他人来照顾孩子。"自己收入换他人时间"的生育模式可以有效解决因养育时间不足而导致的家庭、事业两难平衡问题，高收入家庭不存在生育对家庭收入的负面效应。（2）低收入家庭的生活水准相对较低，仅需负担必要的生育费用，机会成本损失的代价也相对较小，通过"自己收入换自己时间"的生育模式能够克服养育时间上的客观限制，生育对低收入家庭的收入影响并不显著。这一"富生富养、穷生穷养"的生育标准，降低甚至弥补了影响机制对高、低两端阶层家庭收入的负面效应。（3）相比而言，生育使中等收入家庭陷入了极为纠结的境地。那些整天忙于工作以赚取收入的中等收入家庭，既缺乏收入又缺少时间，既不能像高收入家庭那样"用高收入换取他人的时间"，又不能似低收入家庭这般"以低成本换取自己的时间"，货币支出和时间成本成为中等收入阶层难以跨越的藩篱，生育对收入的负面影响最为显著。Dahan（1998）首次针对生育、教育和收入分布结构之间的关系做了相对完整的经验检验，发现在经济发展早期，生育率和中等收入者比重均会随着经济的增长而提升，但在经济相对发达的地区，生育率会下降，人力资本投资会增加，中等收入者比重则会提升。随后，大量实证研究均证实了这一论断（Nakamura，2016；李建民，1997；郭凯明、颜色，2017）。Perotti（1996）则认为上述因果联系也具有反向成立性，即中等收入者比重越高的国家或地区，生育率会因此而下降，同时人力资本投资会增加，经济也会持续增长。

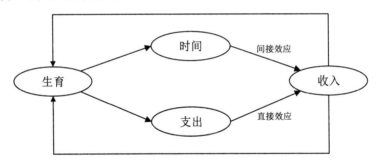

图 5-1　生育对收入的影响机制

第三节　实证方法与数据

选择微观调研数据分析二孩前后居民家庭收入变化的作用路径，尝试通过最小二乘回归方程（OLS）、工具变量回归方程（IV）分析生育二孩与家庭收入水平之间的关系，使用工具变量分位数模型纵向检验二孩前后不同收入阶层家庭净收入的短期变化和长期影响。同时对数据进行处理和描述，保证数据使用的准确性。横向比较一孩和二孩"生育陷阱"的存在性及负面效应。

一、实证方法

如前所述，利用调研得到的家庭收入和支出数据测算各地区的二孩家庭纯收入，追踪生育二孩前后家庭净收入的逐年变化，据此分析生育二孩对家庭收入的影响，识别"二孩生育陷阱"的存在性及影响程度。在标准"明瑟方程"（Mincer's equation，1974）中引入生育虚拟变量，构建生育二孩对家庭净收入影响的理论模型。具体的，基准模型设定如下：

$$\ln y_i = \beta_0 + \beta_1 D_{it} + X_i^{'}\delta + \varepsilon_i \qquad (5-1)$$

其中，y_i 为二孩家庭的家庭净收入，D_{it} 为家庭 i 在不同时期的生育变量，这两个变量是实证研究的重点内容，X_i 为控制变量，ε_i 是误差项。

在控制变量的选择过程中，遵循生育二孩对家庭净收入影响机制探讨的结果，控制变量分为 4 类：第一类是反映二孩家庭成员的个人特征，包括健康、受教育年限、年龄、年龄的平方。第二类是二孩家庭成员的职业特征，包括职业类型、单位所有制形式、是否属于数字产业①等。第三类是反映二孩家庭的家庭特征，中国家庭受传统文化的影响，与父辈同住是很普遍的现象。与父辈同住可能从两个方面影响家庭净收入：一方面，父母可能会帮助照顾小孩，在一定程度上减轻了家庭的负担，对家庭净收入，特别是对妇女收入，有正面作用；另一方面，父母也可能需要得到子女的照顾，不仅没有对家庭的劳动供给产生互补效应，反而减少了劳动供给的时间，对家庭净收入有负面的影响。第四类是区域和时间趋势变量。

生育变量的类型是构建模型的前提条件。如果生育二孩是个外生变量，直接构建最小二乘回归模型就可以得出方程（5-1）中 β_1 的估计系数。如果是内生变量，则必须建立生育决定方程。具体而言，生育变量反映家庭生育二孩的时机，至少有两个原因可能产生内生性问题：第一，可能存在反向因果问题，即家庭净收入反过来可能影响生育变量，导致模型具有联立性问题；第二，可能存在遗漏变量和测量误差。生育变量和家庭净收入可能同时受到其他不可观测因素的影响，导致模型存在遗漏变量。同时，生育变量不是一个变量，而是一组虚拟变量，其中包含多个内生变量和多个生育方程，增加了构建模型的复杂性。借鉴贾男（2013）提出的生育年龄非线性转化方法，将家庭中妇女的生育年龄变量转化为调查当年距离生育年的年份间隔。构建非线性变化方程：

---

① 中国信通院《中国数字经济发展报告（2022 年）》的数据显示，我国数字经济占 GDP 比重逐年上升，由 2005 年的 14.2%增至 2021 年的 39.8%。臧微等（2023）认为，数字经济在变革经济增长模式的同时也对微观主体的资源禀赋产生影响，导致社会分配机制和个体收入结构发生改变。

$$D_{it} = g(A_i) \tag{5-2}$$

其中，A_i 是妇女生育的年龄，根据数据中的调查年份、妇女生育年份和当前年龄可以计算出：

$$A_i = 当前年龄 - (调查年份 - 生育年份) \tag{5-3}$$

$g(\cdot)$ 是对 A_i 进行的非线性变换，令 $d_i =$ 当前年龄 $- A_i$

$$\begin{cases} D_{it} = 1 & 如果 d = t \\ D_{it} = 0 & 其他 \end{cases} (t = -1, 0, 1, 3, \ldots) \tag{5-4}$$

d 表示调查当年距离生育年的年份间隔。例如，$d = -1$ 表示生育前 1 年，$d = 0$ 表示生育当年，$d = 1$ 表示生育后 1 年，以此类推。非线性变换不仅将家庭收入这个连续变量与多个内生的生育变量联系起来，还可以揭示二孩生育当年及生育前后家庭净收入变动的短期效应以及生育后 3 年的长期持续性。

方程（5-1）可以写为如下工资方程：

$$\ln y_i = \beta_0 + g(A_i; \beta) + X_i' \delta + \varepsilon_i \tag{5-5}$$

如果"生育陷阱"存在，那么 $\beta < 0$。并且误差项 ε_i 服从正态分布，$\varepsilon_i \sim N(0, \sigma_\varepsilon^2)$。

假设 Z_i 代表妇女生育年龄的影响因素，可以将生育方程设定为：

$$A_i = Z_i \eta + u_i \tag{5-6}$$

其中，误差项 u_i 需要服从正态分布，$u_i \sim N(0, \sigma_u^2)$。

家庭的生育决策与收入相关的内生性问题导致 $\text{Cov}(\varepsilon_i, u_i) \neq 0$，假设相关系数为 ρ：

$$\varepsilon_i = \rho u_i + v_i \tag{5-7}$$

因此，$v_i \sim N(0, \sigma_\varepsilon^2 + \rho^2 \sigma_u^2 - 2\rho^2 \sigma_\varepsilon \sigma_u)$。将式（5-7）代入（5-5），得到：

$$\ln y_i = \beta_0 + g(A_i; \beta) + X_i' \delta + \rho u_i + v_i = \beta_0 + g(A_i; \beta) + X_i' \delta + \rho(A_i - Z_i \eta) + v_i \tag{5-8}$$

在方程（5-8）中，$g(\cdot)$ 是非线性函数，故选择最大似然估计方法（Maximum Likelihood Estimation，MLE）对收入方程和生育方程进行联合估计。由方程（5-6）和（5-8）得到家庭收入与生育年龄的联合密度函数为：

$$f(y_i, A_i) = f(y_i \mid A_i) f(A_i)$$

$$= \frac{1}{\sqrt{\sigma_\varepsilon^2 + \rho^2 \sigma_u^2 - 2\rho^2 \sigma_\varepsilon \sigma_u}} \varphi \left(\frac{\ln y_i - \beta_0 - g(A_i; \beta) - X_i'\delta - \rho(A_i - Z_i \eta)}{\sqrt{\sigma_\varepsilon^2 + \rho^2 \sigma_u^2 - 2\rho^2 \sigma_\varepsilon \sigma_u}} \right)$$

$$\frac{1}{\sigma_\varepsilon} \varphi \left(\frac{A_i - Z_i \eta}{\sigma_\varepsilon} \right)$$

$$(5\text{-}9)$$

为探讨不同收入阶层的家庭净收入受生育二孩影响的作用路径，分析生育政策执行效果的阶层差异性，采用工具变量分位数模型估计生育二孩对不同阶层家庭收入的长短期影响。如果生育二孩对低收入阶层的负面影响大于中等收入和高收入阶层，必然导致穷者更穷的"马太效应"，扩大收入差距。如果生育二孩对于中等收入阶层的负向作用大于低收入和高收入阶层，意味着中等收入阶层具有较低的生育需求，不利于生育政策的执行。

依照上文相同思路，采用半对数模型，扩展并建立工具变量分位数回归模型如下：

$$\ln y_{it,q} = \beta_0 + \beta_{1,q} D_{it,q} + X_{it,q}' \delta_q + \varepsilon_{it,q} \qquad (5\text{-}10)$$

其中，被解释变量 $\ln y_{it,q}$，表示第 i 个家庭在 q 分位数上的家庭净收入对数（可比价格）。核心解释变量 $D_{it,q}$ 表示在 q 分位数上第 i 个家庭的二孩生育需求。X 是控制变量，与上文影响因素相同。ε 是随机扰动项。依循相同的思路可将方程（5-10）推导为：

$$\ln y_{it,q} = \beta_0 + g(A_{it,q}; \beta_{1,q}) + X_{it,q}' \delta_q + \rho(A_{it,q} - Z_{it,q} \eta_q) + v_{it,q} \qquad (5\text{-}11)$$

其中，$Z_{it,q}$ 表示 q 分位数上的家庭妇女生育年龄的影响因素。工具变量的选择与方程（5-8）相同。

二、数据

本章的研究重点是生育二孩对家庭纯收入的影响。为了更好地反映生育二孩后家庭长短期的经济状况，选择二孩家庭净收入作为被解释变量。因此需要对二孩家庭纯收入予以测算，选择调研数据所调查的城市作为样本城市，搜集并测算城市在 2016—2019 年期间共 4 年的数据，在此基础上计算各地区二孩家庭收入和支出的数据。使用二孩家庭的家庭总收入减去总支出进行测算。为了比较不同省份、不同年份城镇家庭净收入，按照样本所在地通货膨胀指数调整各年家庭净收入数据。将 2015 年各省份物价作为基数，重新估计不同省份、不同年份的通货膨胀率，以此对名义净收入进行平减处理①。二孩的生育问题则根据调查问卷中母亲自报的"二孩生育历史"的相关问题获得生育年份、夫妻生育年龄等信息。另外，选择夫妻的个人特征、家庭特征、区域和时间趋势变量作为控制变量。

表 5-1　变量定义及描述性统计结果

变量	一级指标	问卷题目及定义（二级指标）	均值	标准差
纯收入	总收入	家庭总收入包括家庭成员工资收入、家庭经营收入、财产性收入、转移收入、实物收入等（元）	38544	1783
	总支出	家庭总支出包括消费支出、教育支出、医疗支出和居住支出②（元）	7624	921
生育时机	生育年龄	女性生育二孩的年龄（岁）	35.22	20.51
	年份间隔	调查当年距离生育二孩的年份间隔：d=0 表示生育当年；d=1 表示生育后 1 年，以此类推	1.95	4.88
个人特征	教育程度	受教育年限（年）	15.28	20.06
	户口性质	农村=0；城市=1	0.605	0.097
	健康	身体健康=1；身体不健康，但不影响工作生活=2；身体不健康且不能正常工作=3	1.24	2.83
	性别	女性=0；男性=1	0.534	0.445
	年龄	年龄（岁）	40.252	29.631
	婚姻	未婚、离异或丧偶=0；已婚=1	0.284	0.069
职业特征	职业类型	工人=0，服务人员=1，商业工作人员=2，办事人员=3，专业技术人员=4，高级管理者=5，其他=6	3.06	13.24
	单位所有制类型	国有集体=0，私有民营=1，外资=2，其他=3	1.67	3.09
	是否受数字经济影响	数字产业③=0，其他=1	0.79	2.98

① 物价指数源于《中国统计年鉴 2016》，第 223 页。

② 调查问卷在城镇家庭支出中还提供了转移型支出，包括税收支出、捐赠支出以及债务利息支出等。由于生育二孩对于转移性支出的影响并不显著，因此都纳入到消费支出中。按照杨汝岱等（2007）对支出的界定，消费支出包括食品支出、衣着支出、服务支出、家庭设备支出以及家庭在经营性和投资性生产资本上的支出。教育支出是指娱乐文教支出。医疗支出包括妇女生育的生育费用以及家庭成员的住院费、手术费、药品费以及身体保健的相关费用。

③ 参考《中国城市统计年鉴》，调查问卷将数字产业定义为个人就业于信息传输、计算机服务和软件业。

变量	一级指标	问卷题目及定义（二级指标）	均值	标准差
家庭特征	是否与父母同住	是=0；否=1	0.52	0.38
样本量		1064		

注：家庭纯收入=家庭总收入-家庭总支出，并在测算后做了对数化处理。

三、工具变量

正如前文所述，在对模型进行估计的过程中，由于潜在的内生性问题，如果直接进行最小二乘回归估计，可能会得到有偏的结果。因此，若要得到生育二孩与家庭纯收入之间的真实因果关联，还需构造生育年龄变量的工具变量。工具变量需要满足两个条件，一是与生育年龄相关，二是与家庭净收入不相关。

借鉴贾男等（2013）的做法，采用育龄夫妇不孕比数作为工具变量。育龄夫妇不孕比数是 De La Rochebrochard et al.（2006）利用试管婴儿受孕方法（In Vitro Fertilization，IVF）计算育龄夫妇不同年龄阶段受孕失败的相对比例，数值越高说明生育的可能性越低，目前已成为生理学中分析男性和女性不孕问题的重要指标。不孕比数与育龄夫妇的生育年龄息息相关，与被解释变量家庭净收入完全外生，能够更好地控制联立问题及不可观测因素造成收入方程系数估计的偏误问题。表 5-2 给出了育龄夫妇在不同年龄段受孕失败的相对比例。

表 5-2　育龄夫妇不孕比数

父亲年龄	母亲年龄				
	<30	30～34	35～37	38～40	>40
<30	1.00	0.79	1.62	1.29	0.49
30～34	1.44	1.34	1.49	1.47	5.34
35～39	0.78	1.24	1.33	3.05	2.16
≥40	1.25	1.36	2	2.03	5.74

数据来源：De La Rochebrochard et al. (2006)。

第四节　实证结果

首先给出家庭总收入、总支出以及纯收入在生育二孩后长短期的动态变化。随后测度生育二孩影响家庭纯收入的最小二乘估计结果，利用所构造得到的工具变量针对两者之间的关系作工具变量估计。在此基础上，针对可能存在的时期和阶层差异展开较为细致的异质性分析。

一、家庭收支变化

图 5-2 和图 5-3 分别刻画了生育二孩后不同时期家庭总收入和总支出的平均变化过程，反映了生育二孩对家庭经济水平直观、动态的影响。从家庭总收入看，虽然生育二孩后的家庭总收入在短期内小幅下降，从生育前一年的 36137 元下降到生育当年的 35627 元，下降了 1.4%。如果女性由于生育二孩不得不暂时或长期退出劳动力市场，家庭成员的收入来源就有所影响，进而降低了家庭总收入。但从长期看，收入水平仍是处于不断上升的趋势，生育二孩后家庭总收入年增长率平均达到 2.3%，甚至生育后第五年的增长率高达 8.8%。尽管二孩家庭的生育行为在短期内抑制了家庭收入的增长，但在长期内促进了家庭收入水平的持续提高。抚养人口的增加提高了家庭对收入水平的要求，从主观上激励家庭成员更加努力地工作，女性可能重返劳动力市场，男性也可能为获得更为丰厚的劳动报酬而更加努力地工作，在一定程度上对家庭总收入起到正面作用。

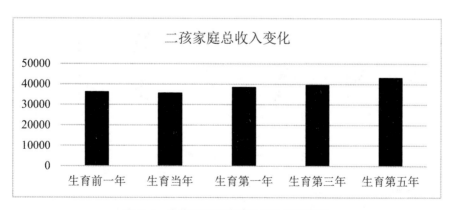

图 5-2　生育二孩后家庭总收入变化情况

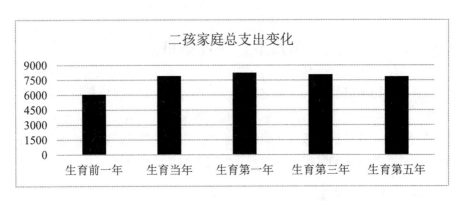

图5-3 生育二孩后家庭总支出变化情况

从家庭总支出看，总体水平在生育前一年急剧上升后基本维持在8017元左右。生育二孩后，总支出在长短两时期的变动情况基本一致，但支出结构不尽相同。可能的原因是，在生育二孩当年和后一年的短期阶段，孩子处于婴幼儿时期，生育支出主要是由基本生活的消费支出以及生育及婴幼儿的医药费用组成，在一定程度上挤占了其他生育支出，成为家庭总支出的重要部分。按照贝克尔的经济理论，在生育二孩第五年的长期阶段，二孩的养育成本也从基本的生活支出转变为提升"质量"的教育和住房等高额教育和资产支出，支出增长并未放缓，只是生育支出的组成部分发生了改变，但仍是家庭总支出的重要构成。不论短期还是长期，生育二孩对家庭总支出都具有正效应，生育二孩为城镇家庭带来了"经济惩罚"。

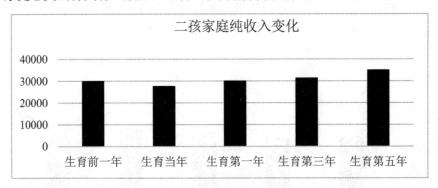

图5-4 生育二孩后家庭纯收入变化情况

根据家庭总收入和总支出水平，测度生育二孩后家庭纯收入的演进过程（见图5-4）。家庭纯收入的长短期变化路径与家庭总收入一致，短期的纯收入放缓既是由二孩生育行为带来的家庭总收入下降所致，也是由生育支出不断攀升而难以负担所导致。长期的纯收入反弹并提高则是与家庭总收入的稳步增长密切相关。这种影响机制侧面体现了全面二孩政策实施下二孩生育需求不升反降的现象。

二、估计结果

以生育二孩的经济效应作为研究目的，采用 2016—2019 年的调研数据，将生育作为核心解释变量，家庭纯收入作为被解释变量，测度生育二孩影响家庭纯收入的最小二乘估计结果，利用所构造得到的工具变量针对两者之间的关系作工具变量估计，构建生育与收入的长短期作用机制，结果见表 5-3。（1）（2）列是最小二乘回归结果；（3）（4）列是考虑工具变量的估计结果。

表 5-3　生育对家庭净收入影响分析

净收入（对数）	OLS 估计结果		IV 估计结果	
	生育一孩（1）	生育二孩（2）	生育一孩（3）	生育二孩（4）
生育前一年	-0.133***	-0.122***	-0.187***	-0.211***
	(0.121)	(0.088)	(0.143)	(0.097)
生育当年	**-0.148***	**-0.165***	**-0.265***	**-0.302***
	(0.101)	(0.156)	(0.096)	(0.173)
生育后一年	**-0.102***	**-0.153***	**-0.244***	**-0.387***
	(0.097)	(0.148)	(0.109)	(0.112)
生育后三年	-0.069***	-0.149***	-0.103***	-0.171***
	(0.126)	(0.201)	(0.134)	(0.085)
生育后五年	-0.023***	-0.085***	-0.086***	-0.138***
	(0.077)	(0.102)	(0.113)	(0.187)
控制变量	Yes	Yes	Yes	Yes
F-stat			30.22	31.98
R^2	0.491	0.503	0.332	0.417
样本量	3587	2011	3597	2011

注：①***、**、*分别表示在 1%、5% 和 10% 水平上显著，下同；②括号里是稳健标准误；③yes 表示该变量已经控制，控制变量限于篇幅，其结果不做报告，包括：夫妇健康评价优良比例、平均受教育年限、专业技能劳动力比例、平均年龄、夫妇职业所属行业类型、是否离异、是否与父母同住、样本区域与收集年份的哑变量；④弱识别检验（F-stat）使用的是罗伯特-库比卡瓦尔德 F 统计量（Kleibergen-Paap rk Wald F 检验），根据 Stock 和 Yogo（2002）选择临界值为 8.75（20%）和 7.25（25%）。

由回归估计结果可知，生育二孩对家庭净收入具有显著的负向影响，且在 1% 的显著性水平上显著。具体而言，在二孩生育当年及生育后一年家庭净收入分别下降 16.5%和 15.3%，家庭净收入在短期内急剧下降，但这一影响在生育后三年不仅并未消失，仍高达 14.9%。表明"二孩生育陷阱"不仅出现在短期，也导致生育在长期造成影响。生育二孩后家庭净收入的下降比率在生育当年升至最高，随后才逐渐降低，呈倒"U"形变动。说明育龄家庭存在"生育陷阱"，生育给家庭带来了"收入惩罚"，研究结果与贾男等（2013）的结论一致。从生育陷阱的倒"U"形曲线看，"二孩生育陷阱"在横向时间维度和纵向影响程度两方面极为显著（见图 5-5），全面二孩政策会强化"生育陷阱"的负面作用，二孩生育需求必然下降，而计划生育政策的确能在一定程度上减轻"生育陷阱"的影响。

　　工具变量回归的估计结果与最小二乘回归在趋势上基本一致，F 统计量的值非常显著，不存在弱工具变量（Weak IV）的问题。表明模型的估计结果相对稳健。但是工具变量回归在各个时间点上的负面影响都比最小二乘回归显著，二孩在生育后当年、后一年的短期数据和生育后三年的长期数据分别高于最小二乘基准模型。以生育当年为例，二孩导致家庭净收入下降 30.2%，远高于最小二乘回归模型中的 16.5%，说明最小二乘回归模型可能存在较为严重的内生性偏误。生育二孩后一年家庭净收入的下降程度比生育当年更为显著，说明"二孩生育陷阱"的倒"U"形曲线最大值随时间向后移动、随作用程度变大，"生育陷阱"的程度较为严重（见图 5-6）。生育二孩对家庭净收入的负面影响巨大，家庭需要承受巨大的经济压力。家庭的生育需求与其养育能力密切相关。在养育能力中，优先考虑的是照料婴幼儿的资源，包括时间资源和经济资源两方面。对于大多数生育孩子的家庭，夫妻双方都正处于寻求事业发展的时期，极少有人愿意放弃工作将时间投入到养育孩子中。那么，照料孩子的时间究竟由谁"买单"就成为生育是否影响家庭收入的关键。在中国，照料孩子不仅仅涉及一个家庭，可能还需要动员两个父辈家庭。一般而言，家庭的第一个孩子能够得到父辈的帮助，通过父辈时间换自己时间的方式既能保证孩子的陪护时间，夫妻双方又能够继续留在劳动力市场。然而，生育二孩时，父辈成员一般年龄都较大，很难同时照看两个孩子。投入时间资源的对象变得相对难寻。如果家庭对雇用他人的支付能力有限，在经济上入不敷出时，夫妻一方就不得不放弃工作，担负起养育两个孩子的职责。缩水的工资收入和高昂的生育费用需要家庭承受比一孩时期更长久、更巨大的经济压力。多生一个孩子，需要付出的成本并不是简单的"1+1=2"式孩子数量的叠加。

既要保证二孩数量又不能影响原来的一孩质量，所耗费的机会成本和生育费用是无法计算的数倍关系。总体而言，在考虑时间成本和生育费用的情形下，"二孩生育陷阱"能够有效解释当前二孩生育需求低迷的现象。

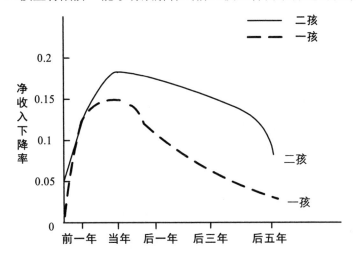

图 5-5　基于 OLS 回归的一孩、二孩家庭经济效应比较

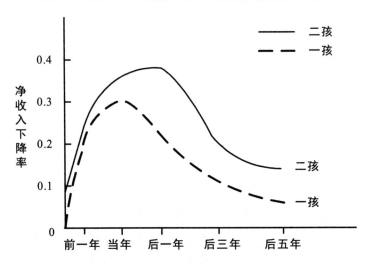

图 5-6　基于工具变量的一孩、二孩家庭经济效应比较

第五节　阶层异质性

生育二孩的长短期影响及其作用程度在不同收入阶层之间可能存在

差异，导致二孩生育需求也出现不同特征。本部分针对中国收入阶层生育决策行为的不同，结合不同时期做异质性分析。

一、估计结果

建立含有工具变量分位数回归模型，揭示生育二孩对不同收入阶层家庭净收入作用的差异性，结果见表 5-4。选取第 25 分位、第 50 分位和第 75 分位分别表示生育二孩后低收入、中等收入和高收入群体，考察不同收入阶层家庭净收入变化。三个分位水平下 F 统计量均为显著，不存在弱工具变量（Weak IV）的问题。

第一，低收入阶层的经济水平较差，生活基本维持在温饱线上，他们之中的一部分甚至处于严重的边缘化、弱势化境地。如果生育二孩的负面效应，无形之中压缩甚至剥夺了低收入阶层提高家庭收入、改善经济水平的机会，必然导致阶层地位的板结化。从短期看，生育二孩对低收入组的经济水平呈现出明显的负向效应（见表 5-4）：一是生育当年的负面影响极为显著，家庭净收入大幅下降，减少了 35.5%；二是生育后一年的负向作用虽然有所缓解，但仍导致家庭净收入下降了近 1/3。低收入阶层本已处于链条最底端，生育二孩可能导致母亲工作的中断，再加上不断攀升的经济成本，无疑会使低收入家庭的经济状况雪上加霜，极有可能导致贫富差距的持续存在和强化。从长期看，虽然生育二孩对家庭净收入的负面效应仍然存在，但是逐年减少并趋于稳定。生育后三年的家庭净收入下降 7.3%。根据贝克尔的经济学分析，如果生孩子的成本小于收益，生产孩子就"有利可图"。低收入阶层关注的是孩子的数量投资，抚养孩子的生存成本远低于孩子质量投资引致的教育成本，如果孩子干家务和提前参与劳动，还能提高家庭收入。因此，虽然低收入阶层生育二孩的短期负效应显著，但长期而言，生育二孩更能获得可见的"收益"，低收入阶层因而拥有较强的生育需求。低收入阶层的生活水准相对较低，往往只负担必要的二孩生育费用，机会成本损失的代价也相对较小，生育二孩对低收入阶层的收入影响并不显著。这种生育标准降低甚至弥补了影响机制对低收入阶层家庭收入的负面效应。

第二，中等收入群体是介于高收入群体和低收入群体之间的缓冲层，能够缓和两者之间的冲突。中等收入者是引导社会消费的最重要群体，较高的中等收入者比重能够形成庞大稳定的消费市场。一个健康可持续的社会结构应该是橄榄型或纺锤型，即"两头小、中间大"。作为社会的中流砥柱，中等收入阶层发挥着缓冲两极矛盾、凝聚力量的作用，是社会结构中需要重点稳定和壮大的阶层。如果生育二孩严重影响中等收入阶层的收入增长空间，势必阻碍他们的成长和发育，恶化社会结构，激化阶层矛盾。表 5-4 中第二列显示了生育二孩对中等收入组的长短期影响。从短期看，在生育当年，中等收入组的家庭净收入减少了约 30%，说明短期负效应十分显著。更为严重的是，生育后一年的负效应不减反增，家庭净收入下降高达 30.8%。不论是低收入组还是高收入组，生育后一年的负效应都小于生育当年。仅有中等收入组在生育后一年，家庭经济受到的冲击比生育当年还要强。从长期看，生育后三年家庭净收入下降 20.4%，生育后五年下降比率仍为 17.7%，作用程度居高不下，而且远高于低收入和高收入组，"二孩生育陷阱"极为严重。中等收入阶层更加注重子女的"质量"问题，家庭支出不仅包括节节攀升的教育、医疗和住房等直接成本，还包括为养育孩子可能导致夫妻一方失去部分或者全部工作的间接成本。这些滚雪球式的费用账单让中等收入阶层的经济压力与日俱增，不得不抑制二孩生育需求。同时，中等收入阶层表现出的弱质性也不利于形成良性社会结构。相比而言，生育二孩使中等收入阶层陷入了极为纠结的境地。中等收入家庭为了提高子女的"质量"，需要承受巨大的经济压力。经济上的累积负效应成为制约他们二孩生育需求最现实的瓶颈，货币支出和时间成本成为中等收入阶层难以跨越的藩篱，生育二孩对家庭收入的负面影响最为显著，全面二孩政策的效应并未得到释放。

　　第三，高收入阶层拥有强大的社会资源和经济资本，如果生育二孩对高收入阶层的经济水平影响甚小或者没有影响，那么就会强化其与中低收入阶层的贫富差距，强者愈强、弱者愈弱，势必冲击和扭曲阶层结构的正常发育。从表 5-4 可知，不论是生育当年或生育后一年的短期效应，还是生育后三年的长期影响，基本没有对高收入群体的家庭净收入产生负向作用。高收入阶层拥有充足的物质资源，生育二孩增加的货币支出并不会影响家庭原本的收入水平和生活水准，即使有所下降，程度也极为有限，高收入阶层基本不存在生育二孩对家庭收入的负面效应。高收入阶层经济条件优渥，完全能够负担生育二孩所带来的经济支出，基本不存在"二孩生育陷阱"。与中低收入阶层相比，高收入阶层拥有更多的生育权利进行选择，生育需求没有被抑制。阶层之间在生育二孩权利上缺乏公平性和公正性，势必加深阶层隔阂、加剧社会冲突。

生育二孩对家庭收入影响的负向影响按照从小到大依次为：高收入阶层、低收入阶层和中等收入阶层。二孩的生育意愿在不同收入阶层之间存在差异，生育二孩在一定程度上带有阶层歧视的色彩，成为阶层矛盾又一个新的生动注脚。

表 5-4   不同收入群体生育二孩的影响分析

净收入（对数）	低收入群体 （Q25）	中等收入群体 （Q50）	高收入群体 （Q75）
生育前一年	-0.198*** （0.098）	-0.109*** （0.087）	-0.042*** （0.077）
生育当年	**-0.355*** （0.025）**	**-0.297*** （0.021）**	-0.056*** （0.065）
生育后一年	-0.281*** （0.017）	**-0.308*** （0.015）**	-0.053*** （0.038）
生育后三年	-0.073*** （0.107）	-0.204*** （0.097）	-0.023*** （0.084）
生育后五年	-0.038*** （0.039）	-0.177*** （0.043）	-0.011*** （0.054）
控制变量	Yes	Yes	Yes
F-stat	0.44	0.43	0.51
样本量	686	671	654

注：弱工具变量检验（F-stat）以残差密度为权重的生育变量与工具变量相关系数，下同。

二、稳健性检验

由现有文献关于生育影响不同收入阶层二孩家庭收入水平的机理分析以及理论模型可知，低、中和高收入阶层生育决策的主要机制在于宏观的生育供给政策和微观家庭的生育需求两个方面。其中，宏观的生育供给主要体现在社会抚养成本方面，是一个外生变量，而微观的家庭生育需求主要取决于家庭的经济状况，是本章研究的重要内容。基于此，本部分拟从全分位和家庭总收入两个视角验证生育与收入水平的作用机制。

（一）全分位数回归

为保证结论的可靠性和稳健性，基于不同视角检验实证结果：（1）使用全分位数回归检验模型系数的可靠性；（2）将家庭总收入水平作为被解释变量，构建模型进行稳健性检验。

上述分位数分析结果仅是基于 0.25，0.50 和 0.75 三个分位点，尽管在一定程度上刻画了低、中、高三个收入阶层在生育二孩后家庭净收入的变化情况，但仍不能全面、细致地揭示生育二孩对家庭收入的作用机理及变化趋势。因此，采用工具变量全分位数回归描述二孩生育变量对不同收入水平家庭净收入影响的演进路径。在图 5-7 中，横轴表示分位数，分位数从 1%至 99%，纵轴表示不同分位数水平下家庭净收入变化的回归系数。整体而言，家庭净收入的变化轨迹从生育前一年的上扬曲线随生育时间逐渐变为生育后五年的平缓曲线。在短期效应中，家庭净收入水平的下降程度由低分位到高分位逐渐变小，总体趋于向上态势，并且在低分位 20%到中等分位 60%的跨度间起伏剧烈，至 70%以上的高分位逐渐平缓。在长期效应中，家庭净收入水平的下降程度由低分位 20%左右的较低水平急剧上升到中分位 50%的较高水平，此后逐渐减小，至 70%高分位后趋于稳定。从结果看，全分位数回归的分析结论与前文相同，说明模型的选择及实证结果具有可靠性和稳健性。

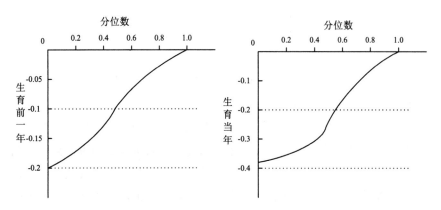

图 5-7（a）　二孩生育前一年全分位回归　　图 5-7（b）　二孩生育当年全分位回归

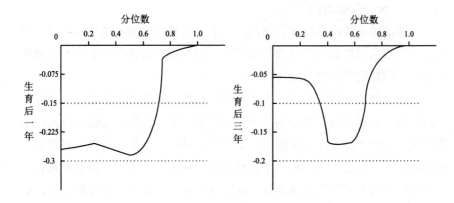

图 5-7（c）　二孩生育后一年全分位回归　图 5-7（d）　二孩生育后三年全分位回归

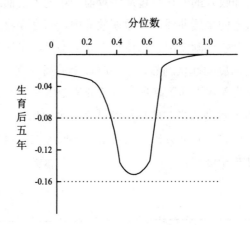

图 5-7（e）　二孩生育后五年全分位回归系数

（二）家庭总收入回归

对于女性而言，生育二孩不仅造成劳动参与率的显著下降，也会降低参与劳动供给的工作时间和工资水平，家庭总收入可能受到短期甚至长期影响。选择家庭总收入替代前文模型中的被解释变量家庭净收入，同样运用工具变量分位数回归思想构建模型，比较实证结果，检验结论的稳健性（结果见表 5-5）。回归结果和表 5-4 基本一致，佐证了模型的可行性和稳健性。

表 5-5　稳健性检验分位数回归结果

家庭总收入（对数）	低收入群体（Q25）	中等收入群体（Q50）	高收入群体（Q75）
生育前一年	−0.185***	−0.100***	−0.039***
	（0.078）	（0.094）	（0.082）
生育当年	−0.331***	−0.283***	−0.048***
	（0.037）	（0.029）	（0.072）
生育后一年	−0.265***	−0.285***	−0.051***
	（0.017）	（0.015）	（0.038）
生育后三年	−0.065***	−0.188***	−0.020***
	（0.992）	（0.117）	（0.090）
生育后五年	−0.035***	−0.145***	−0.009***
	（0.056）	（0.039）	（0.062）
控制变量	Yes	Yes	Yes
F-stat	0.32	0.31	0.29
样本量	708	711	695

上表的估计结果表明，生育二孩将在不同程度上导致不同收入阶层家庭收入水平的变化。这符合前文所述的理论预期，也与已有研究的结论基本吻合，基于合理的人力资本投资决策机制，家庭更加注重子女的质量而非数量，从而促使微观家庭在宏观的生育政策下做出不同的生育决策，尤其是从不同收入阶层来看，受经济约束的中低收入家庭，生育行为完全受到经济水平的制约，因此更为合理的收入分配结构会促使生育政策发挥更为积极的作用，经济压力可作为影响家庭生育二孩的重要机制。

第六节　本章小结

尽管关于生育与收入水平作用机制的研究较多，但涉及全面二孩政策实施后生育对二孩家庭收入水平如何产生影响的文献却并不多见，尤其是不同收入阶层的研究几乎未见。生育二孩后家庭收入的长短期变化不尽相同，最直观地表现为生育二孩的经济成本导致家庭收入的改变。与此同时，不同收入阶层在负担生育二孩的经济成本上具有不同的承受能力，也直接关系着全面二孩政策实施的阶层异质效果。因此分时期差异考察生育与家庭收入的动态变化、基于不同阶层识别生育二孩的影响程度，具有极其重要的现实意义。

从估计结果看，不论长期还是短期，生育二孩对家庭收入均具有显著的负向影响，以生育当年为例，二孩导致家庭净收入下降 30.2%，显著抑制家庭收入的提升。说明"二孩生育陷阱"的倒"U"形曲线最大值随时间向后移动、随作用程度变大，"二孩生育陷阱"的程度严重，家庭需要承受巨大的经济压力。家庭的生育需求与其养育能力密切相关。在养育能力中，优先考虑的是照料婴幼儿的资源，包括时间资源和经济资源两方面。对于大多生育孩子的家庭，夫妻双方都处于寻求事业发展的时期，极少有人愿意放弃工作将时间投入到养育孩子中。那么，照料孩子的时间究竟由谁"买单"就成为生育是否影响家庭收入的关键。在中国，照料孩子不仅仅涉及一个家庭，可能还需要动员两个父辈家庭。一般而言，家庭的第一个孩子能够得到父辈的帮助，通过父辈时间换自己时间的方式既保证孩子的陪护时间，夫妻双方又能够继续留在劳动力市场。然而，生育二孩时，父辈成员一般年龄都较大，很难同时照看两个孩子。投入时间资源的对象变得相对难寻。如果家庭对雇佣他人的支付能力有限，在经济上入不敷出时，夫妻一方就不得不放弃工作，担负起养育两个孩子的职责。缩水的工资收入和高昂的生育费用需要家庭承受比一孩时期更为长久、更为巨大的经济压力。多生一个孩子，需要付出的成本并不是简单的"1+1=2"式孩子数量的叠加。既要保证二孩数量又不能影响原来的一孩质量，所耗费的机会成本和生育费用是无法计算的数倍关系。总体而言，在考虑时间成本和生育费用的情形下，二孩生育陷阱能够有效解释当前二孩生育需求低迷的现象。

分阶层的异质性分析结果显示，生育二孩的长短期影响及其作用程度在不同收入阶层之间存在巨大差异，导致二孩生育需求也出现不同特征。生育二孩对家庭收入影响的负向影响按照从小到大依次为：高收入阶层、低收入阶层和中等收入阶层。（1）高收入阶层拥有充足的物质资源，生育二孩增加的货币支出并不会影响家庭原本的收入水平和生活水准，即使有所下降，程度也极为有限，高收入阶层基本不存在生育二孩对家庭收入的负面效应。（2）低收入阶层的生活水准相对较低，需负担生育二孩的必要费用，机会成本损失的代价也相对较小，生育二孩对低收入阶层的收入影响并不显著。不同的生育标准降低甚至弥补了影响机制对高、低两端阶层家庭收入的负面效应。（3）相比而言，生育二孩使中等收入阶层陷入了极为纠结的境地。中等收入家庭为了提高子女的"质量"，需要承受巨大的经济压力。经济上的累积负效应成为制约他们二孩生育需求最现实的瓶颈，货币支出和时间成本成为中等收入阶层难以跨越的藩篱，生育二孩对家庭收入的负面影响最为显著。全面二孩政策的效应并未得到释放，负面作用程度在不同收入阶层之间存在差异。

第六章　全面二孩政策的动态经济影响：
代内收入流动性

2020 年《国家"十四五"规划纲要》指出，中国正处于轻度老龄化社会，但少子化、老龄化速度明显快于发达国家水平。为应对这一问题，中国接连出台全面二孩、三孩生育一系列鼓励性生育政策及配套措施以缓解人口红利消失所带来的发展约束。然而，人口生育率的提高，除了与生育政策放松后的生育意愿变动有关，还与真正转化为生育决策的实际生育水平紧密相连（李子联，2016）。如前所述，全面二孩政策实施后育龄家庭的二孩理想生育意愿高于实际生育水平，也就是说，存在大量有二孩生育意愿却未生育的家庭，他们被动地受到制约导致想生而不敢生或是不能生。2020 年全国妇联发布的调查报告显示，二孩生育后产生的经济负担是影响实际生育水平的首要因素。这里的经济负担不仅包括二孩生育意愿对收入水平的静态作用，还有其对动态的代际流动的长远影响。然而，后者往往隐藏在备受关注的生育政策和收入不平等背后而被忽略。收入流动性（Income Mobility）为刻画生育二孩前后家庭经济地位的变化提供了研究框架。那么，生育如何影响收入流动性？实际上，收入流动性由两部分组成：代内流动性和代际流动性。本章侧重研究生育与代内收入流动性，下一章则重点分析生育与代际收入流动性。

代内收入流动性旨在研究同一个体不同时期在整个群体中收入相对位置的变化（Friedman，1962；臧微等，2016）。本章利用代内收入转换矩阵和相应的测度指标，得到生育二孩后家庭代内流动性的长短期变化及异质性特征，在影响因素层面上通过控制其他影响代内收入流动性的可能因素，系统分析生育二孩对中国居民家庭收入流动性的影响。研究设计如下：首先，梳理代内收入流动性的收入转换矩阵、相对和绝对测度方法，并对这些方法进行总结归纳；其次，遵循从短期到长期的逻辑思路，采用 2016—2019 年的调研数据，得到不同时期二孩家庭收入所处地位的变动情况，构建收入转换矩阵和相应的测度指标，考察生育二孩后家庭代内收入流动性的长短期变化；再次，针对中国收入不平等和地域幅员辽阔的现实，结合收入阶层、城乡以及地域三个方面做异质性分析；最后，根据生育二孩对代内收入流动性的产生机制进行经验验证，识别二者的因果关联。

第一节　测度方法

针对生育二孩后家庭代内收入流动性的动态变化，本节尝试采用不同的收入流动性测度予以解析。梳理代内收入流动性的测度方法，以收入流动性数值大小为基础展开，普遍使用转换矩阵构建代内收入转换矩阵，并基于矩阵中的元素测度代内流动的水平和结构指标。从微观层面考察生育二孩后代内收入流动性的测度结果、动态变化以及群体特征，从而判断流动趋势。

一、收入转换矩阵

代内收入流动性的测度是建立在直觉意义上的，侧重研究两期收入的相关程度，相关程度越高，收入流动性越小。典型测度方法是计算两期收入的相关系数，但相关系数无法测度收入位置的变动方向以及流动幅度，同时，它对无关的观测值过于敏感。随着测度方法的不断发展和演进，代内收入流动性基础测度方法——收入转换矩阵由此产生，转换矩阵不仅克服了直觉度量的不稳定性，并为进一步测度代内收入流动性提供了坚实的基础。

1955 年普雷斯（Prais）最早运用转换矩阵分析收入流动性，考察特定个体在不同时期所对应的收入位置的动态变化，进而准确测度特定个体的收入流动性。核心思想是考察初始年处于某一收入组的个体在终止年转向其他收入组的概率，该方法不仅能够揭示收入流动的方向，还能测度流动的程度。

Atkinson，Bourguignon，Morrison（1992）将转换矩阵定义为：

$$P(x,y)=\left[p_{ij}(x,y)\right]\in R_+^{m\times m} \qquad (6-1)$$

其中，x 表示某一个体的初期收入，y 表示该个体的末期收入；$p_{ij}(x,y)$ 表示个体在 t 期的分配 x 中第 i 类收入水平向 $(t+1)$ 期分配 y 中第 j 类收入水平转移的百分比，按照个体收入从低到高的序位进行排列，将个体划分为不同等级，i、j分别表示个体所处的等级（i，$j=1$, 2, …, m），m是级数，通常 m=5 或 10。转换矩阵元素的计算方法为：

假设收入生成机制 x、y 均存在有限一阶矩，x、y 分别按照分位数划分为 m 个收入等级：$0<\zeta_1<\zeta_2<\cdots<\zeta_{m-1}<\infty$ 和 $0<\xi_1<\xi_2<\cdots<\xi_{m-1}<\infty$（假设最低收入等级为 $\hat{\zeta}_0=\hat{\xi}_0=0$，而最高收入等级为 $\hat{\zeta}_m=\hat{\xi}_m=\infty$），则转换矩阵 $P(x,y)=\left[p_{ij}(x,y)\right]$ 中元素 $p_{ij}(x,y)$，表示初期位于第 i 等级的个体在末期转向第 j 等级的的条件概率为：

$$p_{ij}=\frac{\Pr\left(\zeta_{i-1}\le x<\zeta_i \text{且} \xi_{j-1}<y<\xi_j\right)}{\Pr\left(\zeta_{i-1}\le x<\zeta_i\right)} \tag{6-2}$$

在有限样本条件下，上式的经验估计式为：

$$\hat{p}_{ij}=\frac{(1/n)\sum_{i=1}^n I\left(\hat{\zeta}_{i-1}\le x<\zeta_i \text{且} \hat{\xi}_{j-1}<y<\hat{\xi}_j\right)}{(1/n)\sum_{i=1}^n I\left(\hat{\zeta}_{i-1}\le x<\zeta_i\right)} \tag{6-3}$$

即 $p_{ij}(x,y)$ 为条件概率，表示某个体从收入分配向量 x 中的 i 级别变动到收入分配向量 y 中的 j 级别的可能性。其中，函数 $I(\cdot)$ 为指示函数，当指示函数满足条件时，其值为 1，反之为 0。

利用双随机矩阵表示的转换矩阵有 4 个特点：一是双随机矩阵中的每个元素都代表着个体在不同时期收入等级变化的概率，故取值均在 0 与 1 之间；二是由双随机矩阵的定义可知，矩阵的每行总和或每列总和均为 1；三是矩阵主对角线上的元素表示个体在两期内均处于同一收入等级的可能性，数值越小说明收入流动性越大；四是矩阵的假设条件要求 $(t+1)$ 期取值仅取决于 t 期，与其他历史时期不相关，即满足一阶马尔科夫条件。

为了更形象地理解收入转换矩阵，以五分位分组的转换矩阵为例来进行说明，收入转化矩阵如下：

表 6-1 收入转化的五分位矩阵

时间		（t+1）期的位置				
（t）期的位置		1	2	3	4	5
	1	0.4	0.3	0.1	0.0	0.2
	2	0.3	0.3	0.2	0.1	0.1

续表

时间	(t+1) 期的位置				
（t）期的 位置	3	0.2	0.2	0.4	0.1	0.1
	4	0.1	0.1	0.2	0.4	0.2
	5	0.0	0.1	0.1	0.4	0.4

在表 6-1 矩阵中，$p_{11} = 0.4$ 表示 t 时期处于低收入阶层的人群中在 $(t+1)$ 期仍然处于低收入阶层的人口比例是 40%，换言之，处于低收入阶层的人群中有 60% 的人口在 $(t+1)$ 期升入了较高的收入阶层。同理，$p_{51} = 0$ 表示的是上一期富裕的全部人口在本期没有跌入最贫困的人群中。类推，矩阵中的其他元素都具有类似的含义。

二、测度指标

收入转换矩阵不仅可以直接通过矩阵中的各元素获得收入流动性程度的一些信息，还可以基于这些信息计算一系列反映流动性水平的指标，通过这些统计指标能够更加直观地研究收入流动性的特点。目前较为常用的统计指标有惯性率、亚惯性率、平均阶差、向上流动和向下流动概率等。

（一）惯性率

惯性率度量的是收入转换矩阵中 t 时期处于某收入等级的群体中在 $(t+1)$ 期仍然处于该收入等级的人口比例，是收入转换矩阵主对角线的元素加总后的算术平均值，即 $\frac{1}{n}\sum_{j=1}^{n} p_{jj}$。该指标反映维持原状个体的平均比例，数值越小代表流动性越大。在表 6-1 中，惯性率是：

$$\frac{1}{5} \times (0.4 + 0.3 + 0.4 + 0.4 + 0.4) = 0.38$$

惯性率为 0.38 意味着有 38% 的个体在两期内收入地位没有发生变化。

（二）亚惯性率

亚惯性率度量的是收入转换矩阵中收入级别较为稳定的个体在整体中所占的比重，包括收入级别中保持不变及仅发生小幅移动的个体比例，计算过程为：首先计算主对角线元素及其上下附近元素（与主对角线平行）

的总和，然后将总和除以收入等级数从而得到亚惯性率，即 $\dfrac{1}{n}\displaystyle\sum_{j=1}^{n}\sum_{k=j-1}^{j+1}p_{jk}$。

在上述的例子中，可以得到亚惯性率为：

$$\frac{1}{5}\times\left[(0.4+0.3)+(0.3+0.3+0.2)+(0.2+0.4+0.1)+(0.2+0.4+0.2)+(0.4+0.4)\right]=0.76$$

亚惯性率为 0.76，意味着有 76% 的个体收入停留在主对角及其相邻项附近的区域中，也就是说，两期之间处于收入地位相对变化的人口比例为 24%。

惯性率和亚惯性率侧重于研究收入转换矩阵的主对角线附近，而对主对角线外移动的程度不敏感。

（三）平均阶差

计算转换矩阵各行的平均阶差可以克服惯性率和亚惯性率的弊端。计算过程为：将同一行各元素离该行主对角线元素的绝对阶距作为权重，将各个权重加总再除以收入等级数进而得到平均阶差，表达形式为：

$\dfrac{1}{n}\displaystyle\sum_{j=1}^{n}\sum_{k=1}^{n}(|j-k|)p_{jk}$，它反映了总体的流动程度。该形式计算的数值越大，意味着具有更高的收入流动性。在表 6-1 矩阵中，从第一行得到的平均阶差为：$[0.3\times1+0.1\times2+0.0\times3+0.2\times4]/5$。再加上其他行的类似项，可以得到 1.0 的值。

此外，基于转换矩阵还衍生出很多统计指标，例如国际上惯用卡方指数、M（P）指数以及 Alcalde 等（2006）构造的流动性测度族等。

（四）向上流动和向下流动概率

向上流动概率是指收入转换矩阵的上三角元素之和，而向下流动概率是指收入转换矩阵的下三角元素之和，如果向上流动概率大于向下流动概率，则说明收入流动性能够改善经济体中多数人的经济地位，反之则表示多数人经济地位的固化或恶化。

作为收入流动性测度的核心，转换矩阵对收入流动性测度的发展起着重要的推动作用，是收入流动性公理化方法开始的重要基石（王朝明等，2008）。同时，在众多收入流动性测度方法中，转换矩阵也是争议最少、使用最广泛的测度方法。正如 Fields（2005）所说，在迄今发展出来的 6 种最主要的收入流动性测度方式中，三种是基于转换矩阵构造出来的：非时间依赖测度方式、位置变动测度方式、份额变动测度方式。

作为测度收入流动性的常规方法，收入转换矩阵也具有局限性：

第一，收入转换矩阵测度的是不同收入等级的个体流动状况，而不考虑同一收入等级内部的流动性。这就意味着只有收入位置变动的幅度使得其能够进入其他收入等级时，才会在收入转换矩阵中出现收入流动性。然而，若某一个体或家庭收入位置的变动幅度虽然没有达到能跨越其他收入等级的程度，但在原收入等级发生了很大的变动，这种情况下也不会在收入转换矩阵中出现收入流动的现象。例如，假设一个社会中存在 100 个家庭，将其按照收入水平从低到高依次排列并分为 5 个收入等级，每组由 20 个家庭组成，当处于低收入阶层的某一个家庭的收入水平在一段时期内发生了显著提高，收入位置从原来的第一位上升至第十九位，收入变动程度极大，但由于只是发生在原收入等级内部的变动，是无法在收入转换矩阵中体现出来的。相对的，若该家庭原来处于第十九位，收入水平的小幅增长使之上升至第二十一位，虽然收入变动程度极小，但由于跨越至上一收入等级，这种收入流动就出现在收入转换矩阵中。收入转换矩阵忽视组内的收入变动，必然会对相对收入流动性的测度结果产生影响。第二，收入等级的多少，在一定程度上决定了基于转换矩阵测度的收入流动性程度的高低。收入分组越细，越能体现出收入流动性的真正情况，相反，收入分组越粗，越无法揭示收入流动性，造成一定程度上的失真。

鉴于收入转换矩阵这一经典方法在相对收入流动性应用中的普遍性，本书仍选择收入转换矩阵作为主要研究工具测度收入流动性，并将基于收入转换矩阵得到的统计指标作为补充分析以便进行更深入的研究。

三、公理化方法

（一）相对主义测度

相对主义测度研究的是同一个体或群体不同时期的收入在整个群体中收入相对位置（或收入排名）的变化，著名经济学家熊彼特有一个形象的比喻，他将收入水平比作是一个宾馆，不同的收入水平代表着不同的等级或质量的房间，旅客们住在不同质量的房间里，当产生相对意义上的收入流动性时，旅客们就会在不同质量的房间之间互相搬动。

1. 基本公理化假设

Shorrocks（1978）认为基于转换矩阵所衍生的统计指标需要满足以下

6 个公理[①]：

(N) 标准化：$0 \leq M(P) \leq 1$，对于所有 $P \in$ P。流动性指标的取值被限定在 0 与 1 之间。

(M) 单调性：当 $P > P'$ 时，$M(P) > M(P')$。此公理意味着，若一个矩阵中的任何非对角线元素的值均不大于另一个矩阵，则说明前者的收入流动性要小于后者。

(I) 不流动性：当 P 是单位矩阵时，$M(P) = 0$。

不流动性与 Shorrocks（1978）提出的时间依赖的概念有关。具体而言，时间依赖的概念认为个人或家庭过去的福利是衡量现在福利的决定性因素。当一个社会中所有个体或家庭的福利完全取决于过去的福利，也就是说所有个体或家庭的收入等级在两期内都没有发生变化，(t+1)期的收入等级完全取决于 t 期时，则将该情形称之为完全的时间依赖，也叫无流动性。此时的收入转换矩阵是一个对角线元素都为 1，其他元素都为 0 的单位阵。在这种情况下，收入分配状况与时间紧密相关，具有时间的依赖性。一个社会的收入分配与这种情况的矩阵越接近，社会的分配越缺乏流动性。

$$P_1 = \begin{pmatrix} 1 & 0 & 0 & 0 & 0 \\ 0 & 1 & 0 & 0 & 0 \\ 0 & 0 & 1 & 0 & 0 \\ 0 & 0 & 0 & 1 & 0 \\ 0 & 0 & 0 & 0 & 1 \end{pmatrix}$$

(PM) 完全流动性：当 P 各行都相同时，$M(P) = 1$。

完全收入流动的概念涉及非时间依赖，是指当期所有个体或家庭现在的收入等级与过去完全不相关，即在(t+1)期所有个体或家庭所处的收入等级与起点(t 期)无关。一个社会的收入转换矩阵与完全非时间依赖情况下的矩阵越接近，社会的分配越富于流动性。

(PC) 期间一致性：任何时间间隔的收入转换矩阵通过幂次方的变换后均可进行流动性大小的比较，具体地说，若收入转换矩阵 P 来自第 i 期到第 i+1 期的收入流动，收入转换矩阵 P^k 来自第 i 期到第 i+k 期的收入流动，那么 P^k 所计算出的收入流动指标值是 P 的 k 次方。即对于所有的整数 k

① Shorrocks, A.F., (1978a). "The measurement of mobility". Econometrica 46, 1013 – 1024.

（时期间隔，$k \geq 1$），如果 $M(P) \geq M(Q)$，那么 $M(P^k) \geq M(Q^k)$ 也成立。

（PI）期间不变性（Period Invariance）：$M(P;T) = M(P^k;kT)$，$k \geq 1$。其中，T 是时间间隔，收入矩阵 P 来自第 i 期到第 i+T 期的收入流动，收入矩阵 P^k 来自第 i 期到第 i+kT 期的收入流动，由等式可知，在 P 及 T 下得到的收入流动性指标与 k 期后的指标相等，由此，P^k 取代 P，而 kT 取代 T。

2. 测度指标

基于上述 6 个公理化假设，沙洛克（Shorrocks）给出了收入流动性指标：

$$M(P) = \frac{m - trace(P)}{m-1} = \frac{m - \sum_{i=1}^{m} p_{ii}}{m-1} \qquad (6-4)$$

其中，m 表示收入等级数，trace（p）代表收入转换矩阵的迹，即转换矩阵对角线元素的总和。转换矩阵迹的大小是收入流动性指标的决定因素，迹越大，说明两期都处于原收入等级的概率越大，指标值也就越小，故整体收入流动性的程度越高。当矩阵的迹等于 1 时，表示此时的收入分布处于完全流动状况，则 $M(P) = (m-1)/(m-1) = 1$，满足公理化假设的完全流动性；当迹为 m 时，表示此时的收入分布处于完全不流动状态，则 $M(P) = (m-m)/(m-1) = 0$ 满足公理化假设的完全流动性。

此外，学者们在该指标的基础上还创造了一系列与之意义相似的指标以及测度族，丰富了相对主义在流动性指标上的研究发展。

公理化方法是相对主义测度最有意义的尝试，所得到 Shorrocks 流动指标在实践中也得到了广泛应用。不过遗憾的是，该公理方法尚有许多值得商榷的地方。第一，公理化假设之间相互矛盾。例如，如果增大完全流动矩阵中非对角元素的值，那么总和必然会超过 1，无疑与标准化公理不符，另外在标准化、完全流动性与单调性公理之间存在明显的矛盾，如两个二分位数矩阵：

$$\begin{pmatrix} 1/2 & 1/2 \\ 1/2 & 1/2 \end{pmatrix} \text{与} \begin{pmatrix} 1 & 0 \\ 0 & 1 \end{pmatrix}$$

根据（PM）完全流动性公理，前者的收入流动性大于后者；但由（M）单调性公理可知，前者的收入流动性又小于后者，显然存在矛盾。第二，公理化方法的所有指标都是基于转换矩阵得到的，并不能提出直接通过收入水平本身来测度收入流动性的指标体系。在计算收入流动性时，要将原始收入信息转化成转换矩阵，必然导致信息的损失。

（二）绝对主义测度

与相对主义测度方式相对应的是绝对主义测度方式，只要收入在不同时期发生变动就会产生收入流动。收入流动性应该是同一个体或群体的收入在不同时期发生的定向或不定向的变动。借用熊彼特的"宾馆"比喻，范力等（2010）认为这就相当于旅客房间不变的条件下，宾馆整体质量的变动。因此，收入流动性是一个绝对存在的概念。

1. 基本公理化假设

在 1996 年，菲尔茨在其著名的论文中，构造了一个基于绝对测度的距离函数，并认为距离函数需要满足以下 7 个公理化假设：

（W）标准化：$d_1(1,0) = d_1(0,1) = 1$。假设仅有一人的社会中，收入分布（水平）1 到收入分布（水平）0 的距离与收入分布（水平）0 到收入分布（水平）1 的距离相等，并且均为 1。

（TI）转换不变性：$d_n(x,y) = d_n(x+\alpha I_n, y+\alpha I_n)$，其中，$\alpha$ 满足 $x+\alpha I_n$，$y+\alpha I_n \in R_+^n$，而 $I_n = (1,\cdots,1) \in R^n$。当两个收入分布中同时加上同一收入水平分量，其距离值保持不变，这说明了距离测度的线性性质。

（LH）线性齐次性：$\lambda d_n(x,y) = d_n(\lambda x, \lambda y)$，对于任意 $\lambda > 0$，两个收入分布同时增大 λ 倍后的距离测度与未增大前的 λ 倍距离测度相等，体现了距离测度绝对数量的性质。

（SD）强可分解性：对于所有 $n \geq 2$，x^i，$y^i \in R_+^{n_i}$，$i = 1,2$，且 $n_1 + n_2 = n$，有：$d_n(x,y) = F_n\left[d_{n_1}(x^1,y^1), d_{n_2}(x^2,y^2)\right]$，对于某些对称的、非零且连续的：$F_n : R_+^n \to R_+$。一个距离函数可以分解为两个距离函数的总和，该公理体现了距离测度的分解性质。

（WD）弱可分解性：$d_n(x,y) = G_n\left[d_1(x_1,y_2),\cdots,d_1(x_n,y_n)\right]$，其中，$n \geq 2$，$G_n : R_+^n \to R_+$ 为某些对称、非零、严格递增且连续的函数。一个"大距离"可以分解为有限个"小距离"的总和。该公理体现了特定距离函数的可加性和可分性。

（PC）总体一致性：$d_{n-1}(x,y) = d_{n-2}(z,w)$ 意味着 $d_n\left[(x,a),(y,b)\right] =$

$d_{n-1}\left[(z,a),(w,b)\right]$。对于 $n \geq 3$，$x,y\in R_+^{n-1}$，$z,w\in R_+^{n-2}$ 和 $a,b \geq 0$。基于总体视角下，如果两个距离函数相等，那么向其各自加入两个新个体收入后，距离函数仍相等，也就是说，总体下的个体众多，加入距离函数并不会对总体数值产生实质性影响。该公理体现了距离函数测度的一致性。

（GS）增长敏感性：令 $n \geq 1$ 且 $x,y,z,w\in R_+^n$。如果对于任意 k，$1 \leq k \leq n$，都有 $d_n(x,y) - d_n\left[x,(x_1,y_2,\cdots,y_n)\right] = d_n(z,w) - d_n\left[z,(z_1,w_2,\cdots,w_n)\right]$，对于所有 $j \neq k$，并且，$d_1(x_k,y_k) \neq d_1(z_k,w_k)$，那么，$d_n(x,y) \neq d_n(z,w)$ 由弱可分解性假设可知，反映 n 个个体收入分布的距离函数可以分解为 n 个只包含 1 个个体的收入分布的距离函数之和。如果将两个相等的距离函数各自分解为若干个"小距离函数"，只要出现一对"小距离"不相等，那么这两个距离函数就不再相等。菲尔茨曾经说过，"如果相等加上不等，则结果不再相等"。说明在收入分布中，个体收入水平引发的差异性也会导致收入流动性发生变化。

（IC）利己主义贡献：对于任意 $n \geq 2$ 和 $x,y,z,w\in R_+^n$，都有 $x_1 = z_1$，$y_1 = w_1$ 和 $d_n(x,y) - d_n\left[x,(x_1,y_2,\cdots,y_n)\right] = d_n(z,w) - d_n\left[z,(z_1,w_2,\cdots,w_n)\right]$ 成立。

对于两个社会的不同收入分布模式而言，同样数量的个体或家庭收入等级变动能够产生相同的流动性变化，即任何个人或家庭的收入等级变动对总体流动性的边际贡献独立于该等级内其他个人或家庭的收入流动性。

2．测度指标

第一，欧式距离函数。在前述公理化假设的基础上，菲尔茨定义了的欧氏距离函数为：

$$d_n(x,y) = \left(\sum_{j=1}^n \left|x_j - y_j\right|^\alpha\right)^{1/\alpha}, \quad \text{对于所有 } x,y\in R_+^n \qquad (6\text{-}5)$$

在上式中，M（x,y）为绝对收入流动性指标，n 为个体或家庭样本数量，x_j 和 y_j 分别为第 j 个家庭在初始年和终止年的收入水平。这个指标考虑了个人或家庭收入绝对水平的变动。这个指标考虑了每一个家庭或个人的收入绝对水平的变动。该指标越小，代表绝对收入流动性越小。该距离函数是个较为典型的欧氏距离。

沿着绝对主义测度的发展视角，学者们在欧氏距离函数的基础上进一步拓展，得到了更多的测度指标。

第二，线性绝对距离函数。当 $\alpha = 1$，Fields 和 Ok（1996）构造了一个特殊的线性绝对距离函数：

$$d_n(x,y) = \sum_{j=1}^{n} |x_j - y_j|, \quad \forall x, y \in R_+^n \tag{6-6}$$

第三，两参数 (α, γ) 距离函数。Mitra 和 Ok（1998）通过乘法的形式引进了另一个参数 γ，构造的两参数 (α, γ) 距离函数为：

$$d_n(x,y) = \gamma \left(\sum_{j=1}^{n} |x_j - y_j|^{\alpha} \right)^{1/\alpha} \tag{6-7}$$

该距离函数规定，距离函数的基本特征由两个重要参数 α 与 γ 决定。

第四，收入移动测度（Income Movement Measure）。遵循绝对收入流动性的路线，基于社会福利函数，菲尔茨又提出了收入移动测度指标，用以考察收入分布的定向变动。社会福利函数满足绝对收入流动性的 4 个公理化假设：规模不变性（Scale Invariance）、对称性（Symmetry）、子群体可分解性（Subgroup Decomposability）与倍增路径可分离性（Multiplicative Path Separability）。表达式为：

$$U^{\sigma}(a) \equiv \begin{cases} \dfrac{a^{1-\sigma}}{1-\sigma}, 0 \le \sigma \ne 1 \\ \log a, \sigma = 1 \end{cases} \quad \text{对于所有 } a > 0 \tag{6-8}$$

假设一个社会福利函数与个人福利函数之和相等，即实用主义的可加总性，那么距离函数可表示为：

$$m_n^{\sigma}(x,y) \equiv \frac{1}{n} \sum_{i=1}^{n} |U^{\sigma}(y_i) - U^{\sigma}(x_i)|, \quad \text{对于所有 } x, y \in R_{++}^n, \text{ 且 } n \ge 1 \tag{6-9}$$

总体而言，绝对收入流动性测度方式研究的焦点是同一个体或群体的收入在不同时期发生的定向或不定向的变动，该方法改进了相对测度无法分析组内流动性的不足，但由于绝对测度只关注个体或家庭收入水平相对于初始位置的绝对偏移数量的大小，并未考虑个体或家庭收入等级的相对变动，必然导致绝对主义测度的相关指标不能有效地测度长期收入分布问题。

（三）相对主义与绝对主义测度的比较

相对主义测度与绝对主义测度在研究对象和测度指标上都存在着较大差别，二者从不同的角度对收入流动性测度进行了演绎。第一，从研究对象上看，相对主义测度更加侧重不同个体或家庭收入组两期之间收入位置的变动情况及其变动幅度，通过体现某一个体或家庭的收入水平在长期内发生的相对变动，更加深入地了解不同收入等级的个体或家庭在收入位置上的动态演进以及收入位置变动对改善长期不平等的可能性。然而相对主义测度没有考虑到经济增长或萎缩所引起的收入水平的绝对变动；绝对主义测度关注于个体或家庭收入组两期收入水平的波动大小，更加侧重研究收入的水平变动以及绝对距离的大小，同时引进了经济增长因素，而无视收入变动的方向，这显然偏离了经济学家在公理化过程中测量收入流动性的初衷。第二，从测度指标上看，相对主义的流动性测度值自身并不代表太大意义，通过标准化可变为 1，如 Shorrocks 流动性指标；对于绝对收入流动性测度指标，大多基于欧氏距离衍生而来，对距离函数的线性赋值要求要高，不同的要求可能会使得收入流动性产生差异。

相对主义测度与绝对主义测度都属于公理方法的范畴，虽然二者的研究视角不同，但不可否认的，在收入地位发生相对变动的同时，必然伴随着绝对收入水平的变动。并且这两种测度指标大都是以转换矩阵为基础进行研究的，这些都表明了相对收入流动性和绝对收入流动性之间密不可分的关系。

第二节　实证测度

一、数据

本部分的研究焦点是生育二孩对家庭代内收入流动性的影响，希望探究以家庭为单位的居民收入地位的动态演化，因此使用 2016—2019 年生育二孩的微观数据，通过对中国二孩家庭追踪调查，反映生育二孩后家庭经济状况的发展过程。收入指标选取人均家庭纯收入（Net Family Income Per Capita）反映代内收入流动性变动。分别根据 2015 年全国物价水平为基数，通过计算通货膨胀率对名义收入进行平减处理[①]。人均家庭纯收入的

---

① 物价指数源于《中国统计年鉴 2015》，第 215 页。

表达式为：

$$eq\_inc_{it} = tot\_inc_{it} / (adult_{it} + minor/2) \quad (6\text{-}10)$$

其中 eq_inc_{it} 表示人均家庭纯收入，tot_inc_{it} 表示家庭年度纯收入，$adult$ 表示家庭劳动力人数，选取 15～65 周岁之间的家庭成员作为家庭劳动力，$minor$ 表示家庭非劳动力人数，即老人和儿童，i 表示家庭，t 表示年份。

在时间维度上，通过微观数据的 4 个时点、3 个时段，得到短期和长期收入转换矩阵。具体而言，4 个时点分别是生育前一年、生育当年、生育后一年、生育后三年。短期转换矩阵由生育前一年与生育当年构成，长期转换矩阵由生育当年与生育后三年构成。在全国区域的划分上，根据经济发展水平方式将调研样本的 4 个省份划分为如下 4 个区域：东部地区的样本省份是广东，中部地区的样本省份是河南，西部地区的样本省份是贵州，东北部地区的样本省份是吉林。

二、测度结果

本节按家庭纯收入由低到高平均分成 5 等分，得到转换矩阵。定义底层为低收入阶层；第二层为次低收入阶层；第三层为中等收入阶层；第四层为次高收入阶层；顶层为高收入阶层。这种划分方式能够有效避免研究结果对极端值的过度敏感，保证结论的稳健性。为了考察生育二孩后家庭收入所处地位的长短期动态演化，分别测度代内收入流动性的水平和结构指标，探讨代内收入流动性的变动趋势和波动状况。

采用人均家庭纯收入衡量二孩家庭代内收入流动性的水平变化，分别得到短期和长期的收入转换矩阵及其相应指标。其中，借助惯性率、亚惯性率、平均阶差等相对主义测度指标，分析代内收入流动性的水平变化，使用向上流动比率、向下流动比率和向上/向下流动比率等指标，衡量代内收入流动性的结构变化，两者的综合表现能够反映二孩家庭代内收入流动性的整体变化情况，结果见表 6-2 和表 6-3。

表6-2 二孩家庭收入转换矩阵

短期收入流动性矩阵						长期收入流动性矩阵					
时间	生育当年					时间	生育后三年				
	1	2	3	4	5		1	2	3	4	5
生育前一年 1	0.425	0.277	0.106	0.098	0.094	生育当年 1	0.496	0.143	0.228	0.072	0.061
2	0.239	0.376	0.183	0.107	0.095	2	0.223	0.311	0.285	0.105	0.076
3	0.167	0.227	0.314	0.185	0.107	3	0.139	0.353	0.288	0.123	0.097
4	0.094	0.108	0.204	0.381	0.213	4	0.076	0.096	0.097	0.471	0.260
5	0.075	0.012	0.193	0.229	0.491	5	0.066	0.097	0.102	0.229	0.506

表6-3 二孩家庭收入流动性指标

时段	水平分析			结构分析		
	惯性率	亚惯性率	平均阶差	向上流动比率	向下流动比率	向上/向下流动比率
短期（前一年—当年）	0.397	0.749	0.981	1.465	1.548	0.946
长期（当年—后三年）	0.414	0.757	0.944	1.450	1.478	0.981

（一）水平分析

从时间维度看，代内收入流动性水平从短期到长期逐步恶化，不论是惯性率、亚惯性率还是平均阶差指标，都体现了二孩家庭收入地位的僵化或下降。以惯性率为例，短期惯性率为0.397，长期惯性率增至0.414，收入地位逐步固化，收入流动性恶化程度加深。

短期来看，二孩的出生导致家庭货币收入的减少和支出的增加，是降低家庭收入流动性的直接因素。一方面，二孩的到来会重新配置家庭成员的时间资源，需要增加家庭的时间投入，减少工作的时间，不利于家庭成员的职业发展。尤其是作为生育载体的女性，既要在劳动就业和事业发展中参与激烈的社会竞争，又要投入大量时间承担育儿的职责。事业上的弱势地位和家庭中的重要责任，导致女性不得不面临事业的下降或中止，货币收入水平也随之大打折扣。另一方面，二孩出生的货币支出源于婴儿时期的基本生活支出以及生育及婴幼儿的医药费用，货币支出是客观上降低家庭收入流动性的直接因素。

　　长期来看，生育二孩带来的机会成本及货币支出是约束代内收入流动性的主要因素。一方面，当二孩进入育儿机构后，夫妻一方可能重返劳动力市场，另一方也可能为获得更为丰厚的劳动报酬而更加努力工作，在一定程度上对家庭总收入起到正面作用。但现阶段，中国社会化抚养的滞后导致家庭成员仍要面临工作与家庭的两难选择，所需付出的代价不仅仅是时间，还包括连带的职位上升和个人发展等机会成本。另一方面，二孩的养育成本也从基本的生活支出转变为提升"质量"的教育支出和住房等资产支出，支出增长并未放缓，导致二孩家庭的代内收入流动性进一步下降。

　　（二）结构分析

　　不同收入阶层的流动方向存在不同特征。处于底部的低收入阶层仅存在单独的向上流动，考察指标只包括向上比率占比。同理，处于顶部的高收入阶层也仅有向下比率占比。中间三层则可以双向流动，分别包含向上比率占比、向下比率占比和向上/向下比率。从代内收入流动性结构变动看，第一，向上流动比率从短期的 1.465 下降到长期的 1.45，向下流动比率从短期的 1.548 下降到长期的 1.478，两指标的下降比例分别是 1.1 和 4.5，向上流动的下降幅度明显小于向下流动。说明这两段时期二孩家庭收入地位的流动僵化，固化倾向严重，收入流动不利于二孩家庭成员经济地位的提高，并且向上流动的机会小于向下流动，收入流动性的结构特征不理想。第二，短期的向上/向下流动比率为 0.946，长期则升至 0.981。从表面看，虽然数值均小于 1，但趋势是上升的。然而，从指标具体构成看，数值升高仅是由于向上流动的下降幅度小于向下流动，从而造成结构指标（向上/向下流动比率）"向好"的假象。二孩家庭既要增加孩子的"数量"，又要保证孩子的"质量"，需要持续消耗与家庭经济水平相对应的物质储备，增加家庭成员的机会成本，对代内收入流动性具有十分明显的负效应。

　　二孩家庭代内收入流动性的水平和结构指标，表明生育二孩对家庭经济地位的负面影响。生育二孩后，优先考虑的是照料两孩的资源，包括时间资源和经济资源两方面。机会的均等性通过机会成本和货币水平的约束而受到影响。从时间维度看，生育二孩后，长期代内收入流动性的负面效应比短期更显著、更深远。动态的经济地位恶化能够在一定程度上解释现阶段全面二孩政策"遇冷"的原因。增大二孩家庭的代内收入流动性、保持良好的流动结构、增加向上流动的机会，是释放生育政策积极效应不可忽略的重要环节。

第三节　群体特征

本部分将全国层面二孩家庭的长短期收入转换矩阵及测度指标作为参考，考察不同收入阶层、城乡地区和区域之间的群体特征，有助于更深入、更清晰地分析生育二孩后家庭的收入地位动态变化规律。

一、收入阶层

阶层地位的测度具有多维的标准，包括收入、职业、物质财富等指标。但是在这些多维衡量标准中，收入往往被认为是一个能够反映个人社会能力和阶层位置的关键指标，在社会分配制度中，收入成为个人或家庭经济地位的外在表现形式。因此，以收入作为分层依据划分社会阶层地位并产生不同的收入群体，不仅能客观反映二孩家庭代内收入流动性阶层异质性的现实情况，而且对分析中国日益加剧的社会矛盾和冲突有重要作用。

为了测度二孩家庭不同收入阶层的长短期代内收入流动变化，采用各阶层在长短期惯性率、亚惯性率和平均阶差比较收入流动性的水平变化，并将平均惯性率的标准差作为收入阶层流动性波动的衡量依据。使用向上流动比率、向下流动比率和向上/向下流动比率等指标考察代内收入流动性的结构变化，结果见表6-4。为分析动态变化，以惯性率、向上流动比率和向下流动比率分别作为衡量各阶层代内收入流动性的水平和结构变化，以期对不同收入阶层二孩家庭的长短期动态变化得到更加直观的描述（结果见图6-1、图6-2和图6-3）。

表6-4　不同收入阶层长短期代内收入流动性的水平和结构指标

时段	类型	指标	总体	低收入阶层	次低收入阶层	中等收入阶层	次高收入阶层	高收入阶层
短期	水平	惯性率	0.397	0.425	0.376	0.314	0.381	0.491
		亚惯性率	0.749	0.702	0.666	0.606	0.798	0.720
		平均阶差	0.981	1.159	0.921	0.96	0.915	0.951
	结构	向上流动比率	1.465	0.575	0.385	0.292	0.213	—
		向下流动比率	1.548	—	0.239	0.394	0.406	0.509

续表

时段	类型	指标	总体	低收入阶层	次低收入阶层	中等收入阶层	次高收入阶层	高收入阶层
短期	结构	向上/向下比率	0.946	—	1.611	**0.741**	0.525	—
长期	水平	惯性率	0.414	0.496	0.311	0.288	0.471	0.506
		亚惯性率	0.757	0.639	0.819	0.764	0.828	0.735
		平均阶差	0.944	1.059	0.946	0.948	0.777	0.988
	结构	向上流动比率	1.450	0.504	0.466	0.220	0.260	—
		向下流动比率	1.478	—	0.223	**0.492**	0.269	0.494
		向上/向下比率	0.981	—	2.090	**0.447**	0.966	—

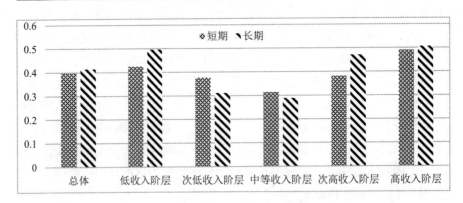

图6-1　二孩家庭各收入阶层的惯性率分析

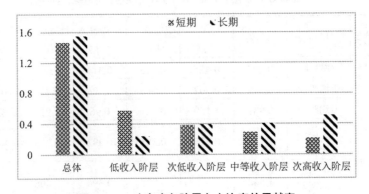

图6-2　二孩家庭各阶层向上比率的贡献率

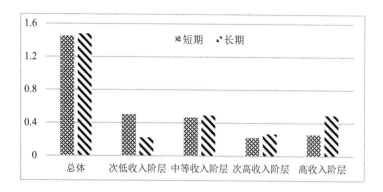

图6-3　二孩家庭各阶层向下比率的贡献率

低收入阶层的收入水平相对较低、生活水准相对较差。如果代内收入流动性能够为他们带来更多改善经济地位的机会，那么不论是对于避免社会分化和不平等加剧，还是全面二孩政策的效应释放，都具有十分重要的意义和价值。代内收入流动性的水平结果显示，低收入阶层缺乏流动性，并且从短期到长期逐步恶化。以惯性率为例，从短期的 0.425 上升到长期的 0.496，增长比率高达 16.71%，远超过总体水平（4.28%），表明低收入阶层收入地位的流动僵化。实际上，低收入阶层处于阶层最底端，仅能产生向上的单向流动。因此，低收入阶层的向上流动一直是总体向上流动的主要力量，不论是短期还是长期，向上流动占比一直维持在 35% 左右。从结构指标的变化看，低收入阶层的向上流动比率从短期的 0.575 下降到长期的 0.504。生育二孩对于低收入阶层家庭代内收入流动性的负面影响显著。尽管第五章的分析结果显示，生育二孩并未对低收入阶层家庭收入的静态变化产生过多的直观损失，但从动态的代内收入流动性长短期效应看，生育二孩后，低收入阶层的经济地位进一步恶化，向上流动的机会减少，这对低收入阶层经济的负面作用更严重，对阶层矛盾和整个社会稳定发展的影响更深远。

次低收入阶层的流动水平和流动方向对于收入分布格局十分关键。向上流动可成为中等收入阶层甚至更高阶层，能够壮大中等收入阶层、加强社会稳定；向下流动则成为社会底层，甚至是贫困阶层。从水平指标看，次低收入阶层富有流动性，惯性率从短期的 0.376 下降到长期的 0.311，是整个收入阶层流动的稳定力量。从结构指标看，向上/向下流动比率的走势良好（数值分别是 1.611 和 2.090），远高于 1，说明该阶层不仅是流动的主要力量，更是向上流动的重要来源。生育二孩没有对次低收入阶层经济地位的改善产生负面影响，没有发生"因生返贫"或"因生致贫"的现象，这对于全面二孩政策发挥效应至关重要。

中等收入阶层对于决定收入分布格局、稳定社会发展意义重大，也是促进全面二孩生育政策释放积极效应的关键群体。如果该阶层不仅富于流动，并且向上流动是主要力量，那么中等收入阶层则会真正成为阶层矛盾缓冲剂、缩小贫富差距的稳定阀。反之，即使该阶层富于流动，流动方向的恶化只会导致更多的中等收入家庭向下流动，成为贫困群体，并且阶层的弱质性也会对社会的经济、政治产生不良影响。该阶层处于五分位阶层的中间位置，不仅具有双向流动方向，而且流动程度较为均衡，向上可能跃升为次高收入阶层和高收入阶层，向下可能跌落为次低收入阶层和低收入阶层，因此这里将1作为衡量中等收入阶层流动好坏的临界值，大于1表明跻身到高阶层的机会充裕，小于1表明向下流动的可能性增大。从水平指标看，收入流动性的流动程度好于其他阶层，并且走势呈上升趋势，阶层表现最具活力。然而，从结构指标看，向上/向下流动比率从短期的0.741下降到长期的0.447。数值不仅小于1，而且逐步减小。结合向上和向下流动比率可以发现，向上流动比率的下降和向下流动比率的上升是导致比值恶化的原因。也就是说，虽然中等收入家庭仍然富于流动，但是向下流动比率的贡献率高达33%，仅低于高收入阶层，中等收入家庭生育二孩后收入状况恶化、经济地位下降，这与第五章中等收入阶层的收入水平变化结论一致。不论静态的收入水平还是动态的收入流动性，生育二孩都造成中等收入家庭的经济恶化，这在一定程度上解释了全面二孩生育政策未能在该群体得到释放的原因，同时还表明会加剧阶层矛盾和社会动荡。

与次低收入阶层相似，次高收入阶层对于流动格局的变化同样重要。从水平指标看，惯性率增大，由短期的0.381上升到长期的0.471，次高收入阶层缺乏流动性。从结构指标看，流动方向向好，向上流动比率上升，向下流动比率下降，向上/向下流动比率也由此升高，说明生育二孩后次高收入家庭的流动特征仍然较为理想，改善收入地位的机会较多，经济地位有所提高。

高收入阶层物质资源优渥、经济条件优越，该阶层的流动水平和流动方向是衡量阶层固化和阶层矛盾的标准之一。高收入阶层是收入分布格局中的最高级，流动方式与低收入阶层相同，仅是单向流动，因此该阶层的流动越活跃，说明向下流动的机会越多，其他阶层向上流动的可能性越大，机会的公平性也越高。从流动的两方面指标看，流动水平处于僵化，向下流动比率与中等收入阶层的占比相同，并不是总体向下流动的绝对力量，说明高收入阶层的收入地位固化严重，生育二孩并不会对经济地位产生负面作用，因此该阶层是全面二孩政策效应释放的重要群体，这与第五章高收入阶层收入水平变化的结论一致。需要指出的是，在静态收入差距不断扩大的背景下，高收入阶层动态的代内收入流动性如此僵化，必然影响社会稳定，激化阶层矛盾。

二、城乡地区

由于城乡二元结构长期存在，使得中国城乡收入水平和收入流动可能不尽相同。相比城镇家庭，农村家庭人均收入仍维持在较低层次，远远达不到当年全国人均 GDP 和职工平均工资的均值，如果将城乡家庭的收入水平统一进行群体分层，影响实证结果的精度。因此需要分别从城乡视角考察生育二孩后家庭代内收入流动性的动态变化。

（一）城镇家庭

为剖析城镇二孩家庭代内收入流动性的动态变化，通过调研数据得到收入转换矩阵，在此基础上分别计算惯性率、亚惯性率和平均阶差指标考察水平情况，测度向上流动比率、向下流动比率和向上/向下比率分析结构状况，结果见表 6-5、表 6-6、图 6-4 和图 6-5。

表 6-5　二孩城镇家庭代内收入转换矩阵

短期收入流动性矩阵						长期收入流动性矩阵					
时间		生育当年					时间		生育后三年			
		1	2	3	4	5			1	2	3	4	5
生育前一年	1	0.541	0.119	0.127	0.118	0.095	生育当年	1	0.556	0.128	0.186	0.065	0.065
	2	0.262	0.394	0.207	0.081	0.056		2	0.273	0.375	0.185	0.096	0.071
	3	0.143	0.330	0.354	0.095	0.078		3	0.151	0.353	0.348	0.079	0.069
	4	0.036	0.087	0.232	0.422	0.223		4	0.018	0.056	0.166	0.571	0.189
	5	0.018	0.070	0.080	0.284	0.548		5	0.002	0.088	0.115	0.189	0.606

表 6-6　二孩城镇家庭代内收入流动性指标

时段	类型	指标	总体	低收入阶层	次低收入阶层	中等收入阶层	次高收入阶层	高收入阶层
短期	水平	惯性率	0.452	0.541	0.394	0.354	0.422	0.548
		亚惯性率	0.802	0.660	0.863	0.779	0.877	0.832
		平均阶差	0.847	1.107	0.799	0.867	0.737	0.726
	结构	向上流动比率	1.199	0.459	0.344	0.173	0.223	—
		向下流动比率	1.542	—	0.262	0.473	0.355	0.452
		向上/向下比率	0.778	—	1.313	**0.366**	0.628	—
长期	水平	惯性率	0.491	0.556	0.375	0.348	0.571	0.606
		亚惯性率	0.804	0.684	0.833	0.78	0.926	0.795
		平均阶差	0.780	0.955	0.863	0.872	0.521	0.691
	结构	向上流动比率	1.133	0.444	0.352	0.148	0.189	—
		向下流动比率	1.411	—	0.273	**0.504**	0.240	0.394
		向上/向下比率	0.803	—	1.289	**0.294**	0.788	—

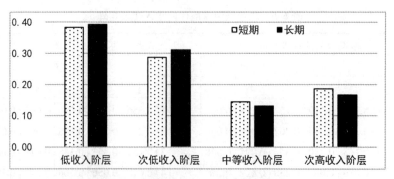

图 6-4　城镇各阶层向上比率的贡献率

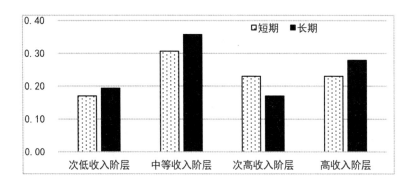

图 6-5　城镇各阶层向下比率的贡献率

总体而言，城镇家庭的代内收入流动性水平逐步降低，惯性率从 0.452 增加到 0.491，流动程度固化。进一步揭示结构方向可以发现，向上流动比率和向下流动比率均呈现下降趋势，只是前者下降幅度小于后者，因此生育二孩家庭的代内收入流动性以向下流动为主，机会的公平性进一步恶化。从收入阶层的流动结构看，向上流动的主要力量来自低收入和次低收入阶层，而向下流动的主要力量来自中等收入和高收入阶层，并且中等收入阶层的向下占比甚至高于高收入阶层，是强有力的向下流动推动力量。

从收入阶层看，第一，低收入阶层流动固化。以惯性率为例，生育二孩前一年处于低收入阶层的二孩家庭中，生育当年仍有 54.10% 处于低收入阶层，而生育二孩后三年比例升至 55.60%，惯性率逐步增长。此外，阶层的结构流动良好，向上流动比率的数值虽然下降，但向上占比接近 40%，仍是向上流动的主要力量。第二，次低收入阶层流动的水平和结构状况均不理想。惯性率升高，向上流动速度低于向下，二者的比值呈下降趋势。第三，中等收入阶层富于流动，惯性率逐步下降。分析结构流动变化发现，短期向上/向下流动比率为 0.366，长期降到 0.294，远小于 1，向下流动的力量不仅是该阶层流动的主要力量，而且显著强于向上流动。从向上和向下流动占比也可以进一步看出，向上流动占比在短期和长期分别是 14.40% 和 13.10%，向下流动占比则分别是 30.70% 和 35.70%，两者流动力量相差悬殊，向下流动势头呈强劲态势。与全国的中等收入阶层比，城镇中等收入阶层的弱质性更为显著，容易受到某些因素影响而出现明显变化。第四，次高收入阶层流动僵化，惯性率由短期的 0.422 升至长期的 0.571。向上/向下流动比率升高，向上和向下流动比率都减小，只是前者的下降速度小于后者。第五，收入转换矩阵表明，短期内高收入阶层中有 54.80% 的家庭仍留在本阶层，长期的固化程度则继续升高，达到 60.60%，向下单向流动的速度下降，长期内高收入阶层已经不是向下流动的主要力量。

从阶层比较可以看出，生育二孩后城镇家庭的高低两极收入阶层缺乏流动、固化严重，而中等收入阶层向下流动显著。这可能与城镇家庭两孩抚养成本的不断攀升有关，生育二孩成为了城镇贫富家庭跨越阶层分界的重要阻碍，也是中等收入阶层沉重经济负担的主要来源。

（二）农村家庭

为剖析农村二孩家庭代内收入流动性的动态变化，通过调研数据得到农村代内收入转换矩阵，在此基础上分别计算惯性率、亚惯性率和平均阶差指标考察水平情况，测度向上流动比率、向下流动比率和向上/向下比率分析结构状况，结果见表 6-7、表 6-8、图 6-6 和图 6-7。

总体而言，农村家庭的代内收入流动性水平富于流动，并且长短两期的变化不大。进一步揭示结构方向可以发现，向上/向下流动比率为 1.055，比值大于 1，短期的向上流动力量强于向下，说明在生育二孩后一年的短期阶段，农村家庭的收入地位流动良好，与城镇和全国水平相比，农村家庭流动的短期结构较为理想。在生育二孩后三年的长期阶段，向上流动比率由 1.551 降为 1.504，向下流动比率由 1.470 升至 1.525，说明向上流动比率下降、向下流动比率上升，同时向上/向下流动比率降为 0.986，比值小于 1，长期的代内收入流动以向下流动为主，机会的公平性进一步恶化。从农村家庭代内收入流动性的阶层比较看，向上流动的主要力量来自低收入和次低收入阶层，而向下流动的主要力量来自中等收入和高收入阶层，并且中等收入阶层的向下占比甚至高于高收入阶层，是强有力的向下流动推动力量，这与城镇家庭的流动结构力量分布一致。

从各阶层变化看，农村家庭生育二孩后，低收入阶层短期有 42.50% 的家庭留在该阶层，长期占比仍是 42.60%，说明向上占比接近 40%，低收入阶层是向上流动的主要力量，但贫困阶层固化严重。不论是水平还是结构，次低收入阶层均表现良好。以惯性率为例，由短期的 0.296 下降到长期的 0.267，阶层富于流动，并且向上流动增大，向下流动减小，向上/向下流动比率高达 2.347，说明生育二孩后，次低收入阶层向上层积聚明显，社会有更多的向上机会让该阶层家庭提高经济地位。中等收入阶层缺乏流动，惯性率逐步升高，从流动结构变化可以发现，短期向上/向下流动比率为

0.649，长期则降到 0.343，远小于 1，向下流动不仅是该阶层流动的主要力量，而且显著强于向上流动。从向上和向下流动占比也可以进一步验证，向上流动占比在短期和长期分别是 17.40% 和 11.50%，向下流动占比则分别是 28.30% 和 33.10%，两者流动力量相差悬殊，并且向下流动势头呈强劲态势。次高收入阶层在短期有 46.10% 的家庭留在该阶层，长期比重仍是 45.70%，说明阶层流动僵化。同时，向上流动比率减小、向下流动比率增大，向上/向下流动比率降低。实际上，次高收入阶层作为高收入群体，应是向下流动的主要力量之一，但阶层的固化导致流动结构不理想。高收入阶层短期内有 48.30% 的家庭固化在本阶层，长期的固化程度继续升高，达到 49.90%，向下单向流动的速度下降，高收入阶层已经不是向下流动的主要力量。

　　生育二孩对城镇和农村家庭成本的影响出现不同的特征，导致城乡之间的代内收入流动性不尽相同。相对于城镇家庭，农村家庭二孩的生育成本较低。如果孩子能提前工作还能增加家庭收入，但在城镇，各种成本都会提高，最直观地表现为二孩生育成本可能直接降低家庭的经济地位和生活水平，因此农村代内收入流动性整体好于城市。最为突出的是次低收入阶层，城镇家庭的流动表现不理想，农村家庭不仅富于流动，而且结构是向上的。值得注意的是，不论是城镇还是农村，贫富阶层的固化现象都十分严重，并且中等收入阶层都是向下流动的主要力量，弱质性明显，生育二孩对该阶层的负面影响极为显著。

表 6-7　二孩农村家庭代内收入转换矩阵

短期收入流动性矩阵						长期收入流动性矩阵					
时间	生育当年					时间	生育后三年				
	1	2	3	4	5		1	2	3	4	5
生育前一年 1	0.425	0.286	0.114	0.091	0.084	生育当年 1	0.426	0.258	0.128	0.096	0.092
2	0.259	0.296	0.283	0.107	0.055	2	0.219	0.267	0.285	0.135	0.094
3	0.139	0.277	0.314	0.153	0.117	3	0.202	0.303	0.322	0.101	0.072
4	0.083	0.093	0.102	0.461	0.261	4	0.090	0.095	0.115	0.457	0.243
5	0.094	0.048	0.187	0.188	0.483	5	0.063	0.077	0.150	0.211	0.499

表 6-8　二孩农村家庭代内收入流动性指标

时段	类型	指标	总体	低收入阶层	次低收入阶层	中等收入阶层	次高收入阶层	高收入阶层
短期	水平	惯性率	0.396	0.425	0.296	0.314	0.461	0.483
		亚惯性率	0.758	0.711	0.838	0.744	0.824	0.671
		平均阶差	0.977	1.123	0.921	0.96	0.798	1.082
	结构	向上流动比率	1.551	0.575	0.445	0.270	0.261	—
		向下流动比率	1.470	—	0.259	0.416	0.278	0.517
		向上/向下比率	1.055	—	1.718	**0.649**	0.939	—
长期	水平	惯性率	0.394	0.426	0.267	0.322	0.457	0.499
		亚惯性率	0.741	0.684	0.771	0.726	0.815	0.710
		平均阶差	0.998	1.170	1.056	0.952	0.818	0.994
	结构	向上流动比率	1.504	0.574	0.514	0.173	0.243	—
		向下流动比率	1.525	—	0.219	**0.505**	0.300	0.501
		向上/向下比率	0.986	—	2.347	**0.343**	0.810	—

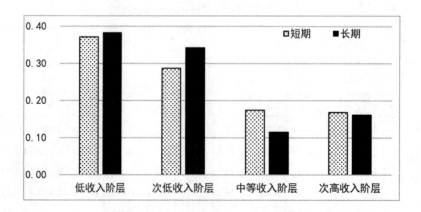

图 6-6　农村各阶层向上比率的贡献率

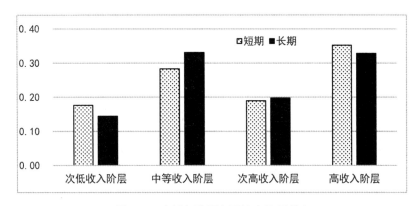

图 6-7 农村各阶层向下比率的贡献率

（三）区域之间

区域之间的经济发展、自然资源、社会历史与文化进程各不相同。全面二孩政策实施后，生育二孩的区域特征也同样表现在代内收入流动性的动态变化上。经济水平的区域异质性导致二孩家庭的生育成本不同，对于承担养育成本的接受能力也存在差异。同时，中国地域广阔，从东南到西北的生育观念也不尽相同。这种不同的生育观念可能导致全面二孩政策的执行会产生不同的效果，因此，有必要考察二孩家庭代内收入流动性的区域特征。为剖析二孩家庭代内收入流动性的区域差异，通过调研数据得到东部、中部、西部和东北部的收入转换矩阵，分别计算惯性率、亚惯性率和平均阶差指标考察水平情况，测度向上流动比率、向下流动比率和向上/向下比率分析结构状况，结果见表6-9、图6-8至图6-15。

表 6-9 各区域二孩家庭收入流动性指标

时段	指标	东部地区						中部地区					
		（0）	（1）	（2）	（3）	（4）	（5）	（0）	（1）	（2）	（3）	（4）	（5）
短期	a	**0.420**	0.353	0.424	0.319	0.440	0.562	**0.415**	0.485	0.302	0.302	0.363	0.625
	b	1.485	**0.648**	0.321	0.309	0.207	—	1.377	0.515	0.340	0.267	0.255	—
	c	1.418	—	0.255	0.372	0.353	0.438	1.547		0.359	0.431	0.382	0.375
	d	1.047	—	**1.259**	**0.831**	0.586	—	0.890	—	0.947	**0.619**	0.668	—
长期	a	**0.420**	0.521	0.480	0.308	0.351	0.439	**0.414**	0.390	0.347	0.391	0.342	0.601
	b	1.483	**0.479**	0.317	**0.471**	0.216	—	1.400	0.610	0.377	0.204	0.209	—
	c	1.418	—	0.203	0.221	0.433	0.561	1.529		0.276	0.405	0.449	0.399
	d	1.046	—	**1.562**	**2.131**	0.500	—	0.916	—	**1.366**	**0.504**	0.465	—

时段	指标	西部地区						东北部地区					
		（0）	（1）	（2）	（3）	（4）	（5）	（0）	（1）	（2）	（3）	（4）	（5）
短期	a	**0.365**	0.518	0.331	0.17	0.303	0.505	**0.413**	0.438	0.323	0.371	0.352	0.581
	b	1.336	0.482	**0.195**	0.449	0.210	—	1.486	0.562	0.378	0.316	0.230	—
	c	1.596	—	0.233	0.381	0.487	0.495	1.449	—	0.299	0.313	0.418	0.419
	d	0.837	—	**0.837**	**1.178**	0.431	—	1.026	—	1.264	**1.009**	0.550	—
长期	a	**0.358**	0.347	0.278	0.327	0.284	0.553	**0.476**	0.495	0.368	0.464	0.434	0.617
	b	1.567	0.653	0.446	0.291	0.177		1.243	0.505	0.344	0.198	0.196	
	c	1.644	—	0.276	0.382	0.539	0.447	1.379		0.288	0.338	0.370	0.383
	d	0.953	—	**1.616**	**0.762**	0.328		0.901		1.194	**0.586**	0.530	

注：（0）总体；（1）低收入阶层；（2）次低收入阶层；（3）中等收入阶层；（4）次高收入阶层；（5）高收入阶层。a 是惯性率，b 是向上流动率，c 是向下流动率，d 是向上/向下流动比率。

从流动水平看，东部、中部和西部地区二孩家庭代内收入流动性的惯性率稳定，流动水平在长短期基本不变，从大到小依次是西部地区、中部地区、东部地区和东北部地区。生育二孩后西部地区最富于流动性，东北地区则出现明显的僵化问题，从短期到长期流动水平僵化，惯性率由 0.413 增加至 0.476。

从结构水平看，东部地区二孩家庭代内收入流动性的向上流动力量强于向下流动，两阶段的向上/向下流动比率均略大于 1。中部地区短期的向上力量为 1.377，长期增至 1.4，向上力量的增加促使向上/向下流动比率增大，虽然数值仍未突破 1，但收入流动随时间有所改善，具有向好趋势。西部地区最富有流动，从短期到长期的向上、向下流动都增大，并且向上流动成为强势力量。东北部地区流动固化，向上和向下力量均减弱，而且前者下降的速度快于后者。从各收入阶层的整体表现看，低收入和次低收入阶层是向上流动的主要力量，次高收入和高收入阶层是向下流动的主要力量。

比较各区域的阶层变化可以发现，第一，由图 6-8 可知，东部地区低收入阶层受生育二孩的约束影响最为显著，短期内低收入阶层的向上流动占比是 4 个区域中最大的，也是向上流动力量最为强劲的地区，但是长期内向上流动明显变小，成为区域中向上流动最弱的地区。东部地区低收入阶层向上流动的通道不畅，生育二孩后改善经济地位的机会变少，阶层板结化严重。生育二孩对东部低收入阶层的代内收入流动性影响最为显著，区域差异性明显。第二，从图 6-9 和图 6-10 可以发现，次低收入阶层的向上流动仍是各区域的重要力量。中部地区向上流动占比增大，向下流动占比减小，说明中部地区越来越多的次低收入阶层正在向上流动，成为更高收入阶层。值得注意的是，西部地区的向上流动占比从短期的 14.60% 升至长期的 28.40%，增长近一倍，流动结构良好。第三，由图 6-11 的向上流动占比可以发现，东部地区的向上流动占比随时间增大，由短期的 20.80% 升至长期的 31.80%。西部地区的向上流动占比则减小，由短期的 33.60% 下降到长期的 18.60%。由图 6-12 的向下流动占比发现，东部地区的向下流动占比进一步降低，由短期的 26.20% 下降到长期的 15.60%。从中等收入阶层的水平和结构变化看，东部地区的中等收入阶层流动质量好，生育二孩并未对该地区的中等收入家庭造成过大的负面影响，东部地区的经济发展相对较好，改善收入地位的机会多，能够负担生育二孩带来的机会成本和物质成本。第四，与次低收入阶层相同，次高收入阶层的收入流动方向为双向：向上跃升为高收入阶层、向下跌落为中等收入阶层甚至更低的收入阶层。图 6-13 和图 6-14 可以发现，次高收入阶层仍是向下流动的重要力量。从区域的流动表现看，中部和西部地区的向上流动占比减小，向下流动占比增大，流动结构良好。第五，高收入阶层位于阶层最顶端，流动方向仅为单一的向下流动。如果流动顺畅，说明与其他阶层在收入位次的交换上较为频繁，社会的机会公平性越高。反之，意味着收入位次的流动僵化，社会缺乏机会公平性。从图 6-15 中发现，高收入阶层的惯性率最高，是流动性最差的群体，短期和长期均表现出严重的固化现象，说明其他阶层跃升至高收入阶层的门槛高不可及，势必诱发阶层矛盾。仅有东部地区，高收入阶层的向下通道相对流畅，特别是长期阶段，向下流动占比高达 40%，流动相对活跃。

　　总体而言，东部地区的代内收入流动性表现良好，经济相对发达的东部地区机会均等性较好，改善经济地位的可能较高，活跃的阶层流动能够抵消生育二孩导致的成本增加。东北地区的代内收入流动性恶化，经济地位固化严重。东北地区大量外流的劳动力减慢了经济发展，生育二孩加重了家庭的经济负担，高额的养育成本加速了收入地位的僵化。不同区域二孩家庭的生育意愿根源上可归结于经济收入和成本的比较，是各种资源和成本共同作用的结果。全面二孩生育政策仅是生育供给政策，想要真正提高生育意愿，只有从根源处对症下药，分析针对不同区域阶层制定适宜方案，促进各地区经济的协调发展，落实生育配套设施，才能有效减少"想生而不敢生"群体的存在，从而缓解中国生育压力，提高整体二孩生育率。

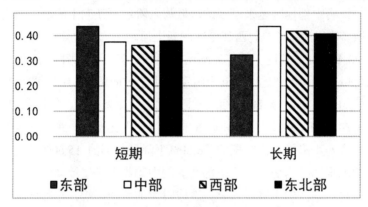

图 6-8 低收入阶层向上流动占比

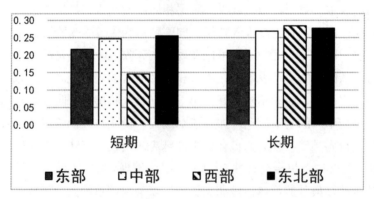

图 6-9 次低收入阶层向上流动占比

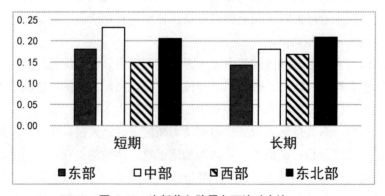

图 6-10 次低收入阶层向下流动占比

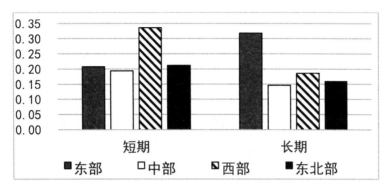

图 6-11　中等收入阶层向上流动占比

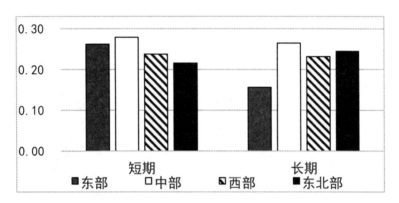

图 6-12　中等收入阶层向下流动占比

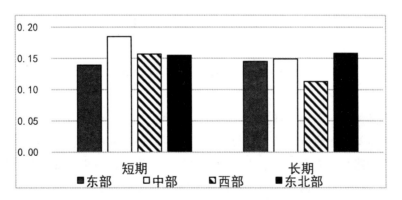

图 6-13　次高收入阶层向上流动占比

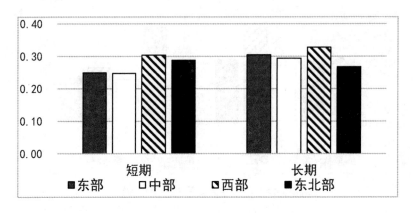

图 6-14　次高收入阶层向下流动占比

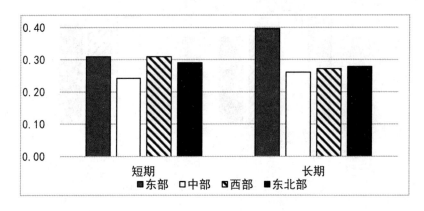

图 6-15　高收入阶层向下流动占比

第四节　影响机制分析

前述章节已分析二孩家庭代内收入流动性的水平和结构，对全面二孩政策的政策效应进行了整体研究。为了更明确探究生育影响代内收入流动性的作用路径，有必要分析生育和代内收入流动性之间的关系。实际上，生育对二孩家庭代内收入流动性产生影响的主要机制在于宏观生育供给政策和微观家庭生育需求两个方面。其中，宏观的生育供给政策主要体现为全面二孩的生育政策，而微观的家庭生育需求则表现为家庭的生育决策。事实上，生育供给政策仅是外生政策，真正影响代内收入流动性变化的是家庭对生育需求、生育行为的态度和看法，即生育意愿。因此，本部分拟从家庭的生育需求视角验证生育意愿对代内收入流动性的作用机制。

一、模型设定和变量

（一）设定模型

代内收入流动性变量是离散型变量，且彼此之间并无级别或隶属关系，因此选择无序多分类 Logit 模型（Multinomial Logistic Model，以下简称为 MLM）作为影响因素分析方法。MLM 自变量中各个取值之间是无顺序之分、高低之分的，核心思想是将一个适当的取值结果作为参照，并与其他结果进行比较，运用二元 logit 回归进行实证分析。MLM 的前提条件要求加入或减少新的取值结果对原结果的比较不会产生任何影响。生育二孩对代内收入流动性的影响，实证模型的具体形式如下：

$$M \log it = \alpha_0 + \beta_1 D + X'\delta + \varepsilon \qquad (6\text{-}11)$$

其中，$M \log it$ 是被解释变量，代表家庭在 t-1 期至 t 期之间收入相对位置的变化；D 是家庭的生育意愿，X 为控制变量，ε 为扰动项。在该模型中，系数 β_1 反映的是生育意愿对于收入流动变动的作用程度，是本部分关注的焦点。

（二）变量选择

结合调查问卷设置以下变量，分析生育意愿与代内收入流动性的传递关系。

1. 被解释变量：不同时期家庭收入地位在各个阶层间的变动，反映家庭收入地位在两期内的变动（上升或下降）及其变化幅度。例如，若某一家庭从 t-1 期到 t 期的收入地位上升了一个收入层次（如从低收入阶层上升至次低收入阶层或中等收入阶层上升至次高收入阶层，依此类推)，那么代内收入流动性的变量取值就为 1；若该家庭的收入地位上升了两个收入层次（如从低收入阶层升至中等收入阶层），那么代内收入流动性这一变量取值为 2；同样的，如果其收入地位下降了一个收入层次（如从次低收入阶层下降至低收入阶层），则该变量取值为-1，若是下降了两个收入层次，那么该变量取值为-2；而当家庭在两期内的收入地位没有发生改变，仍保持在原收入阶层时，那么代内收入流动性的变量取值为 0。采用五分位法计算收入转换矩阵时，代内收入流动性变量的取值区间为[-4, 4]，家庭收入地位上升则代内收入流动性变量为正值，上升的幅度越大，该变量的正值越大；反之，家庭收入地位下降则代内收入流动性变量为负值，下降的幅度越大，该变量负值的绝对值越大。值得注意的是，在代内收入流动性的研究中，如果收入地位保持不变或仅在邻近收入阶层变动的话，那么收入地位的变动并不能体现重要的实践价值，甚至可以忽略这种变化。只有当收入地位在各个阶层之间发生较大跨度时，代内收入流动性对收入分配的促进作用才能真正体现出来。例如，当考察对象仅仅在低收入阶层和次低收入阶层内部及之间不断变动，而从未在次高收入阶层或高收入阶层流动，那么代内收入流动性对于改善社会收入分配的意义并不明显。因此，在影响因素的分析中将收入流动性 Mobility 变量重新赋值，t-1 期和 t 期收入地位变动所形成的转换矩阵中，当家庭收入地位保持在原收入阶层或仅在邻近收入阶层变动的情况下，Mobility 取值为 0，例如在 t-1 期处于次低收入阶层的家庭在 t 期仍然在该阶层，或者上升到中等收入阶层，或者下降到低收入阶层；当收入地位的下降跨越了两个或更多收入阶层的情况下，Mobility 取值为-1，例如中等收入阶层家庭下降到低收入阶层，当收入地位的上升跨越了两个或更多收入阶层的情况下，Mobility 取值为 1，例如低收入阶层的家庭上升到次高收入阶层。

2. 核心解释变量：生育意愿。如第四章所述，如果使用理想子女数考察生育意愿，生育意愿仅属于理想层面，而生育的实际变化结果往往滞后于生育率水平，因而该变量不适用于考察生育需求。借鉴郑真真（2014）使用期望子女数反映育龄家庭可能达到的生育子女数，替换理想子女数测量生育意愿。选择调查问卷中的问题"未来您的家庭打算生几个孩子？"，根据生育政策规定，生育意愿子女数分别赋值为 0、1、2、3。

3. 控制变量：反映个体特征的变量，包括家庭人口结构、人力资本、物质资本以及社会资本等。依据数据的调查内容，定义代内收入流动性的控制变量，具体见表 6-10。

表 6-10　家庭收入流动性影响因素的变量定义

类别	变量名称	数值类型	变量说明
被解释变量	Mlogit	数值	收入相对位置的变化
生育意愿	D	数值	"无生育意愿"=0，"希望生育 1 个孩子"=1，"希望生育 2 个孩子"=2，"希望生育 3 个及以上孩子"=3
家庭结构	Mar	数值	婚姻状况
	Age	数值	户主年龄

续表

类别	变量名称	数值类型	变量说明
	Age^2	数值	户主年龄平方
	Gender	虚拟变量	户主性别
	Hu	虚拟变量	户主户籍
人力资本	Edu1	虚拟变量	户主受教育程度为小学及以下
	Edu2	虚拟变量	户主受教育程度为初中
	Edu3	虚拟变量	户主受教育程度为高中（含职高）
	Edu4	虚拟变量	户主受教育程度为大专及以上
	Headins	虚拟变量	户主是否拥有医疗保险
物质资本	House	虚拟变量	家庭是否拥有房产
	Fin	虚拟变量	家庭是否拥有金融资产
	Land	虚拟变量	家庭是否拥有宅基地等农村土地
社会资本	Party	虚拟变量	户主是否是党员
	Job	虚拟变量	户主是否在机关、事业单位和国有集体企业工作

反映家庭结构的变量，包括 Mar，Age，Gender 和 Hu，其中 Mar 表示户主婚姻状况，Age 和 Age^2 分别表示户主年龄及年龄平方，已有研究表明年龄与收入水平呈现倒"U"形关系。Gender 是性别变量，如果户主是男性则取值为 1，反之为 0。经验研究表明性别能够对代内收入流动性产生影响。

反映人力资本特征的变量，包括 Edu 和 Headins，其中 Edu 反映户主的教育年限。Edu1、Edu2、Edu3、Edu4 分别代表小学及以下、初中、高中（含职高）、大专及以上的虚拟变量，由于研究中的初中样本较多，对比性较为显著，因此将初中作为基准进行参考，考察不同教育水平的二孩家庭对于代内收入流动性的影响。Headins 是反映户主健康投资的虚拟变量。如果户主拥有医疗保险，Headins 取值为 1，反之为 0。健康投资分为两种：病前护理与病后治疗，拥有医保则属于一种具有预防性质病后治疗投资，是对自身健康投资的一种方式。因此，选择是否拥有医保这个虚拟变量，作为考察健康人力资本投资对代内收入流动性的影响。

随着中国经济体制的改革发展，按生产要素分配可以获得不同种类的收入，导致二孩家庭的物质资产各不相同，不动产占有量是发生较快的代内收入流动性的决定要素，关系着收入水平的高低以及流动性的大小。反映物质资本的变量，包括 House、Fin 和 Land 三变量。其中，采用 House 虚拟变量表示房产资本。如果一个家庭拥有一套或一套以上属于该家庭产权的房产，House 取值为 1，反之为 0。采用 Fin 虚拟变量表示金融资产，取值为 1，表示家庭拥有金融资产，反之为 0。如果家庭拥有宅基地、耕地等农村土地，Land 取值为 1，否则为 0。一般而言，家庭物质资本的积累程度与代内收入流动性的方向呈正向关系，物质资本水平越高，向上的流动性越强。

选择政治身份和单位性质衡量社会资本对代内收入流动性的影响。反映社会资本的变量包括 Party 和 Job，其中 Party 表示户主是否是党员，是取值为 0，反之为 1。Job 是虚拟变量，如果户主在机关、事业单位和国有集体企业工作，取值为 0，反之为 1。社会资本的定义和计算较为复杂，选取具有较大影响的两个指标衡量社会资本：政治身份和单位性质。

此外，还要考虑一些取值会随时间变化的解释变量的动态变化值，以便于考察该类变量的动态变化对代内收入流动性的影响。

二、结果分析

实证结果首先给出生育意愿影响代内收入流动性的基准估计结果，随后利用工具变量针对两者之间的关系作估计。在对模型进行估计的过程中，由于潜在的内生性问题，如果直接进行无序多分类 Logit 模型（MLM）估计，可能会得到有偏的结果。因此，若要得到生育意愿与代内收入流动性之间的真实因果关联，还需构造生育意愿的工具变量。工具变量需要满足两个条件：一是与生育年龄相关，二是与代内收入流动性不相关。借鉴贾男等（2013）的做法，采用育龄夫妇不孕比数作为工具变量。育龄夫妇不孕比数是 De R.etal.（2006）利用试管婴儿受孕方法（In Vitro Fertilization，IVF）计算育龄夫妇不同年龄阶段受孕失败的相对比例，数值越高生育的可能性越低，目前已成为生理学中分析生育问题的重要指标。不孕比数与育龄夫妇的生育年龄息息相关，与被解释变量代内收入流动性完全外生，能够更好控制联立问题及不可观测因素造成的偏误问题。

表 6-11 给出生育意愿对代内收入流动性的影响结果。其中，（1）列为未加入控制变量和工具变量的估计结果，（2）列在（1）列的基础上加入控制变量，但没有加入工具变量，（3）列是在（2）列的基础上工具变量的估

计结果。在每一列展示的估计结果中，均将 Mobility=0（即收入地位没有发生变动）作为参照水平，同时汇报了家庭地位向上或向下流动的回归结果。首先判定弱工具变量问题，主要通过 F 统计量来完成。（3）列所示的估计结果显示，F 统计量均超过 10 的临界值，从而拒绝回归中工具变量与自变量无关的原假设，因此不存在弱工具变量问题。接下来，判定工具变量的外生性，Hansen J 过度识别检验接受了工具变量外生的原假设，也即工具变量与残差项不相关。

由估计结果可知，生育意愿对代内收入流动性具有显著负向影响，与预期一致。且这一结果在三列回归结果中都较为一致。具体而言，D 的估计系数在 Mobility=-1 时显著为正，生育意愿增加，即儿童数量增多导致家庭收入地位向下流动；在 Mobility= 1 时显著为负，生育意愿下降有助于促进该家庭收入地位向上变动，这与前述的研究结果一致。以上结果意味着，生育意愿是影响代内收入流动性变动的重要因素之一。孩子出生会提高家庭抚养人口比例，增加收入地位下降的概率。家庭生育率越低，抚养人口比例越低，能够促进代内收入流动的良性发展。此外，从控制变量的估计结果看，户主受教育程度越高，家庭收入地位下降的可能性越低（以 Edu2 为参考水平），说明人力资本的增加有助于改善家庭的经济地位，人力资本存量越高越有利于收入地位向上流动，与预期的研究结果一致。如果户主拥有自己产权的房产或金融资产，那么该家庭收入向下流动的可能性小，物质资本能够提高家庭的经济实力，具有降低家庭经济风险的作用，增大家庭收入向上流动的可能性。当 Mobility=-1 时，估计系数显著为负，相对于具有其他社会资本的家庭，户主是党员身份，在国有企业、事业单位的家庭发生收入向下流动的概率更低；当 Mobility=1 时，估计系数为正，但不显著。说明社会资本无法真正提高家庭收入的向上流动。

表 6-11 生育意愿对收入流动性的影响估计结果

变量	(1)		(2)		(3)	
	Mobility=-1	Mobility=1	Mobility=-1	Mobility=1	Mobility=-1	Mobility=-1
D	0.126 **	−0.113 ***	0.107 **	−0.093 ***	0.098 **	−0.085 **
	(0.212)	(−0.342)	(0.210)	(−0.122)	(0.187)	(−0.306)
Mar			−0.041**	0.036***	−0.033*	0.028*
			(−2.041)	(1.055)	(−2.033)	(1.885)
Age			−0.096**	0.042**	−0.088***	0.037***
			(−2.007)	(2.005)	(−1.875)	(1.661)

续表

变量	（1）		（2）		（3）	
	Mobility=-1	Mobility=1	Mobility=-1	Mobility=1	Mobility=-1	Mobility=-1
Age^2			-0.096**	0.042***	-0.085**	0.029***
			(-1.099)	(0.079)	(-0.963)	(1.012)
Gender			-0.101**	0.095**	0.098*	0.084***
			(-1.085)	(2.001)	(-1.033)	(0.951)
Hu			-0.096**	0.076**	-0.074***	0.039**
			(-0.937)	(1.077)	(-0.091)	(0.049)
Edu1			-0.554***	0.441***	-0.488***	0.325**
			(-0.887)	(0.968)	(-1.001)	(0.336)
Edu3			-0.357***	0.506**	-0.296***	0.451*
			(-0.856)	(-0.996)	(-1.306)	(1.235)
Edu4			-0.410***	0.314*	-0.379**	0.298**
			(-0.936)	(0.716)	(-1.046)	(0.846)
Headins			-0.105***	0.094**	-0.095**	0.088**
			(-1.300)	(0.733)	(-1.336)	(1.336)
House			-0.662***	0.707***	-0.587***	0.664***
			(-0.451)	(0.776)	(-0.836)	(1.007)
Fin			-0.305***	0.298***	-0.272***	0.255***
			(-1.336)	(1.336)	(-1.336)	(1.336)
Land			-0.084***	0.073***	-0.076***	0.065***
			(-0.306)	(0.995)	(-0.476)	(0.398)
Party			-0.054**	0.067**	-0.045***	0.061***
			(-1.004)	(0.824)	(-2.008)	(1.008)
Job			-0.067***	0.056	-0.058***	0.044
			(-0.736)	(0.987)	(-0.374)	(0.883)
F 值	32.76		41.32		69.30	
Hansen J 值	1.772		1.558		1.906	
	(0.202)		(0.276)		(0.173)	
样本量	892		890		886	

注：*、**、***分别表示在10%、5%和1%的水平上显著；括号内为标准误；（1）列为未加入控制变量和工具变量的估计结果，（2）列为加入控制变量的估计结果，（3）列为加入控制变量和工具变量的估计结果。

三、稳健性检验

对于家庭而言，生育二孩不仅造成劳动参与率显著下降，也会降低参与劳动供给收入水平和经济地位，代内收入流动性可能受到短期甚至长期影响。选择家庭总收入为基础衡量代内收入流动性，运用工具变量分位数回归思想构建模型，比较实证结果，检验结论的稳健性（见表6-12）。回归结果和表6-11基本一致，佐证了模型的可行性和稳健性。

表6-12　影响因素的稳健性检验结果

变量	（1）		（2）		（3）	
	Mobility=-1	Mobility=1	Mobility=-1	Mobility=1	Mobility=-1	Mobility=-1
D	0.120 **	−0.112 ***	0.115 **	−0.092 ***	0.093 **	−0.080 **
	（0.111）	（−0.292）	（0.198）	（−0.188）	（0.157）	（−0.285）
Mar			−0.033**	0.032***	−0.032*	0.025*
			（−0.045）	（0.985）	（−1.007）	（2.045）
Age			−0.091**	0.037**	−0.085***	0.034***
			（−2.014）	（1.097）	（−2.051）	（1.857）
Age^2			−0.092**	0.041***	−0.082**	0.032***
			（−1.059）	（0.147）	（−0.852）	（1.036）
Gender			−0.099**	0.093**	0.095*	0.077***
			（−1.036）	（1.057）	（−0.097）	（1.417）
Hu			−0.089**	0.069**	−0.071***	0.032**
			（−1.007）	（0.998）	（−1.000）	（0.068）
Edu1			−0.424***	0.413***	−0.467***	0.337**
			（−0.674）	（0.874）	（−1.055）	（0.397）
Edu3			−0.328***	0.482**	−0.309***	0.447*
			（−0.987）	（−0.825）	（−1.071）	（1.014）
Edu4			−0.322***	0.304*	−0.366**	0.281**
			（−0.975）	（0.836）	（−1.097）	（0.804）
Headins			−0.098***	0.089**	−0.092**	0.089**
			（−1.742）	（0.931）	（−1.302）	（1.047）
House			−0.598***	0.657***	−0.525***	0.611***
			（−0.712）	（0.406）	（−0.914）	（0.907）
Fin			−0.317***	0.306***	−0.299***	0.264***
			（−1.304）	（0.996）	（−0.891）	（1.007）
Land			−0.081***	0.070***	−0.081***	0.072***
			（−0.333）	（0.874）	（−0.357）	（0.340）
Party			−0.048**	0.052**	−0.039***	0.057***
			（−1.313）	（0.979）	（−1.043）	（1.021）

变量	（1）		（2）		（3）	
	Mobility=-1	Mobility=1	Mobility=-1	Mobility=1	Mobility=-1	Mobility=-1
Job			-0.059***	0.049	-0.047***	0.046
			(-0.744)	(1.017)	(-0.853)	(0.771)
F 值	32.76		41.32		69.30	
Hansen J 值	1.772		1.558		1.906	
	(0.202)		(0.276)		(0.173)	
样本量	892		890		880	

注：*、**、***分别表示在 10%、5%和 1%的水平上显著；括号内为标准误；（1）列为未加入控制变量和工具变量的估计结果，（2）列在（1）列的基础上加入控制变量，但没有加入工具变量，（3）列是在（2）列的基础上工具变量的估计结果。

表 6-12 的估计结果表明，生育二孩将在不同程度上导致家庭收入流动性的变化。这符合前文所述的理论预期，也与已有研究的结论基本吻合。基于合理的人力资本、物质资本和社会资本决策机制，生育意愿对收入流动性仍呈现负面效应，家庭的生育意愿越低，收入流动性越活跃。如果一个家庭更加注重子女的质量而非数量，受经济约束的微观家庭能够拥有更多的改善家庭经济地位的机会，获得更为合理的流动通道。

第五节　本章小结

尽管关于中国居民家庭代内收入流动性的研究较多，但涉及生育问题，特别是全面二孩生育政策下代内收入流动性的动态变化及二者影响机制的文献并不多见。为此，本章利用代内收入转换矩阵衡量生育二孩后家庭代内流动性的长短期变化，使用测度指标得到收入阶层、城乡地区以及区域之间的异质性特征，在影响因素层面上通过控制其他影响代内收入流动性的可能因素，系统分析生育二孩对中国家庭代内收入流动性的影响，具有重要的现实意义。

从估计结果来看，代内收入流动性的水平和结构指标都表明生育二孩对家庭经济地位具有负面影响。代内收入流动性水平从短期到长期逐步恶化，收入地位逐渐固化。代内收入流动性结构也不利于家庭成员经济地位的提高，向上流动的机会小于向下流动，代内收入流动性结构特征不理想。

分阶层、城乡和区域的异质性分析结果显示，收入阶层方面，高低两极收入阶层固化严重，生育二孩造成中等收入阶层经济恶化，在一定程度上解释了全面二孩生育政策"遇冷"现象。城乡地区方面，农村代内收入流动性整体好于城市。最为突出的是次低收入阶层，城镇家庭生育二孩后的流动表现不理想，农村不仅富于流动，而且结构力量还是向上的。区域层面方面，东部地区代内收入流动性表现良好，机会均等性较好，改善家庭经济地位的可能性较高，活跃的阶层流动能够抵消生育二孩导致的家庭成本增加。东北地区代内收入流动性恶化，经济地位固化现象严重。东北地区大量外流的劳动力减慢了经济发展，生育二孩加速了收入地位的僵化。考察生育意愿对代内收入流动性的影响机制发现，生育意愿对代内收入流动性具有显著负向影响。如果家庭成员具有强烈的生育意愿，会提高家庭人口数量，增大收入地位下降的概率。因而，生育意愿是影响中国家庭代内收入流动性变动的重要因素之一。

第七章　全面二孩政策的动态经济影响：
代际收入流动性

代际收入流动性（Intergenerational Income Mobility）是指子代在收入分布中所处地位相对于父代的变动情况。如果子代的相对位置高于父代，表示代际向上流动，社会良性流动能够调动个体积极性，促进经济增长和社会稳定；反之，则表示代际向下流动，收入流动固化、社会的机会公平性降低（Dirk，2001）。全面二孩政策下，生育二孩家庭代际收入传递呈现的流动特征，直观表现为生育二孩带给父代收入的改变，进而影响子代收入的代际变化。那么，育龄家庭在生育二孩后是否遭受福利损失，代际流动是否恶化，成为亟须论证的命题。

为此，本章利用代际收入弹性、代际收入转换矩阵和测度指标得到生育二孩后家庭代际收入流动性的总体变化及群体特征，在影响因素层面上通过控制其他影响代际收入流动性的可能因素，系统分析生育二孩对中国家庭代际收入流动性的影响。研究设计如下：首先，梳理代际收入流动性的代际弹性系数、代际收入转换矩阵和测度指标，对这些方法进行总结归纳；其次，遵循从整体到部分的逻辑思路，采用2016—2019年的调研数据和中国综合社会调查数据，测度代际收入弹性、构建收入转换矩阵和相应的测度指标，得到不同时期的二孩家庭代际收入地位的变动情况；再次，针对中国收入不平等和地域幅员辽阔的现实，结合收入阶层、城乡地区两方面做群体分析；最后，试图解答生育对不同群体代际收入流动的影响，根据生育二孩对代际收入流动性的产生机制进行经验验证，识别二者的因果关联。

第一节　测度方法

自弗里德曼（1956）的收入流动理论起，众多学者致力于代际收入流动性的研究，在工具、方法和数据等方面进行了丰富的演绎和推广。本部分通过梳理生育与代际收入流动性的理论框架，根据代际收入流动性的基本理论和测度方法，针对生育二孩后家庭代际收入流动性的动态变化，从微观层面考察测度结果、群体特征以及影响机制。

一、经典理论框架

贝克尔（1960）的经济学著作中，家庭通过投资孩子这一"商品"，将生育行为看作是一种由经济利益驱动的决策行为，一个家庭是否会选择生育取决于两个重要因素，即从其中获得的收益和需要付出的成本。如果生育孩子所带来的收益大于成本，家庭更倾向于多生孩子；相反，如果生育孩子所带来的收益小于成本，家庭则倾向于少生或不生孩子。在孩子的"质量"和"数量"问题中，贝克尔（1960）基于孩子的"投资"理论，构建生育的经典理论框架，认为效用取决于父代的消费和子代的数量及质量，在假设代际效应最大化的前提下，考察生育行为对代际收入流动的影响，探讨代际收入流动模型。

代际流动由父代和子代两代人的经济水平共同决定，而两者的连接点在于子代从父代那里获得的人力投资回报和自身的禀赋能力，由此对子代的经济水平产生作用。其中，人力投资回报是指父代为提高孩子质量而进行的人力资本投资。理论上，人力资本投资越多，子代的投资回报越高，子代的经济能力也相应越高。自身的禀赋能力是指子代源于父代的生理基因结构、家庭的物质或社会能力。这种禀赋能力通过父代和子代之间的遗传、财富和社会资源的传承建立联系，实际上也是家庭传导的侧面体现。人力资本投资和个人禀赋两要素共同作用于子代的经济水平，进一步决定代际收入流动性。因而，经典理论认为在衡量子代经济水平时，需要分别考察人力资本回报率和自身禀赋两要素的参数。如果两个参数都小于 1，家庭之间的经济分布格局可以看作是趋于稳定的分布形式。

贝克尔使用子女"投资"理论构建单一家庭的代际流动模型，将效应函数作为切入点，运用家庭、市场和政府收入再分配等多维参数考察生育与代际收入流动的理论模型。随后，Solon（1999）在该模型的基础上进一步演绎和简化，得到更为清晰、简单的数据模型，通过这一模型能够明确讲解生育和代际收入流动问题。

假设一个家庭的家庭成员如下：一对父母和一个孩子。父母生命周期内的全部收入（Y_{t-1}）的分配形式主要分布在两方面：一是父母的自身消费（C_{t-1}）；二是父母投资在孩子身上的人力资本（I_{t-1}），后者在一定程度上决定了孩子以后的投资回报以及谋生能力。因此父母的收入分布函数可以表示为：

$$Y_{t-1} = C_{t-1} + I_{t-1} \qquad (7-1)$$

投资 I_{t-1} 是用于孩子身上的人力资本投资，影响孩子生命周期内的全部收入 Y_t，可知：

$$Y_t = (1+r)I_{t-1} + E_t \qquad (7-2)$$

其中，r 表示人力资本投资回报参数，E_t 表示孩子生命周期内影响全部收入水平的其他因素的联合效应。根据效应最大化原则，父母需要在自身消费 C_{t-1} 和孩子人力资本投资 I_{t-1} 之间分配全部收入 Y_{t-1}，由此得到柯布-道格拉斯的最大化效用函数：

$$U = (1-\alpha)\log C_{t-1} + \alpha \log Y_t \qquad (7-3)$$

由于 E_t 是模型中的假设条件，并且参数 α 的取值是在[0,1]之间，用于考察单个家庭父母总收入 Y_t 对于其自身消费 C_{t-1} 的偏好。在效用最大化的情况下可知 I_{t-1} 的最优选择是：

$$I_{t-1} = \alpha Y_{t-1} - (1-\alpha)E_t / (1+r) \qquad (7-4)$$

将方程（7-4）引入方程（7-2）得到方程（7-5）：

$$Y_t = \beta Y_{t-1} + \alpha E_t \qquad (7-5)$$

由方程（7-5）可知，如果收入的动态分布保持稳定，使得父代和子代具有相同的收入变动，即方差均是相同的，则父母和孩子两代生命周期内的收入水平之间有可能相关，但是需要满足 E_t 和 Y_{t-1} 是正交的条件。显然，大部分情况下并不能满足正交条件。因此，为了深入了解 E_t 和 Y_{t-1} 的相互关系，需要将 E_t 分解为：

$$E_t = e_t + u_t \qquad (7-6)$$

其中，e_t 表示孩子的经济能力禀赋，即除了人力资本投资 I_{t-1} 以外的部分，u_t 独立于 Y_{t-1} 和 e_t，u_t 表示孩子的"市场运气"，包括父代遗传的生理基因结构，传承的家庭物质、社会能力及其他能力。也就是说，孩子的禀赋可能由家庭的遗传结构、种族特征决定，也可能取决于家庭的财富地位和社会资源，更可能受到家庭的文化熏陶。因而可以看成是家庭传导的侧面体现。

通过划分孩子自身禀赋，可知孩子禀赋 e_t 与父母禀赋 e_{t-1} 正相关。e_t 遵从一阶自回归过程：

$$e_t = \lambda e_{t-1} + v_t \tag{7-7}$$

其中，$0 \le \lambda < 1$，v_t 与 σ^2 不相关，使用偏离均值对全部变量进行转换，从而控制模型的截距项。通过方程（7-5）得到，如果 λ 是正向的，那么 E_t 与 Y_{t-1} 正相关，原因在于两者均取决于父母的禀赋 e_{t-1}，因此，代际收入流动不完全取决于 β。

为了考察代际收入流动的真正意义，将方程（7-6）代入方程（7-5）可知：

$$Y_t = \beta Y_{t-1} + \alpha e_t + \alpha u_t \tag{7-8}$$

其中，假设 $0 < \beta < 1$ 是收入变量的分布比例；对于所有的时间变量 t，e_t 的样本方差为 $\sigma_e^2 = \sigma_v^2 / (1 - \lambda^2)$，$u_t$ 的样本方差为 $\sigma_u^2 = 0$。显然，在这种情况下，Y_t 和 Y_{t-1} 之间可以满足代际收入流动的相关性条件。实际上，如果 $\sigma_e^2 = 0$ 或者 $\lambda = 0$，那么方程（7-8）仅是因变量具有白噪音误差项的一阶自回归过程。同时，自回归参数 β 可以代表代际收入流动的估计情况。假设 $\sigma_u^2 = 0$，则方程（7-8）是因变量具有误差项的一阶自回归模型。但是，这种条件下考察的自回归系数与普通最小二乘估计结果不一致。因为普通最小二乘估计量的估计范围，可以看作是 Y_t 和 Y_{t-1} 之间的相关，即 $(\beta + \lambda) / (1 + \beta\lambda)$。如果 $\lambda > 0$，这种相关性超过自回归系数 β，而且若 $\beta > 0$，结果会大于 λ。

大部分情况下，方程（7-8）的代际收入相关是前面两种特殊情况的加权平均运算：

$$Corr(Y_t, Y_{t-1}) = \delta\beta + (1+\delta)\left[(\beta + \lambda)/(1 + \beta\lambda)\right] \tag{7-9}$$

实际上，以上的推导过程具有一定局限性：第一，仅考虑了人力资本的代际传承问题，没有将物质资本、社会资本统筹到模型之中，忽略了两者在代际传承中的重要作用；第二，消费函数，即方程（7-3）中效用函数形式的假设可能存在不合理情形，该效应函数的适用对象仅在单个家庭之间，没有考虑到婚姻在代际传承中的影响；第三，效应模型是建立在一个孩子基础上的。事实上，多个孩子家庭的资源代际传承关系相互作用，效用函数也不尽相同。尽管模型和假设存在一定局限性，但是，仍然能够体现家庭代际流动的传承过程，通过模型构建和推导可知：

第一，虽然模型没有考虑物质资本和社会资本，但仍然可以通过多种途径分析代际收入流动的传递轨迹。方程（7-2）表示子代的人力资本回报是影响自身收入水平的因素，方程（7-4）表示父代收入对子代人力资本投资的作用程度。方程（7-2）和方程（7-6）表示子代的禀赋能力也是影响自身收入的另一因素。方程（7-7）表示子代的生活环境、先天特征以及父代对子代的遗传禀赋，这些都对子代收入产生影响。方程（7-9）表示人力资本、生活环境、子代禀赋等多种途径联结代际流动过程。人力资本通过父代的消费决策对子代产生人力资本投资回报，子代禀赋则是要借由个人能力、市场或机遇影响自身的收入水平。

第二，尽管代际收入流动的影响因素复杂而繁多，但是这些影响因素对代际收入流动的作用程度并不完全一致，有些因素即使相关，可能相关性也不一定很强。由方程（7-9）可以发现，代际收入流动的相关性取决于参数，但是基于理论层面对这些参数的讨论并不常见。因此，为了更为清晰地分析代际收入流动，需要经过实证分析得到。

第三，子代收入的代际流动受到父代收入以外的其他影响因素所约束。子代收入取决于父代收入和子代禀赋，并且前者也是决定后者的主要因素。已有研究成果显示，子代收入与父代收入不一定相关。Solon（2004）认为同一家庭兄弟姐妹的收入差别很大，但与父母收入不相关。

二、测度方法

代际流动性考察的是社会个体的经济地位与其自身家庭的作用关系。个体经济地位的衡量标准是多维度的，因此其测度指标也并不唯一。目前使用较为广泛的指标主要基于 3 种维度：职业、教育和收入。其中，职业地位隶属于社会学的范畴，通过构建社会等级考察职业所处的社会层级，而教育和收入则是属于经济学的概念，主要从受教育程度和收入水平研究个体的经济地位。迄今为止，大量研究基于社会学和经济学两个学科对代际流动进行测度和分析，研究焦点主要是代际流动的理论构建、方法和实证分析。

（一）多维度的测度指标需要不同的数据和方法

数据的局限性主要体现在职业和教育指标研究，由于两者的表现形式都是时点数据，非连续变量。但是基于该指标的代际流动需要构建时序数据，指标不容易取得和确定。然而，收入指标的收集是在时间序列基础上的，属于连续变量，因此可以方便地计算代际流动，通过回归模型即可借由时间序列考察代际流动。

（二）多维度测度下的代际流动指标结果不一致

Balden（2011）的研究表明，使用教育和收入这两个指标计算的代际流动性，其动态变化趋势较为一致，并且运用所测结果比较了发达国家之间的代际流动水平和结构特征，发现美国和南欧的流动性低于北欧。但是，当使用社会地位这一指标计算代际流动性时，结果与前面两指标的结论并不一致，并且差别较大：瑞典和美国的流动性都较大，但是德国的流动性最差。为了进一步比较，文献基于英国和美国两国的收入、教育和社会地位3种数据衡量代际流动性，发现英国的代际教育流动性和代际收入流动性数值较高，而美国的代际社会流动性数值较高。不同指标下的代际流动性结果存在差异，原因可能在于收入、教育两指标与社会地位之间不具有显著的相关性，或是由于研究数据存在误差导致指标之间的相关性弱。

（三）社会学和经济学考察的代际流动性侧重点不同，在理论基础和政策导向方面存在明显差异

事实上，社会地位和收入之间相辅相成，依存性强，数值类似，并且两者都是以教育为基础衍生而发展。然而，两者的焦点差异显著。社会地位所属的社会学考察的代际社会流动性，是从社会发展视角进行分析，通过社会地位流动特征深化社会的公平性和正义性，探究机会的均等性和社会的稳定性；收入和教育变动所属的经济学考察的代际收入流动性或代际教育流动性，是从收入分布格局、人力资本投资、微观个体经济状况等经济学视角分析市场经济下劳动力市场、人力资本市场和微观经济个体的代际变动。

本书着眼于微观家庭的生育和代际收入流动性，因此基于贝克尔（1960）孩子的"投资"理论，认为效用取决于父代的收入、消费和子代的数量及质量，因此使用收入指标探讨代际收入流动，构建代际收入流动性的模型框架。代际收入传承性的程度，就是代际收入流动性的大小。如果代际收入的传承性越强，子代获得父代的资本传递越多，表现为代际流动性越低；如果代际收入的传承性越弱，子代获得父代的资本传递越少，则表现为代际流动性越高。代际收入流动性的实证方法如下：

1. 最小二乘估计法（OLS）。最小二乘估计法因其简单性和广泛性而经常被使用在各种回归的经验分析中，表达式为：$Y_{1i} = aY_{0i} + b$。其中，Y_{1i}

表示 i 家庭中子代的收入对数，Y_{0i} 为父代的收入对数，参数 a 考察的是父代收入变动 1%，子代收入变动的百分比，通过收入取对数的形式对父代和子代收入关系进行回归，重点分析代际收入传承性的强弱。

2. 分位数回归方法。选择分位数回归方法得到代际收入流动性在不同分位数上对因变量的影响。由于在研究诸多分布问题特别是收入问题时，分位数回归能够很好地分析解释变量的均值效应，因此可以作为探究收入分布层级的良好工具。例如考察第 25、第 50 及第 75 个百分位点，就是在分析低收入、中等收入和高收入不同群体问题。在实际分析问题时，分位数回归常常作为最小二乘回归的进一步分析而共同使用。

根据代际收入流动特征，父子的收入分位数回归模型为：

$$\ln\left(Y_i^{child}\right) = \alpha_\theta + \beta_\theta \ln\left(Y_i^{father}\right) + \varepsilon_{i,\theta} \qquad (7\text{-}10)$$

其中，Y_i^{child} 为家庭 i 孩子的终生收入，Y_i^{father} 为家庭 i 父亲的终生收入，θ 为收入分布的分位数，α_θ 为常数项，$\varepsilon_{i,\theta}$ 为误差项。

$$Quant_\theta\left[\ln\left(Y_i^{child}\right)\Big|\ln\left(Y_i^{father}\right)\right] = \alpha_\theta + \beta_\theta \ln\left(Y_i^{father}\right) \qquad (7\text{-}11)$$

在这种情况下，劳动者的终生收入、年收入和年龄之间的关系可以在收入的条件分布上变化，因此，

$$\frac{1}{T}\sum_{t=1}^{T}\ln\left(Y_{it}^L\right) = \ln\left(Y_i^L\right)_\theta + \rho_{1,\theta}^L A_i^L + \rho_{2,\theta}^L \left(A_i^L\right)^2 + \eta_{i,\theta}^L \qquad (7\text{-}12)$$

$$L \in \{child, father\}$$

其中，Y_i^L 为个体的终生收入，Y_{it}^L 为个体在 t 时期的观测收入，A_i^L 为个体经济收入观察期的平均年龄，$\eta_{i,\theta}^L$ 为误差项，$\rho_{1,\theta}^L$ 与 $\rho_{2,\theta}^L$ 为回归系数，将终生收入的估计值代入到代际收入弹性模型（7-10）中，可以得到以下模型：

$$\frac{1}{T}\sum_{t=1}^{T}\ln\left(Y_{it}^{child}\right) = \alpha_\theta + \beta_\theta \frac{1}{T}\ln\sum_{t=1}^{T}\ln\left(Y_{it}^{father}\right) + A_i\rho_\theta' + \mu_{i,\theta} \qquad (7\text{-}13)$$

其中：

$$\rho_\theta' = \left[-\beta_\theta\rho_{1,\theta}^{father}, -\beta_\theta\rho_{2,\theta}^{father}, \rho_{1,\theta}^{child}, \rho_{2,\theta}^{child}\right]$$

$$A_i = \left[A_i^{father}, \left(A_i^{father}\right)^2, A_i^{child}, \left(A_i^{child}\right)^2\right]$$

$$\mu_{i,\theta} = \varepsilon_{i,\theta} + \eta_{i,\theta}^{child} - \beta_\theta \eta_{i,\theta}^{father} \quad \mu_{i,\theta} = \varepsilon_{i,\theta} + \eta_{i,\theta}^{child} - \beta_\theta \eta_{i,\theta}^{father}$$

此时，β_θ 为不同分位数群体的代际收入弹性系数。

3. 代际转换矩阵。现有文献大多选择代际弹性来衡量代际流动。不论是最小二乘估计法还是分位数回归，均是围绕作为回归系数的代际收入弹性进行讨论。然而，代际弹性系数仅是衡量代际流动大小的指标，关注的焦点是代际的传承性，并不能够测度代际流动方向，无法测度代际收入流动性本身。极端的情况是：当一个社会的代际弹性系数为 0 时，虽然表示这个社会代际完全流动，但可能全部由单一的代际向上或向下流动所致，而判断流动方向却是代际弹性系数无法测度和解决的问题。为了深入探讨代际收入流动性自身的演变过程以及流动方向，需要使用代际转换矩阵。代际转换矩阵能够体现不同阶段父代与子代收入流动性，衡量不同收入阶层代际流动的动态变化，可以成为代际收入弹性的参考和补充，从而刻画代际流动性的变化轨迹。代际收入转换矩阵首先将父代与子代按照经济收入的多少分成若干个收入层级。其中，行表示子代收入划分，列表示父代收入划分。矩阵中的元素代表子代留在父代阶层或向其他收入阶层流动的条件概率，即父代处于某一收入阶层时，子代处于不同阶层的概率，也就是说，所处子代收入阶层不受父代影响而转移到自身收入阶层的可能性。对角线元素代表子代留在父代的收入层级的可能性，非对角线元素代表子代向父代的其他收入阶层流动的可能性以及流动的方向。若是矩阵中的每个元素均是相等且为 0.2，则表示代际收入处于完全流动，即子代收入阶层与父代完全无关。若是除对角线外，矩阵中的其他元素均为 0，则表示代际收入处于完全不流动，即子代收入阶层与父代完全相关。与代内收入转换矩阵相同，根据代际收入转换矩阵也可以得到相应指标（惯性率、亚惯性率和平均阶差），此处不再赘述。

当然，代际收入转换矩阵也存在一定的局限性。Bhattacharya 和 Mazumder（2008）认为代际收入转换矩阵取决于分类标准。例如，矩阵可以分为五分位数的标准转换矩阵，这种划分方式能够测度矩阵的向上流动，即儿子在收入中的百分比排名超过父亲在收入中的百分比排名的概率。如果将代际收入转化矩阵进行细致的划分，能够更为准确观测到父代与子代收入的动态变化。因此，可以将更多的权重放在细致的分类中，测度代际收入流动的小范围演变。但是，这种主观的划分方式使得测度结果差异显著。Peter（1992）使用美国青年纵向调查（NLSY）数据测度五分位代际收入转化矩阵，结果表明黑人与白人的向上流动程度差异较大，但是，在进行更为细致的划分后，黑人和白人的流动结构基本一致。上述结果说明随着精度的提高，研究结论也相应存在差异，同时表明检验结果稳健性的重要性。

　　转换矩阵的一个重要特点是能够直观考察收入层级的代际收入流动性分析，Dearden 等（1997）将父代和子代收入平均分为五等分，结果表明在英国的代际收入转换矩阵中，如果父代位于低收入阶层，子代约有 33% 的可能性能够进入中等收入及以上阶层，如果父代处于富裕阶层，子代仍然处于该阶层的可能性很高，代际传承现象严重。Jantti 等（2006）按照同样方式考察美国的代际收入转换矩阵，研究发现父代位于低收入阶层时，子代仍然留在该收入阶层的概率超过 40%。美国和英国较高的代际收入弹性主要是由于尾部分布的不同。相比而言，挪威和丹麦两个国家父代处于最高和最低收入阶层的家庭，子代具有更高的收入流动性。但是比较美国、英国和北欧国家的中等收入阶层可以发现，子代的收入流动性相似，差异不大。Hirvonen（2006）采用十分位的转换矩阵探讨瑞典的代际收入流动性，发现高收入阶层具有较强的代际传承性，但是其他收入阶层向上流动的通道畅通。即使富裕家庭的代际传承现象严重，但是其他收入阶层的流动性相对较高，也在一定程度上体现了机会的公平性。除此之外，还有学者使用姓氏探讨代际收入流动性，即通过家族或者族谱确定姓氏的传承过程，测度代际收入流动性。Clark（2012）的研究结果表明，通过家族收入、财富、地位等多种维度测度的代际流动性，发现多数国家都具有较低的代际流动性。

第二节　实证测度

　　本部分先采用 2010—2017 年中国综合社会调查数据（CGSS）和 2016—2019 年的调研数据，得到不同时期代际收入流动性，构造代际收入转换矩阵和测度指标考察二孩家庭代际收入流动性的长短期变化；随后，针对中国收入不平等和地域幅员辽阔的现实，还需结合收入阶层、城乡地区、年龄和性别等多方面做异质性分析；最后，实证分析生育对家庭代际收入流动性的影响机制。

一、设定模型和变量

本节研究二孩家庭的代际收入流动性，探究以家庭为单位的代际收入地位的动态演化。构建理论模型，反映生育二孩家庭代际收入流动性的发展轨迹。

（一）设定模型

选择代际收入弹性系数作为测度代际收入流动大小的指标，多角度验证代际收入流动性的动态演进。测量代际收入弹性模型为：

$$y_{1,t} = \alpha_t + \beta y_{0,t} + bX + \varepsilon \tag{7-14}$$

其中，$y_{1,t}$ 和 $y_{0,t}$ 分别表示第一个孩子（以下简称子代）和父代在 t 时期的收入对数；X 为控制变量，包括个体和家庭特征变量、人力资本变量、社会资本变量和物质资本变量，用以控制收入的生命周期特征和个体差异；ε 为扰动项。β 即代际收入弹性 $\bar{\beta}$（IGE）的估计值。代际收入弹性系数是指子代对父代的相对收入弹性。代际收入弹性系数越小，代际收入流动性也就越高。代际收入弹性系数为 0，表示子代的经济状况与父代完全没有联系，代际完全流动；代际收入弹性系数为 1，表示子代的经济状况全由父代决定，完全没有代际流动。

（二）变量选择

收入变量。收入指标选取工资年收入反映二孩家庭代际收入流动性。根据 2009 年全国物价水平为基数，计算通货膨胀率对名义收入进行平减处理[①]。

个人和家庭特征变量。包括父代和子代的年龄及其平方、性别、户籍、婚姻状况等，用以控制性别和城乡差异。

人力资本变量。经济学家贝克尔将人力资本定义为在经过教育、培训、生活健康等方面投资后，将这些资本转换为个人的知识、能力和健康水平等特征，由此获得物质或精神财富。结合问卷设计和数据的可获得性，采用受教育程度和健康程度等维度测度子代的人力资本。其中，选择受教育年限变量衡量受教育程度，是否拥有医疗保险变量衡量健康程度。

社会资本变量。社会资本是指个人在社会上的声望地位。大量学者使用不同维度考察社会资本变量。边燕杰等（2022）选择网络的规模、顶端、

---

① 物价指数源于《中国统计年鉴 2009》，第 246 页。

差异和结构 4 个维度度量社会资本。李辉文等（2015）采用家庭通信费用支出和家庭礼金考察社会资本。李春玲（2005）关注个体的职业声望，通过探讨个体的职业身份，如是否是管理人员、是否就职于公共部门衡量个体的权力、部门优势与社会歧视，研究发现影响个体社会地位的重要因素分别是权力、单位性质以及是否从事特殊职业。结合问卷设计和数据的可获得性，参考陈琳和袁志刚（2012）的做法，选择是否为党员，是否在机关、事业单位和国有集体企业工作衡量社会资本变量。

物质资本变量。40 多年的改革开放，中国经历了资产分配的快速发展过程。资本红利让拥有物质资本的个体分享了资本红利。因此，物质资本对于代际收入流动性的影响至关重要。根据以往学者的总结，物质资本主要包含房产、土地、金融资产、耐用品资产与现金资产等 5 个方面。因此选择是否拥有房产、是否拥有金融资产、是否拥有如宅基地这种农村土地等变量测度个体的物质资本。

表 7-1　代际收入流动性的相关变量定义

类别	变量名称	数值类型	变量说明
子代收入	$y_{1,t}$	数值	子代的年工资收入
父代收入	$y_{0,t}$	数值	父代的年工资收入
家庭结构	Mar	数值	婚姻状况
	Age	数值	户主年龄
	Age^2	数值	户主年龄平方
	Gender	虚拟变量	户主性别
	Hu	虚拟变量	户主户籍
人力资本	Edu1	虚拟变量	户主受教育程度为小学及以下
	Edu2	虚拟变量	户主受教育程度为初中
	Edu3	虚拟变量	户主受教育程度为高中（含职高）
	Edu4	虚拟变量	户主受教育程度为大专及以上
	Headins	虚拟变量	户主是否拥有医疗保险
物质资本	House	虚拟变量	家庭是否拥有房产
	Fin	虚拟变量	家庭是否拥有金融资产
	Land	虚拟变量	家庭是否拥有宅基地等农村土地
社会资本	Party	虚拟变量	户主是否是党员
	Job	虚拟变量	户主是否在机关、事业单位和国有集体企业工作

二、数据

将 2010—2017 年中国综合社会调查数据中生育过二孩的家庭作为研究对象，考察生育二孩前后家庭代际收入流动性的演化情况。20 世纪 80 年代中国实行计划生育政策，规定在不同民族、不同地区之间有所区别：一是汉族家庭只能生育一个孩子，少数民族可以生育两或三个孩子，个别民族不限制生育数量；二是农村居民的政策限制较为宽松，第一孩为女孩的可以生育第二孩。这种差异化的生育政策为二孩前后的数据追踪提供了可能。中国综合社会调查数据每轮调查都满足 2000 户左右的家庭样本数量，城乡比约为 1:2。该调查样本涵盖 28 个省份，样本容量和覆盖范围满足研究需要。2017 年后的代际收入情况则根据实际调研数据进行考察。

数据处理过程如下：（1）现有文献对于代际关系的测度主要限定于父子之间，基于可比性的考虑，本书也选取父子样本考察代际收入流动。利用家庭代码、个人代码以及家庭关系代码对父子信息进行匹配，删除了父子年龄差小于 14 岁的样本。（2）选择 16~65 岁区间内的个体，并剔除了仍在学的个体。（3）数据中存在大量的缺失数据，直接进行删除处理。在此基础上，对 1%以下和 99%以上数据进行缩尾处理。（4）保留信息完整的样本。

样本变量的描述性统计如表 7-2 所示。包括父代和子代总体、城乡和收入阶层的平均年收入和平均年龄。整体而言，不论是总体、城乡还是高中低收入群体，子代年收入均高于父代。同时，子代平均年龄约为 32 岁，父代则是 54 岁左右。城乡比较看，不论父代还是子代，城镇样本的年收入均高于农村，并且城乡收入差距极为显著。

表 7-2　样本变量的描述性统计

分组	父代		子代		样本量
	年收入（元）	年龄	年收入（元）	年龄	
整体	45402	55.21	57547	34.25	2201
城镇	53604	56.07	65042	32.17	1047
农村	38535	54.65	47857	31.09	1154
高收入	77882	55.97	75474	33.24	705
中等收入	44403	52.32	65414	32.08	718
低收入	13145	53.07	44750	33.82	778

三、测度结果

(一)代际收入弹性

个体在年纪较小或较大时的收入都要低于终生收入,无法准确衡量终生收入。因而,选择30~45岁子代样本的经济收入作为终生收入,使用最小二乘法(OLS)估计对中国二孩家庭代际收入流动性追踪调查,反映生育二孩后家庭经济代际传递的发展轨迹,模型估计结果见表7-3。

表7-3　二孩家庭代际收入弹性的OLS估计

变量	系数	标准误	T值	$P>|t|$	95%的置信区间	
代际收入弹性系数	0.381**	0.021	8.624	0.000	0.095	0.165
子代平均年龄	−0.058*	0.084	−0.327	0.532	−0.352	0.268
子代平均年龄平方	0.002*	0.001	0.247	0.741	−0.004	0.007
子代性别	0.098*	0.034	4.714	0.000	0.098	0.385
父代平均年龄	0.066*	0.005	0.825	0.165	−0.208	0.567
父代平均年龄平方	−0.001	0.000	−0.184	0.247	−0.004	0.003
常数项	2.365	3.054	0.693	0.286	−3.669	10.335

注:***、**、*分别为1%、5%和10%显著。

表7-3的结果显示,代际收入弹性系数的估计值为0.381,将个体短期收入均值看作整个生命周期收入均值,导致预估的代际收入弹性偏小,同时,父代收入变量可能产生的内生性也会影响模型结果。因此,若要得到代际收入弹性的真实结果,还需构造工具变量修正最小二乘模型估计值。工具变量的选择需要满足两个条件,一是与父代收入水平相关,二是与子代收入水平不相关。借鉴贾男等(2013)的做法,尝试采用父代教育水平作为工具变量。父代人力资本、社会资本和财富资本与父代收入密切相关,与被解释变量子代收入完全外生,能够更好地控制联立问题及不可观测因素造成的偏误问题。表7-4给出了工具变量的识别检验结果,结果显示工具变量通过了识别不足与过度识别检验,是较好的工具变量。因此选择父代的教育水平作为工具变量,构建工具变量回归模型(IV模型)测度代际收入弹性,结果见表7-5。

表 7-4　工具变量检验结果

统计量	结果
Underidentification test (Kleibergen-Paap rk LM 统计量):	84.21
Chi-sq(3) P-值	0.00
Weak identification test (Cragg-Donald Wald F 统计量):	33.24
(Kleibergen-Paap rk Wald F 统计量):	35.78
Stock-Yogo weak ID test critical values:　　5% maximal IV relative bias	13.85
10% maximal IV relative bias	8.974
20% maximal IV relative bias	5.879
30% maximal IV relative bias	5.228
10% maximal IV size	21.28
15% maximal IV size	11.76
20% maximal IV size	8.640
25% maximal IV size	7.610
Source: Stock-Yogo (2005).　Reproduced by permission.	
NB: Critical values are for Cragg-Donald F 统计量 and i.i.d. errors.	
Hansen J 统计量(overidentification test of all instruments):	3.215
Chi-sq(2) P 值	0.120

表 7-5　二孩家庭代际收入弹性的 IV 估计结果

变量	系数	标准误	Z 值	$P > |t|$	95%置信区间	
父代收入对数	0.392**	0.058	5.68	0.000	0.205	0.351
父代教育水平	0.025*	0.068	7.41	0.000	0.452	0.652
控制变量	—	0.054	10.25	0.000	0.239	0.385
常数项	7.118	0.691	12.52	0.000	6.584	8.258

注：***、**、*分别为1%、5%和10%显著。

表 7-5 结果表明，加入工具变量后代际收入弹性为 0.392，较前期研究学者的估计值[①]偏低，这是因为本部分所估计的代际收入弹性表示控制了子代自身资本影响后，子代收入受父代收入的影响程度。

作为代际收入弹性研究的起点，有必要选择工具变量回归模型从时间维度考察 2010—2019 年二孩家庭收入流动的代际关联性，结果见图 7-1。

---

① 杨亚平、施正政（2016）估计 2010 年社会的代际收入弹性为 0.6。何石军、黄桂田（2013）估计 2000—2009 年社会的代际收入弹性分别为 0.66、0.49、0.35 与 0.46。

代际收入弹性系数从 2010 年的 0.455 下降到 2019 年的 0.392。2010—2019年时间段内，受到制度改革、经济增长以及市场化进程等积极因素的影响，二孩家庭代际收入流动不断上升，家庭代际传承性逐渐减弱。这与其他学者基于社会地位及职业流动视角所得的中国代际流动结果一致（杨沫、王岩，2020）。

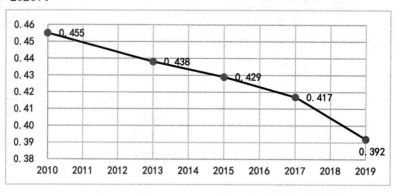

图 7-1　2010—2019 年二孩家庭代际收入弹性系数

（二）代际转换矩阵

代际收入弹性是从绝对收入视角考察代际的传承性，而代际转换矩阵能够体现不同阶段代际收入流动的动态变化，可以从相对视角刻画代际流动性的变化轨迹，是代际收入弹性很好的参考和补充。因而，本节从代际转换矩阵出发，衡量不同时期、不同收入阶层的代际收入流动，为探讨二孩家庭父代与子代代际之间的流动方向，考察全面二孩生育政策效应提供参考。具体而言，依据由低到高将父代和子代收入水平平均分成五等分，定义底层为低收入阶层、第二层为次低收入阶层、第三层为中等收入阶层、第四层为次高收入阶层、顶层为高收入阶层，最终获得 5×5 代际转换矩阵。

表 7-6　二孩家庭代际收入转换矩阵　　　　　　　（单位：%）

	父代					
	2011	1	2	3	4	5
子代	1	32.98	23.10	17.48	11.59	14.83
	2	23.39	22.42	22.13	19.90	12.18
	3	22.65	19.51	24.88	16.53	16.41
	4	13.01	23.62	18.04	25.04	20.30
	5	7.74	11.46	17.58	27.09	36.08

续表

	父代				
	2015	1	2	3	4	5
子代	1	30.97	21.09	17.49	13.60	16.84
	2	21.38	20.41	22.12	21.91	14.19
	3	22.65	19.51	24.89	16.53	16.41
	4	15.02	25.63	18.03	23.03	18.29
	5	9.75	13.47	17.59	25.08	34.07
	2019	1	2	3	4	5
子代	1	28.96	23.10	15.48	15.61	16.85
	2	23.39	18.40	24.13	19.90	14.18
	3	20.64	21.52	22.88	18.54	16.42
	4	17.04	23.63	20.03	21.01	18.28
	5	9.74	13.48	17.60	25.09	34.08

注：1、2、3、4、5 分别为低收入阶层、次低收入阶层、中等收入阶层、次高收入阶层、高收入阶层。

表 7-6 是 2011 年、2015 年和 2019 年的代际收入转换矩阵结果，列出了不同收入阶层转换矩阵概率。考察低收入阶层可知，2011 年父代处于低收入阶层的二孩家庭，子代仍处于该阶层的概率为 32.98%。该数值随时间逐渐下降，2015 年降至 30.97%，2019 年再次降为 28.96%。自 2011 年起低收入阶层的代际收入流动逐步升高，子代不断向上流动，特别是向次高和高收入阶层流动的机会不断增多，从 2011 年的 20.75%升至 2019 年的 26.78%，子代经济地位受父代影响逐渐减小，经济状况得到改善。与其他阶层相比，中等收入阶层的代际流动情况十分值得关注，向上流动能够跃居为高收入阶层，向下流动则可能成为低收入阶层，是代际流动的关键阶层。研究显示，2011 年和 2015 年中等收入阶层的代际流动并不活跃，2019 年向上流动的可能性增大，逐步向更高收入阶层流动。高收入阶层的代际传递结果表明，2011 年父代处于高收入阶层的二孩家庭，子代仍留在该阶层的概率为 36.08%，2015 年和 2019 年依旧维持在 34%左右。同时，向下流动变化不大，代际收入流动的僵化现象显著。

表 7-7　二孩家庭代际收入转换矩阵的流动性指标

年份	指标		
	惯性率	亚惯性率	平均阶差
2011	0.283	0.629	1.37
2015	0.267	0.591	1.41
2019	0.251	0.589	1.43

表 7-7 结果显示代际收入转换矩阵的相关指标。整体而言，惯性率、亚惯性率和平均阶差的变化轨迹一致，代际流动水平随时间逐渐增大。以惯性率为例，2011 年代际收入转换矩阵的惯性率为 0.283，表示父代处于某一收入阶层的家庭，子代收入水平仍处于该阶层的概率为 28.3%。2015 年惯性率降至 0.267，2019 年再次下降为 0.251，意味着代际收入流动性不断升高，此结果与代际收入弹性趋势基本一致。

第三节　群体特征

收入阶层、城乡地区、年龄和性别之间的代际收入流动不尽相同，可能呈现出不同的特征。本节将全国层面二孩家庭的代际收入弹性、代际转换矩阵及测度指标作为参考，比较二孩家庭代际收入流动性的群体特征，这样有助于深入分析生育二孩后家庭收入地位的代际变化规律。

一、收入阶层

收入是反映个人社会能力和阶层位置的关键指标，在社会分配制度中，收入成为个人或家庭阶层地位的外在表现形式。因此，以 2019 年个体收入作为分层依据划分收入群体，不仅能客观反映二孩家庭代际收入流动性阶层异质性的现实情况，而且对分析中国日益加剧的社会矛盾和冲突具有重要作用。依然选择父代人力资本作为工具变量，使用分位数回归模型估计处于 0.1、0.25、0.5、0.75 和 0.9，5 个分位点的代际收入弹性。表 7-8 给出了不同收入阶层代际收入弹性系数。结果显示：第一，不同分位点的代际收入弹性波动较大，说明不同收入阶层的代际收入流动性存在差异。第二，随着分位点的增大，10 分位点和 90 分位点的代际收入弹性较高，中间分位点的代际收入弹性较低。代际收入弹性先降后升，说明父代收入对子代的代际作用在不同收入阶层之间程度不同。阶层两端的低、高收入阶层代际收入流动性低于中间收入阶层，表明低、高收入阶层受到父代收入地位的影响较大，代际地位僵化，容易进行"代际传承复制"。相对而言，中间收入阶层的代际收入流动性较为活跃，表现出更大程度的代际收入流动。

表 7-8　不同收入阶层代际收入弹性的回归结果

变量	Q10	Q25	Q50	Q75	Q90
代际收入弹性	0.511*	0.499**	0.485**	0.492**	0.507**
	（0.088）	（0.078）	（0.074）	（0.065）	（0.047）
父代教育水平	0.039	0.078**	0.024*	-0.001**	0.011*
	（0.018）	（0.054）	（0.007）	（0.000）	（0.004）
控制变量	——	——	——	——	——
常数项	-0.605**	2.011**	3.254*	3.024	2.874*
	（0.241）	（0.198）	（0.222）	（0.188）	（0.224）

注：***、**、*分别为1%、5%和10%显著，括号里为标准误。

表 7-9　不同时期代际收入弹性的分位数回归

分位	年份		
	2011	2015	2019
Q10	0.607*	0.563**	0.511*
	（0.0781）	（0.065）	（0.088）
Q25	0.568**	0.527**	0.499**
	（0.056）	（0.054）	（0.082）
Q50	0.524**	0.504**	0.485**
	（0.061）	（0.058）	（0.074）
Q75	0.559**	0.533**	0.492**
	（0.098）	（0.078）	（0.065）
Q90	0.564**	0.540**	0.507**
	（0.066）	（0.072）	（0.047）

注：***、**、*分别为1%、5%和10%显著，括号里为标准误。

表 7-9 显示 2011—2019 年不同收入分位点的代际收入流动性。从横向时间维度看，2011 年、2015 年和 2019 年不同分位点的代际收入弹性持续降低、代际收入流动性不断增强。从纵向分位点看，第一，贫困阶层的代际复制问题十分值得重视，如果代际收入流动性能够为他们带来更多改

善经济地位的机会，那么不论是对避免社会分化和不平等加剧，还是对释放全面二孩政策的正向效应，都具有十分重要的意义和价值。低分位点 0.1 的代际传承最为严重，子代收入受父代影响最为显著，尽管代际收入弹性随着分位点不断减小，但仍是所有分位点中最大的，说明贫困阶层收入地位的僵化问题严重，该类群体更为容易进入"贫困陷阱"，这对家庭经济状况的负面作用更严重，对阶层矛盾和整个社会稳定发展的影响更深远。第二，高分位点 0.9 的代际收入流动虽然好于分位点 0.1，但代际收入流动并未得到明显改善，富裕阶层代际间的僵化情况依然显著。贫富两个阶层经济地位的固化形成了各自的阶层闭环，代际收入流动动态反映了贫富僵化和由此可能造成的阶层矛盾。第三，中等收入阶层是社会发展的"稳定器"、阶层之间的"缓冲剂"。因而，这一收入阶层的代际表现至关重要，分位点 0.5 的代际收入流动是所有分位点中最好的，说明中等收入阶层的代际流动较为活跃，是改善代际传承的主要力量，也是释放全面二孩政策效应的关键。

二、城乡地区

　　二元结构的长期存在使得城乡之间的经济水平和生育观念差异显著，因此需要分别从城乡视角考察二孩家庭代际收入流动性的动态变化。基于子代户籍所在地将样本划分为城镇和农村，考察城乡代际收入流动性，结果见表 7-10。研究显示，城镇代际收入流动水平高于农村，子代对父代的背景依赖性更弱。从时间维度看，2011 年城镇和农村的代际收入弹性分别是 0.527 和 0.558，至 2019 年城镇和农村的代际收入弹性分别降至 0.488 和 0.507。城镇和农村的代际收入流动均有改善，但是城镇的流动水平强于农村。城镇经济发展结构优于农村，收入地位跃升的机会更多，子代可以不受父代约束拥有更多的代际流动机会。

表 7-10　城乡二孩家庭代际收入流动弹性

变量	地区					
	城镇			农村		
	2011	2015	2019	2011	2015	2019
代际收入弹性	0.527** (0.051)	0.505** (0.042)	0.488** (0.077)	0.558** (0.082)	0.520** (0.090)	0.507** (0.081)

续表

变量	地区					
	城镇			农村		
	2011	2015	2019	2011	2015	2019
父代教育水平	0.031**	0.027**	0.025**	0.044**	0.037**	0.029**
	(0.022)	(0.034)	(0.025)	(0.021)	(0.030)	(0.019)
控制变量	—	—	—	—	—	—
常数项	4.021**	5.003**	7.118**	3.336**	3.687**	4.025**
	(0.041)	(0.007)	(0.012)	(0.007)	(0.019)	(0.008)

注：***、**、*分别为1%、5%和10%显著，括号里为标准误。

表7-11　城乡二孩家庭代际收入转换矩阵　　（单位：%）

地区	父代	子代				
		1	2	3	4	5
城镇	1	24.62	22.40	18.65	19.41	14.93
	2	26.88	16.41	21.65	17.15	17.91
	3	20.14	24.64	25.36	17.90	11.94
	4	17.92	20.89	20.14	17.92	23.12
	5	10.45	15.67	14.18	27.61	32.09
农村	1	32.97	23.11	17.47	11.59	14.82
	2	23.40	22.41	22.14	19.90	12.19
	3	22.65	19.51	24.88	16.53	16.41
	4	13.00	23.63	18.05	25.04	20.29
	5	7.75	11.45	17.57	27.09	36.09

注：1、2、3、4、5分别为低收入阶层、次低收入阶层、中等收入阶层、次高收入阶层、高收入阶层。

表7-12　代际收入转换矩阵的流动性指标

地区	指标		
	惯性率	亚惯性率	平均阶差
城镇	0.233	0.602	1.41
农村	0.283	0.629	1.37

　　代际收入转换矩阵可以更加直观地反映城乡二孩家庭代际流动的差异性，表7-11的结果显示，城镇与农村地区父代与子代的收入阶层分布具有不同特征。城镇地区，父代处于低收入和高收入阶层的二孩家庭，子代

仍然留在该阶层的概率分别为 24.62%和 32.09%，说明收入两端阶层的代际流动僵化。特别是高收入阶层，代际力量的集中化、封闭化使得强者愈强、弱者愈弱的"马太效应"愈加明显。相对而言，次低收入和次高收入的代际流动较为良好，子代仍然留在该阶层的概率分别为 16.41%和 17.9%，这两个阶层的社会跨阶层流动成为主导代际流动的重要机制。中等收入阶层处于五阶层的中间位置，其代际流动是衡量社会流动的重要指标，向上流动能够促进社会的良性发展，而向下流动则可能压制社会的生机和活力。父代处于中等收入阶层的二孩家庭，子代仍然停留在该阶层的概率为 24.64%，向下流动的概率为 44.78%，向上流动的概率仅为 29.84%。向下流动和僵化的力量远大于向上，动态流动的严重失衡加速了阶层之间的矛盾和差距。农村地区，从收入两端阶层看，低收入阶层和高收入阶层的惯性率分别高达 32.97%和 36.09%，"马太效应"相对城镇更为严重，强势阶层和弱势阶层之间的边界日渐清晰、社会结构日益板结化，阶层矛盾比城镇更为甚之。次低和次高收入阶层的代际流动要好于其他阶层，但仍差于城镇地区。中等收入阶层的流动与城镇相似，依然难以成为社会的中流砥柱。比较城乡地区的代际流动可以发现，城乡的代际流动方向和流动趋势基本一致，动态的社会流动逐渐凝固，阶层的代际跃进通道日益狭窄，改善经济地位的机会越来越少。二者的差异主要体现在固化程度上，城镇地区的代际流动要优于农村，此结论在流动指标结果中得到进一步印证（表7-12），以惯性率为例，城镇和农村地区分别为 0.233 和 0.283，农村地区代际流动的情况更为恶化。

三、年龄及性别

表 7-13 不同年龄及性别群体代际收入弹性的回归结果

变量	30 岁及以下	31~40 岁	41~50 岁	男性	女性
代际收入弹性	0.512* (0.077)	0.492** (0.067)	0.481** (0.063)	0.489** (0.072)	0.510** (0.048)
父代教育水平	0.036 (0.016)	0.076** (0.065)	0.021* (0.018)	-0.001** (0.000)	0.011* (0.004)
控制变量	—	—	—	—	—
常数项	-0.455** (0.141)	-0.911** (0.188)	-1.094* (0.202)	-2.001 (0.166)	-0.874* (0.209)

注：***、**、*分别为1%、5%和10%显著，括号里为标准误。

　　不同年龄和性别群体之间具有显著的代际流动差异。随着年龄的增长，个体的社会地位和经济能力、思想观念可能呈现不同的变化和特征。为了进一步探讨差异性，将调研样本按照户主年龄分为 30 岁及以下、31～40 岁和 41～50 岁三个年龄组进行回归分析，考察不同年龄群体二孩家庭的代际流动性，结果见表 7-13。加入父代人力资本工具变量，得到三个年龄组的代际收入弹性，结果显示，30 岁及以下组的代际收入流动性显著低于另外两组，31～40 岁组的代际收入流动性逐步升高，41～50 岁组最高。子代在年龄较小时，对父代收入地位的依赖性相对较高，随着年龄的增长，依赖性逐渐减弱，代际收入流动不断升高。不同性别的个体之间代际流动性存在显著差异，同样将 2019 年的调研数据按照性别分为两组考察代际收入弹性，由表 7-13 可知，男性的代际收入弹性为 0.489，女性则是 0.51，男性的代际流动性要高于女性，女性更加依赖于父代的代际传递。

第四节　影响机制分析

　　前述章节已对二孩家庭代际收入流动性的总体变化和群体差异进行了整体研究，为了明确全面二孩政策下生育对代际收入流动性的作用路径，有必要使用反映全面二孩政策效应的生育意愿，分析其与代际收入流动性的传递机制。对此，大量学者已经进行了丰富的演绎，主要是从意愿生育子女数量的层面探讨生育意愿对代际流动的经济影响，研究成果存在两种相反的认知：一部分经典理论认为生育意愿与代际流动呈现负向关系，包括宏观的财富流理论和微观的社会毛细管理论、子女数量质量替代理论。除了上述机制外，社会不安全感的增加也会导致代际流动抑制生育意愿（Blau 和 Duncan，1967）。父代对子代未来社会地位的持续焦虑和担忧降低了他们的生育率，父代对代际地位差异的感知和风险的判断会减少生育意愿（Johansson，1987）。与此相反，另一种观点认为生育意愿与代际流动之间存在正向关系（Boyd，1973）。子代的期望消费水平主要是由幼年时期的家庭环境塑造并且此后变化不大，当子代的社会地位超过父代、子代掌握的资源和社会关系多于父代时，子代在满足了自身的物质、文化消费需求之后，会将更多的富余资源用于储蓄和扩大家庭规模（Easterlin，1987）。由文献梳理部分关于生育影响代际收入流动性的机理分析以及理论模型可知，生育对家庭代际收入流动性产生影响的主要机制在于微观家庭生育需求方面。其中，后者主要体现于家庭的生育意愿。因此，本部分拟从家庭的生育需求视角，验证生育意愿对家庭代际收入流动性的作用机制。

一、理论影响机制

以下重点分析生育影响代际收入弹性的作用机制。Barro 等（1988）和Becker et al.（1991）通过构建代理人框架，分析了个体或家庭的生育意愿和生育决策如何影响代际收入分布。Raut（1990）也研究了在假定收入分布不变的基础上，家庭对子女数量和质量的权衡选择。全面二孩政策实施将促使育龄家庭生育水平出现差异，导致代际收入流动性的改变。从这个角度来看，代际收入改善的可能性（或预期收入）在很大程度上影响着人们的生育行为。在代际收入传递路径中，人力资本、物质资本、社会资本与生育高度相关。因而，生育致使社会代际收入弹性发生改变，可以理解为在子代受父代收入影响基本成型的前提下，通过生育改变其从父代继承而来的差异，并最终通过收入变动改变代际收入弹性。人力资本、物质资本和社会资本等禀赋传承变量作为中间介质，在传递机制中发挥着重要作用。育龄家庭的生育影响跨代的经济分配状况，可以理解为生育意愿作用于父代社会优势（劣势）传承给子代所带来的差异，这种差异可能更多地通过代际流动背后的人力资本、社会资本和物质资本的作用途径得以实现，最终影响力则是多种力量的综合体现。影响路径如图 7-2 所示。图中"正"表示正向影响，"负"表示负向影响。

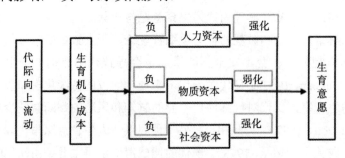

图 7-2　代际流动与生育意愿关系图解

代际向上流动带给个体更多的机会，能够增加个人见识、学习新事物，通过"干中学"提高自身社会技能，增加新的社会关系，获得更多向上流动的机会。同时，也提高了生育的机会成本，进一步降低个人的生育意愿。这些新增因素将改变原有代际收入传递因素的影响程度。

第一，人力资本是决定影响机制的重要因素之一。亚当·斯密（Adam Smith）曾经指出："在社会固定资本中，除物质资本，还包括社会上所有那些人学到的有用的才能。"关于人力资本的界定，经济学家们从不同视角对其内涵进行了阐释。明塞尔（Mincer）认为，积累的技能实际上是一个通常使用的有关人力资本的定义。积累的人类工作能力可以在与物质资本同样的意义上被视为一种资产，尽管它不能被买卖，并且对于此种资产的投资经常涉及像教育一类的非市场活动。按照贝克尔的说法，人力资本（教育、培训及医疗保险等方面的支出）能够改善健康，增加收入，提高阅读能力，让人终生受益，从这个意义上来说，它们也是资本。所谓人力资本是指劳动者受到教育、培训、实践经验、迁移、保健等方面的多重投资所形成的能力和技能的总和。人力资本投资是一种人力资源质量的改进，可以增加人力资本的资本量，从而提高资本收益率。从人力资本来看，个体受教育水平越高，社会竞争的机会越多，生育的机会成本也越高。出于追求更高人力资本投资回报率的考虑，受教育水平高者，尤其是女性，为获得更多社会流动机会不得不选择降低生育意愿（刘晓鸽等，2018）。因而，从某种程度上讲，个体的生育意愿通过人力资本进一步降低了代际流动。由于社会流动往往存在于机会较为公平、社会竞争较为激烈的发达地区，因此人力资本对城镇、发达地区个体代际收入流动的负面作用更为显著（魏瑾瑞、赵汉林，2019）。

第二，在中国经济转轨的背景下，物质资本也是影响机制的关键要素。家庭的物质资本禀赋是实现收入流动的物质基础和条件。人力资本要依靠一定量的物质资本来实现积累。在家庭的物质资本中，土地占有量、不动产占有量是发生较快的收入流动性的决定性因素（Scoot 和 Litchfield，1994），直接决定着收入水平的高低以及流动性的大小。一般而言，家庭的物质资本积累水平越高，向上的代际收入流动性越显著。不同财产构成所体现的支付能力和未来预期的不同、不动产（尤其是住房）上所附着的福利和软环境差异，都使得生育意愿通过物质资本的中介效应对代际流动产生影响。物质资本的代际传承会分化个体的生育意愿。富裕家庭自身拥有雄厚的物质资本，在一定程度上保证了代际传承的稳固性，没有生育机会成本约束的代际流动与生育意愿之间未必存在显著的负向关联。相比之下，贫困家庭由于没有物质资本作为倚靠，在面临激烈的社会竞争时，更倾向于降低生育意愿而追逐代际向上流动。物质资本的中介作用可能更多地展现为生育意愿的"阶层分化器"。

第三，当前中国仍然处于转型阶段，劳动力要素市场尚不健全，个体社会网络由于信息传递等功能仍然存在较大的作用空间，因此，社会资本通过生育意愿对代际传承发挥着重要作用。如果个体通过代际传承社会资本获得更好的机会以及更高的收益，生育机会成本就会变得高昂，从而降低个体的生育意愿（王殿玺，2018）。与人力资本类似，社会资本会强化生育意愿对代际流动的负面效应。

二、设定模型和变量

以调研数据和中国综合社会调查为基础，构建模型分析生育意愿对代际流动的影响程度，探究多路径的作用机制。

（一）设定模型

生育意愿的度量是一个非负、有序的离散型随机变量，在研究过程中应采用有序概率模型，而有序 Probit 模型（Order Probit）是近年来使用处理多类别离散数据较为普遍的一种方法。有序 Probit 模型假定随机扰动项服从标准正态分布 Φ 时，生育意愿与代际流动的概率决定过程可以由下式所决定：

$$U_i = \mu_0 + \mu_1 Y_i + \mu_2 X_i + \gamma Z_i + \varepsilon_i \qquad (7\text{-}15)$$

U_i 为子代的代际向上流动，如果子代相对父代向上流动，则该变量为 1，反之为 0；Y_i 代表子代的二孩生育意愿；X_i 为代际传递路径的中介变量；Z_i 为控制变量；ε_i 为扰动项。在该模型中，系数 μ_1 反映的是生育意愿对于代际向上流动的作用程度，是关注的焦点。

中间变量的传递效应。为考察生育意愿对代际向上流动影响的传递路径，将中介变量与生育意愿的交互项纳入方程（7-15）。有序 Probit 模型具体形式如下：

$$U_i = \mu_0 + \mu_1 Y_i + \mu_2 X_i + \mu_3 Y_i \cdot X_i + \gamma Z_i + \varepsilon_i \qquad (7\text{-}16)$$

其中，系数 μ_1 表示生育意愿对代际向上流动的平均影响效果，交互项系数 μ_3 表示生育意愿对具有某类资本特征的育龄家庭代际向上流动在平均效果以外的额外影响。

（二）变量及数据说明

被解释变量：代际向上流动。选择从收入地位出发，考察代际收入流动。在指标选取上，现有文献大多选择代际弹性来衡量代际流动。然而，代际弹性系数仅是衡量代际流动大小的指标，并不能够测度代际流动方向。极端的情况是：当一个社会的代际弹性系数为 0 时，虽然表示这个社会代际完全流动，但可能全部由单一的代际向上或向下流动所致，而判断流动方向却是代际弹性系数无法测度和解决的问题。因此，选择衡量社会活力和流动方向的代际向上流动指标作为核心解释变量。借鉴已有文献（宋旭光、何佳佳，2019）的具体做法，首先分别将子代和父代的收入等级在其所在出生组群进行标准化，然后将子代相对父代社会等级提高定义为子代相对于父代向上流动。鉴于数据的可得性，采用代际向上流动（阳义南、连玉君，2015）进行实证研究，使用代际收入地位的流动结果进行稳健性检验。

核心解释变量：生育意愿。本书使用期望子女数进行操作化测量。选择调查问卷中受访者"如果没有政策限制的话，您家希望有几个孩子？"，根据生育政策规定，生育意愿子女数分别赋值为 0、1、2、3。

中介变量。在代际流动的传递路径中，个体的人力资本、物质资本和社会资本与生育意愿高度相关。选取这三类资本变量作为生育意愿影响代际向上流动的中介变量。

人力资本：包括人的知识技能、文化技术水平与健康状况等多方面能力。由于教育是多维人力资本指标中最易获得的变量，因此选用调研数据中的个人最高学历指标衡量人力资本，并转换为个人受教育年限。

物质资本：40 多年的改革开放，中国经历了资产分配的快速发展过程，物质财富存量对个人心理安全及其生育意愿的决定具有重要作用。因此，物质资本对于代际收入流动的影响至关重要。本节选取工资收入[①]、房产现值、金融资产和土地面积（农村）作为衡量物质资本的主要指标。这些指标不仅是中国居民物质资本的重要构成，也是改革发展变迁下受影响最大的部分。

社会资本：社会资本是指个人在社会上的声望地位。大量学者使用不同维度考察社会资本变量。李春玲（2005）关注的是个体的职业声望，选择的社会资本是是否为管理人员、是否就职于公共部门以衡量个体的权力能力、部门优势与社会歧视。周光肃等（2014）使用礼金往来考察社会资

[①] 鉴于数据可得性和统计口径统一性的考量，选取工资性收入代表个人收入。工资性收入是各年城乡样本中最为一致和具有可比性的统计口径，非工资收入在部分子样本中或缺失，或按家庭统计而难以有效分解到个人，无法满足样本的完整性和统一性。

本变量。陈琳、袁志刚（2012）的做法，选择是否为党员、工作单位性质、是否具备行政管理职务等变量来衡量社会资本变量。可见，社会资本的定义和计算较为复杂，选取具有较大影响的两个指标衡量社会资本：政治身份和单位性质。

控制变量。反映个体特征的变量，包括民族、婚姻状况、生育史以及地区因素等。

表 7-14　变量描述性统计

变量名称	具体含义	样本量	均值	标准差	最小值	最大值
代际向上流动	代际流动弹性，若子代相对父代向上流动为1，反之为0	2201	4.15	1.65	1	10
生育意愿	"无生育意愿"=0，"希望生育1个孩子"=1，"希望生育2个孩子"=2，"希望生育3个及以上孩子"=3	2201	0.93	1.25	0	2
中介效应						
受教育年限	文盲/半文盲=0；小学=6；初中=9；中转和职高=11；高中=12；大专及成人教育=15；大学=16；硕士及以上=19	2201	12.63	3.54	2	22
工资收入	本人工资收入取对数	2201	7.51	2.88	3.05	15.65
房产价值	本人房产价值取对数	2201	11.05	3.09	7.24	12.33
金融资产	本人金融资产取对数	2201	8.79	5.04	6.37	13.51
土地面积	本人土地面积取对数	2201	1.65	1.10	0.04	3.52
政治身份	本人政治身份（非党员=0，党员=1）	2201	0.13	0.25	0	1
单位性质	本人所属机关、事业单位和国有集体企业=0，否则=1。	2201	0.78	1.20	0	1
控制变量						
年龄	本人年龄（岁）	2201	39.61	18.54	15	65
性别	本人性别（男=0，女=1）	2201	0.58	0.44	0	1
户籍	本人户籍（农村=0，城市=1）	2201	0.61	0.34	0	1

注：工资收入、财产资本、土地面积经各省的城乡消费价格指数调整为2009年的真实值。

表 7-14 报告了主要变量的基本统计描述。研究中有效样本为 2201，其中城镇样本量为 1047，农村样本为 1154。生育意愿均值只有 0.93，小于

1，低于生育一个孩子的意愿，说明生育意愿相对低迷。

三、结果分析

（一）生育意愿是否影响代际传递？

选择代际收入弹性系数考察代际收入流动性的动态演进。在此基础上，构建生育意愿与代际收入向上流动的有序 Probit 模型，验证实证结果的稳健性。

表 7-15 的（1）列显示了代际向上流动与生育意愿的基准回归结果。生育意愿系数为负，表明生育意愿降低了代际向上流动。这意味着具有多孩生育意愿的家庭，代际流动负担进一步加重。生育意愿越低的家庭，向上流动的可能性更高。

代际向上流动存在两种来源的内生性。一方面，代际向上流动与生育意愿可能存在联立性问题。另一方面，存在一些没有观测到的遗漏变量。因此，遵循前述章节思路，选择与代际收入向上流动无关，但与生育意愿有关的育龄夫妇不孕比数作为工具变量。育龄不孕比数与育龄夫妇的二孩生育意愿息息相关，与代际向上流动完全外生，能够更好地控制联立问题及不可观测因素造成模型系数估计的偏误问题。采用两阶段最小二乘法（2SLS），构建工具变量有序 Probit 模型。表 7-15（2）列报告了工具变量两阶段 Probit 回归估计结果。第一阶段回归的 F 值为 187.63，符合一般经验中大于 10 的准则，排除了弱工具变量存在的可能性。控制了内生性后的模型显示，生育意愿对代际向上流动具有削弱作用，与（1）列的基准模型得到的结论一致，并符合理论预期。

表 7-15　有序 Probit 回归模型结果

变量	基准模型（1）	IV 模型（2）	稳健性模型（3）
生育意愿	-0.086***	-0.073***	-0.069**
	（0.022）	（0.019）	（0.021）
受教育年限	-0.049**	-0.042***	-0.052***
	（0.009）	（0.008）	（0.002）
工资收入对数	0.032**	0.029**	0.031*
	（0.006）	（0.008）	（0.008）
金融资产	0.038***	0.036***	0.029***
	（0.006）	（0.010）	（0.009）

变量	基准模型（1）	IV 模型（2）	稳健性模型（3）
房产现值	0.041*** （0.007）	0.040*** （0.009）	0.044*** （0.011）
土地面积	0.004 （0.008）	0.006* （0.010）	0.003 （0.008）
单位性质	−0.005* （0.019）	−0.008** （0.005）	−0.006* （0.012）
政治身份	−0.004 （0.001）	−0.004* （0.011）	−0.002 （0.012）
控制变量	√	√	√
拟合优度	0.23	0.13	0.17
F 值	—	187.63***	197.34***
Wald 外生性检验卡方值	—	6.12***	5.67**

注：（1）列为基准 Probit 回归，（2）列为工具变量 Probit 回归，（3）列为稳健性检验的工具变量 Probit 回归。括号内为稳健标准误，*、**和***分别表示在 10%、5% 和 1% 的水平上显著。

　　与单一维度的收入和职业相比，社会地位包含财富、权力和声望等多个维度，能够为社会体系中的个体成员提供综合性的评价指标。为避免样本个人和家庭收入地位的测量存在主观误差，使用考察社会地位的国际社会经济地位指数①进行稳健性检验。估计方法仍使用工具变量有序 Probit 模型，回归结果见表 7-15（3）列。从实证结果来看，生育意愿的系数在 5% 的水平上显著为负，生育意愿越低，代际社会向上流动越活跃，所得结论稳健可靠。

（二）生育意愿对不同群体代际传递的影响

　　阶层、城乡、年龄以及性别之间的代际流动不尽相同，可能导致生育意愿对代际向上流动的影响呈现出不同的特点。因此按照不同群体考察代际流动的变动情况，构建工具变量有序 Probit 模型比较群体异质性。

　　按收入阶层分组。基于子代收入水平将样本划分为高、中、低收入组，分样本估计模型，结果见表 7-16。结果显示，中、低收入阶层的生育意愿对代际向上流动存在显著的负向影响，但对高收入阶层的负向作用并不显著。提高中、低收入阶层的生育意愿会降低代际社会向上流动。生育子女

---

① 根据国际社会经济地位指数设定为 16~90 的离散变量，数值越大代表社会地位越高。

后夫妻双方的机会成本提高，代际向上流动的机会减小，为了获得较多的向上跃迁机会，中、低收入阶层不得不降低生育意愿，减少对子女的"消费"。雄厚的资本积累、社会网络资源以及较低的代际收入流动，保证了高收入阶层经济地位的传承和固化，他们不需要为生育子女付出过多的机会成本，更不需要面对向上流动与生育的两难选择。

按城乡分组。城乡地区的经济水平和生育观念差异明显，基于子代户籍所在地将样本划分为城乡两组，考察城乡代际收入流动性的变化（见表7-16）。结果显示，生育意愿对城镇家庭代际收入向上流动具有负面影响，但农村家庭的负面影响并不显著。在城镇，个体向上流动的机会更为均等，社会竞争也更激烈，为了减轻压力和负担，人们会选择降低生育意愿。农村的竞争压力相对不大，再加上对孩子尤其是男孩的偏好，弱化了生育意愿对代际收入向上流动的负面作用。

按年龄分组。年龄是影响生育意愿的重要因素。随着年龄的增长，个体的社会地位和生育观念可能呈现不同的变化和特征。为了进一步探讨差异性，将样本按照30岁及以下、31～40岁和41～50岁三个年龄组进行回归分析，结果见表7-16。三个年龄组的生育意愿对代际收入向上流动均为负向作用，说明无论哪一年龄组，具有较低的二孩生育意愿的家庭能够实现代际向上流动。考察三组的回归系数可以发现，负向作用逐步减弱，41～50岁组的回归系数不显著。随着年龄的增长，代际社会向上流动与生育意愿之间的负向关系在逐渐减弱。中国"养儿防老""多子多福"的传统观念更多地存在于中年人群体，削弱了生育意愿对代际向上流动的负向效应。

按性别分组。男性和女性的生育意愿可能具有不同的态度和看法。因此，将样本分为男性和女性两组，考察不同性别的差异性，结果见表7-16。不论男性还是女性，生育意愿对代际向上流动影响的回归系数均是显著为负，回归结果与基准模型基本一致。值得注意的是，女性生育意愿对代际向上流动的影响更为显著，负向程度要大于男性。原因在于，对于孩子的生育和抚养，女性要付出更多的时间和精力，而生育特有的"职业空窗期"造成了职业中断，可能导致人力资本贬值、职业上升通道受阻以及经济地位下降等问题，因此女性抑制生育意愿的情况更为严重。

表 7-16　不同群体生育意愿对代际向上流动的影响结果

变量	收入阶层划分			城乡划分	
	低收入	中等收入	高收入	城镇	农村
生育意愿	−0.091***	−0.094***	−0.072	−0.084***	−0.069
	(0.008)	(0.010)	(0.004)	(0.007)	(0.006)
控制变量	√	√	√	√	√
拟合优度	0.25	0.16	0.20	0.21	0.25
F 值	188.02***	185.54***	177.38***	180.65**	166.78***
变量	年龄划分			性别划分	
	30 岁以下	31～40 岁	41～50 岁	男	女
生育意愿	−0.069***	−0.057**	−0.039	−0.079***	−0.091***
	(0.009)	(0.016)	(0.003)	(0.010)	(0.016)
控制变量	√	√	√	√	√
拟合优度	0.26	0.20	0.15	0.17	0.14
F 值	177.54***	169.23***	156.98**	180.76*	173.72**

（三）传递路径

为破解生育意愿影响代际向上流动的作用机制，分别加入人力资本、物质资本和社会资本的交互项，使用工具变量有序 Probit 模型识别生育意愿对代际向上流动影响的传递路径。由表 7-17 可以看出，受教育年限是生育意愿影响代际收入向上流动的主要路径，其他路径按其回归系数绝对值大小依次是房产现值、金融资产、工资收入、单位性质和政治身份。实证结果符合理论预期。

生育意愿与受教育年限的交互项系数显著为负，表明受教育程度越高，生育意愿对代际向上流动的负向作用越显著。在代际向上流动活跃的社会，高人力资本者对实现自身社会价值的追求比较强烈，在获得更多向上流动机会的同时也需要面临更为严峻的市场竞争，生育的机会成本随之升高，不得不压抑生育意愿。可以说，教育强化了生育意愿对代际向上流动的负向影响。

反映物质资本的工资收入、房产现值和金融资产的交互项系数均显著为正，说明物质资本的增长减弱了生育意愿对代际向上流动的负向作用。值得注意的是，房产现值和金融资产的交互项系数都高于工资收入，说明房产和金融资产代表着个人的财富资本，是物质资本传递路径中的核心部分。财富资本的积累是降低代际社会传递的重要途径。进一步的，财富资本也成为影响生育意愿减缓代际向上流动的重要因素，富人的代际流动受生育意愿的影响显著小于穷人。财富资本影响下的传递路径分化了贫富阶层的生育意愿。唯一例外的是农村家庭的土地财产，交互项系数不显著，是否拥有农村土地对于传递路径并不产生作用。实际上，农村土地在家庭的代际传承中具有鲜明的独特性。中国经济的快速增长使得多数财富资本通过要素资本化大幅增值，唯有农村土地既未享受到升值，也不能作为财产资本进行金融交易或抵押。制度约束使得农村土地在物质资本构成中的意义大幅削弱，进一步降低了其在传递路径中的作用。

社会资本的影响效力相对较弱，仅有单位性质的交互项显著为负，政治身份的交互项系数并不显著，表明生育意愿对代际向上流动的影响在不同政治身份的群体中没有差异。中国仍然处在转型阶段，劳动力等要素市场尚不健全，单位性质的不同导致个体所面临的社会风险和挑战不尽相同。与国有制企业相比，其他混合型企业制度下的个体成员需要面临更多的机会和风险，为了减轻负担和压力会降低二孩生育意愿、减少对子女的"投资"。因此，社会资本通过单位性质这一变量，强化了生育意愿对代际向上流动的反向作用。

表 7-17　生育意愿影响代际向上流动的传递路径

城镇						
变量	人力资本	物质资本				社会资本	
	教育年限	工资收入	房产现值	金融资产	土地面积	单位性质	政治身份
交互项	-0.034*** (0.009)	0.010** (0.007)	0.021*** (0.006)	0.013** (0.009)	—	-0.006* (0.005)	-0.005 (0.010)
控制变量	√	√	√	√	√	√	√
拟合优度	0.398	0.205	0.441	0.172		0.299	0.305
农村						
变量	人力资本	物质资本				社会资本	
	教育年限	工资收入	房产现值	金融资产	土地面积	单位性质	政治身份
交互项	-0.029** (0.008)	0.008*** (0.004)	0.018** (0.007)	0.015** (0.010)	0.009 (0.008)	-0.004* (0.018)	-0.003 (0.011)
控制变量	√	√	√	√	√	√	√
拟合优度	0.335	0.592	0.369	0.442	0.415	0.325	0.225

第五节　本章小结

在中国代际流动不断活跃的社会环境下，生育成本的持续增加会加速生育意愿的下降，给本已进入轻度少子化、老龄化的社会带来更大的挑战。保持充裕的代际向上流动对中国社会公平正义、激发社会活力意义重大，提高生育意愿则是解决当前中国少子化、老龄化问题，保证国家发展动力的关键。为此，本章使用微观调查数据和中国综合社会调查数据，利用代际收入弹性、代际收入转换矩阵和相应的测度指标得到生育二孩后家庭代际收入流动性的总体变化及异质性特征，在影响因素层面上通过控制其他影响代际收入流动性的可能因素，系统分析生育二孩对代际收入流动性的影响及传递路径。

本章从中获得了值得高度重视和关注的结论。第一，2010—2019 年的二孩家庭代际收入流动活跃。但是，各收入阶层的代际收入流动表现不同，高低两极收入阶层代际收入地位逐步固化，代际收入流动性结构特征不理想，并且向上流动的机会小于向下流动，不利于二孩家庭成员经济地位的提高。城乡地区结果显示，城镇地区的代际收入流动性好于农村，但是各收入阶层的变化轨迹基本相同。最为突出的是贫富两个收入阶层的固化现象显著，中等收入阶层生育二孩后的代际流动表现也并不理想。第二，代际向上流动与生育意愿具有显著的负相关关系，较高的生育意愿恶化家庭的代际向上流动。阶层、城乡、年龄以及性别之间存在群体异质性。相对而言，具有中低收入、城镇背景、年龄偏低和女性特征的群体，其代际向上流动受生育意愿的负面影响更为显著和直接。第三，人力资本和社会资本强化代际向上流动与生育意愿的负向影响，物质资本则弱化负向效应。从作用程度上看，人力资本和物质资本是三条路径中的主要力量，社会资本的作用并不显著。一方面，随着教育普及程度的提高，人力资本在传递机制中的影响力越发深入。人力资本是个体社会地位的静态体现，也是打破代际阶层固化、促进动态流动的重要工具。受教育程度越高，获得收入地位跃升的机会越多，个人会通过降低生育意愿、缩小家庭规模减轻向上流动的负担。从这一视角看，教育的"梯度效应"侧面反映了代际流动与生育意愿之间的反向程度。另一方面，物质资本成为分化贫富阶层生育意愿的标杆。富人拥有强大的物质资本作为生育后盾，能够负担生育成本，代际流动与生育并不是个两难的选择题，物质资本弱化二者的负向关系。相比而言，物质资本没有为穷人提供"生育保障"，为了追逐向上流动的机会，他们可能要在代际向上流动与生育之间权衡，代际收入流动与生育意愿的负向效应依然显著。生育和代际收入流动都是国家着力促进的重要方面，却在微观个体之中存在冲突。解决这一问题的关键在于，减轻生育成本，加快抚养的社会化进程，推进和完善与生育有关的各项制度改革，这样才能改善代际收入流动与生育意愿的负向关系，在激发社会活力的同时，保持社会长期持续发展。

第八章　全面二孩政策的经济影响比较：
生育规模

　　中国的生育政策经历了从严控、宽松到包容的巨大变化，对宏观的社会经济、人口结构，微观的家庭收入、生育规模都具有重大影响。特别20世纪70年代国家实行了计划生育政策，在控制人口数量的同时也造成了人口少子化严重、人口红利减少的问题。为应对这些问题，2013年国家实行单独二孩政策，2016年实行全面二孩政策，旨在鼓励生育、提高生育率。然而，尽管单独二孩和全面二孩政策发挥了政策的正向效应，但作用有限，无法达到预期要求（穆光宗，2018）。鼓励性生育政策并不会导致明显的"生育扎堆"，不同地区和阶层之间的生育政策效果也存在异质性（陈海龙等，2019；臧微等，2020）。因而，国家在2021年5月通过《关于优化生育政策促进人口长期均衡发展的决定》，提出"一对夫妻可以生育三个子女的生育政策"，再次调整生育政策。生育政策鼓励程度的逐步增强，旨在提高家庭的生育意愿和生育水平。然而，生育意愿和实际生育水平的改变不仅由家庭静态的收入水平决定，还要受到经济地位动态变化的约束，表现为不同生育规模家庭代内和代际收入地位的变化。因此，识别不同子女数量家庭收入水平和收入流动性的作用路径，能够深化当前中国收入不平等现象的静态分析和动态理解，对于促进良性的社会流动和经济增长具有重要的现实意义。同时，在鼓励生育政策的背景下，比较不同子女数量的经济影响，可以加深对全面二孩生育政策的认识，为三孩生育政策的优化和完善提供新视角。

　　为此，本章基于静态和动态两个视角，比较分析一孩、二孩和三孩家庭的收入水平、代内收入流动和代际收入流动。其中，生育规模是指子女数量。研究设计如下：首先，遵循从整体到部分的逻辑思路，采用2016—2019年的调研数据以及中国综合社会调查数据，基于静态收入视角构建理论模型，验证不同生育规模下家庭收入水平的变化，从不同维度出发分别考察城乡地区和各个收入阶层生育规模与收入水平的作用机制。其次，基于代内收入流动视角，梳理代内收入转换矩阵和流动性水平、结构测度指标，识别不同生育规模下短期和长期的差异性，结合收入阶层和城乡地区做异质性分析。最后，基于代际收入流动视角，解析不同生育规模的代际收入弹性和代际收入流动指标，获得代际收入流动性在总体和城乡地区的变动规律。

第一节　不同生育规模下收入水平

贝克尔的子女数量—质量权衡理论（Quantity-Quality Trade-Off）认为，家庭生育规模的变化将重新分配家庭资源，最为直观的是影响家庭收入的变化。基于此，本节构建理论模型，验证不同生育规模下家庭收入水平的变化，从不同维度出发，分别考察城乡地区和各个收入阶层生育规模与收入水平的作用机制。

一、数据与模型设定

（一）模型设定

为了更好地研究不同生育规模家庭对收入水平的影响，本节将户主的个体特征加以控制，构建子女数量与收入水平的理论模型：

$$\ln y_{ij} = \beta_0 + \beta_1 Cnum_{ij} + X'_{ij}\delta + \lambda_j + \varepsilon_{ij} \tag{8-1}$$

其中，$\ln y_{ij}$ 为 j 地区中家庭 i 的纯收入，$Cnum_{ij}$ 为子女个数，二者是本节需要分析的核心变量。X_{ij} 是个体特征，包括性别、年龄、民族等。同时，使用一系列城镇虚拟变量（λ_j）控制地区固定效应。

根据（8-1）展开最小二乘回归分析，并将其作为参照系，使用工具变量（IV）回归比较分析实证结果。需要指出的是，回归模型仅控制了户主的个体特征，并没有将配偶特征加入控制变量，原因在于：一是如果加入配偶特征，满足实证分析的样本数量会大幅减少，样本损失严重；二是在模型中已加入了控制变量，能够尽量避免多重共线性问题。但是最小二乘回归结果无法确定二者是必然的因果关系。在研究不同生育规模家庭对收入水平的影响中，内生性情况可能导致以下几方面问题：一方面，模型构建过程中可能存在遗漏变量，某些无法观测的变量可能同时作用于生育规模和收入水平。另一方面，模型具有测量误差。选取的样本主要来自育龄家庭的自报数据，可能有违反生育政策规定的家庭并未报告真实情况，导致样本自身具有偏误现象。同时，反向情况严重，家庭的收入水平反过来影响生育规模，这已经得到现有文献印证。

目前学术界解决内生性问题的方法有加入工具变量、构建固定效应、倾向得分形成数据分类等方法。本节选择使用最为普遍的工具变量解决最小二乘回归的偏误问题，借鉴段志民（2016）的做法，将两个变量作为研究的工具变量：第一个孩子性别、户口类型与第一个孩子性别的交互项。其中，子女数量方程可以表示为：

$$Cnum_{ij} = \alpha_0 + \alpha_1 f_{ij} + \alpha_2 h_{ij} \cdot f_{ij} + X'_{ij}\delta + \lambda_j + v_{ij} \tag{8-2}$$

其中，$Cnum_{ij}$ 是 j 地区 i 家庭的子女数量。f_{ij} 是 j 地区 i 家庭中第一个孩子的性别，女孩为 1，男孩为 0。$h_{ij} \cdot f_{ij}$ 为户口和第一个孩子性别的交互项，农村户口为 1，非农村户口为 0。

实际上，h_{ij} 的作用能被地区虚拟变量 λ_j 全部吸收，由此研究的焦点是 α_1 和 α_2。其中，α_1 考察的是第一个孩子性别对子女数量的作用程度，在全面二孩政策实施的情境下该系数预期为正。α_2 考察的是城镇与农村之间第一个子女性别的程度区别，同样预期该系数为正。

式 8-2 加入了关于子女性别的工具变量，分析中国不同家庭对子女性别的偏好程度，能够在一定程度上揭示家庭的生育意愿进而分析生育规模，考察全面二孩政策的经济影响。

（二）数据

本节重点是不同生育规模对家庭收入的影响。为了更好地反映生育后家庭的经济状况，分别选择一孩、二孩和三孩家庭考察其收入水平的变化。遵循第五章的研究思路，需要测算家庭纯收入，为此需要计算各地区不同生育规模下家庭的收入和支出数据。通过家庭总收入减去总支出测算家庭纯收入，以下简称为家庭收入。为了比较不同省份、不同年份家庭净收入，按照样本所在地通货膨胀指数调整各年家庭收入数据。将 2009 年各省份物价作为基数，重新估计不同省份、不同年份的通货膨胀率，以此对名义净收入进行平减处理[①]。生育问题则根据调查问卷中母亲自报的"生育历史"

---

① 物价指数源于《中国统计年鉴 2008》，第 235 页。

相关问题获得生育年份、夫妻生育年龄等信息。另外，选择户主的个人特征、家庭特征、区域和时间趋势变量作为控制变量。在剔除缺失数据、异常值数据后，获得有效样本1095个。表8-1是变量的描述性统计结果。

表8-1　样本的描述性统计

变量	城镇			农村		
	一孩家庭	二孩家庭	三孩家庭	一孩家庭	二孩家庭	三孩家庭
家庭收入	7.379 (2.098)	7.361 (2.147)	7.347 (2.187)	7.509 (1.258)	7.384 (1.066)	7.351 (1.008)
男性户主	0.821 (0.378)	0.754 (0.427)	0.856 (0.347)	0.944 (0.267)	0.918 (0.208)	0.954 (0.207)
户主年龄	38.39 (5.098)	40.91 (4.451)	39.64 (4.987)	33.27 (6.118)	37.43 (4.875)	37.15 (4.688)
户主受教育程度	4.139 (1.093)	3.099 (0.898)	3.398 (0.998)	2.963 (0.645)	2.752 (0.698)	2.811 (0.578)
汉族户主	0.894 (0.223)	0.884 (0.407)	0.875 (0.398)	0.899 (0.296)	0.812 (0.314)	0.859 (0.353)
户主婚姻状况	0.955 (0.198)	0.978 (0.134)	0.964 (0.178)	0.986 (0.108)	0.987 (0.111)	0.975 (0.124)
户主健康程度	1.013 (0.176)	1.019 (0.181)	1.032 (0.229)	1.011 (0.133)	1.014 (0.154)	1.015 (0.142)
样本量	336	188	69	197	196	109

注：括号内为标准误。家庭收入是指家庭收入去掉支出的纯收入，表中是取对数后的结果。性别指标均设定男性为1，女性为0。受教育程度变量中，1代表未上过学，2代表小学，3代表初中，4代表高中，5代表大学专科，6代表大学本科，7代表研究生及以上。身体健康程度变量中，1代表身体健康，2代表不太健康但不影响工作生活，3代表不能正常工作。婚姻状况中1代表已婚，0代表未婚、离婚或丧偶。

（三）工具变量的外生性检验

全样本回归将两个变量作为模型的工具变量：第一个孩子性别、户口类型与第一个孩子性别的交互项。城镇和农村子样本回归结果只选择一孩性别作为工具变量。一孩性别变量的使用需要考虑的是，尽管国家严令不允许生育前检测婴儿性别，但是制度执行并不能够保证严格外生。为此，需要考察工具变量的外生性。对于全样本回归模型，由于工具变量有两个，需要选择过度识别检验外生性。对于城镇和农村两个子样本回归模型，只有一孩性别这个单一的工具变量，选择恰好识别考察外生性，两种不同情形导致统计上无法统一验证工具变量的外生性。为解决这一问题，城镇和农村子样本重点分析家庭收入与子女数量、一孩性别的关系。若是一孩性别只能由子女数量间接作用于家庭收入，则在实证分析中，一孩性别作用家庭收入的效果可能并不显著。

表 8-2 的结果显示，城镇家庭的一孩性别对家庭收入的作用不显著，但是子女数量较为显著；当家庭收入和它们分别回归时，两者都显著，说明城镇家庭对于一孩的性别偏好与家庭收入并不直接相关，只是借由子女个数发挥作用。相比而言，农村家庭的一孩性别和子女个数均与家庭收入影响显著，说明农村家庭的一孩性别对家庭收入影响显著，农村地区的男孩偏好受到传统观念和风俗的影响更为明显。但是，这种情形无法确定农村样本估计模型中工具变量的外生性。本部分选择（Conley 等，2012）的做法考察回归结果的稳健性，构建理论模型为：

$$\ln y_{ij} = \beta_0 + \beta_1 Cnum_{ij} + Z'_{ij}\gamma + X'_{ij}\delta + \lambda_j + \varepsilon_{ij} \tag{8-3}$$

其中，Z_{ij} 为工具变量。由表 8-2 可知，在控制地区固定效应时，农村家庭的回归结果说明一孩性别对家庭收入产生显著的负面影响，但城镇家庭结果不显著，可知总体而言一孩性别对家庭收入的直接影响更小，说明工具变量得到的工具变量估计结果是稳健的。

表 8-2　工具变量的外生性检验（以家庭收入作为因变量）

变量	城镇样本			农村样本		
	（1）	（2）	（3）	（1）	（2）	（3）
子女数量	−0.116**	−0.103	−0.115*	−0.044**	−0.017	−0.043*
	（0.066）	（0.033）	（0.059）	（0.048）	（0.021）	（0.049）
一孩女孩	−0.006	−0.29*	−0.009	−0.004	0.024***	−0.013*
	（0.004）	（0.035）	（0.005）	（0.007）	（0.030）	（0.010）
男性户主	0.708**	0.700**	0.708***	0.961***	0.963***	0.960**
	（0.104）	（0.026）	（0.196）	（0.050）	（0.031）	（0.033）
户主年龄	−0.028**	−0.030***	−0.028***	−0.001***	−0.000*	−0.001***
	（0.066）	（0.066）	（0.066）	（0.066）	（0.000）	（0.001）
户主教育程度	0.053***	0.052***	0.053***	0.011***	0.012***	0.011***
	（0.045）	（0.050）	（0.044）	（0.009）	（0.008）	（0.009）
汉族户主	−0.029***	−0.001	−0.020	0.170***	0.169**	0.171***
	（0.006）	（0.000）	（0.001）	（0.024）	（0.054）	（0.047）
户主婚姻状况	1.239***	1.233***	1.238***	0.253***	0.252***	0.250***
	（0.098）	（0.097）	（0.102）	（0.100）	（0.098）	（0.087）
户主健康状况	−1.663**	−1.668***	−1.660***	−0.786***	−0.775**	−0.777**
	（0.057）	（0.058）	（0.059）	（0.075）	（0.067）	（0.071）
地区固定效应	√	√	√	√	√	√
R²	0.201	0.115	0.109	0.175	0.163	0.167

注：（1）表示未加入一孩性别变量的回归结果；（2）表示未加入子女数量变量的回归结果；（3）表示加入所有变量的回归结果。

二、实证分析

表 8-3 给出全样本的最小二乘和工具变量的实证分析结果。最小二乘回归结果表示子女数量与家庭收入呈现负相关关系，多生一个子女造成家庭收入下降 13.3%。工具变量模型说明生育造成家庭收入显著下降 23.7%，子女数量与家庭收入的负向程度明显强于最小二乘回归，意味着最小二乘回归结果具有明显偏误，原因可能更多地来自于内生性问题。尽管如此，以上结果均表明随着子女数量的增多，家庭收入不断减少。按照 Becker（1960）等对子女质量和数量的经典理论，生育数量的选择与家庭的经济能力密切相关，在无人口政策约束情况下使用最大化目标效用函数确定家庭的最佳生育数量。当然，中国的现实情境决定在进行生育决策时需要考虑生育政策，导致生育决策偏离最优解。在边际替代率递减规律的作用下，子女数量的增多会增加家庭成员养育时间、减少劳动供给时间，并直接作用于家庭收入的减少。生育子女数量越多，家庭收入下降程度越大，不同生育规模对家庭静态收入的影响显著。这在一定程度上是积极生育政策"遇冷"的重要原因之一。

表 8-3　全样本下子女数量对家庭收入的影响

变量	OLS			IV		
	（1）	（2）	（3）	（1）	（2）	（3）
子女数量	−0.142***	−0.139***	−0.133***	−0.199***	−0.224***	−0.237***
	（0.025）	（0.031）	（0.027）	（0.061）	（0.058）	（0.052）
控制变量		√	√		√	√
地区固定效应			√			√
F 统计量	N.A.	N.A.	N.A.	41.82	26.87	22.64
Hanson 统计量	N.A.	N.A.	N.A.	3.25	2.94	2.88
R^2	0.006	0.065	0.107	0.039	0.046	0.093

注：①***表示在 1% 的显著性水平上显著。②括号内为标准误。③弱识别检验（F 统计量）使用的是 KleibergenPaap rk Wald F 检验，过度识别约束检验使用的是 Hansen J 检验。④弱识别检验相应的临界值为 8.75（20%）和 7.25（25%）。⑤（1）表示未加入控制变量和地区固定效应的回归结果；（2）表示加入控制变量、未加入地区固定效应的回归结果；（3）表示加入所有变量的回归结果，下同。

三、群体比较

（一）城乡地区

表 8-4 给出了城镇和农村分样本的最小二乘和工具变量的实证分析结果。最小二乘估计结果显示，城镇家庭增加一个子女将导致家庭收入平均下降 12.3%，而农村家庭每多生一个子女仅造成家庭收入平均下降约 5.1%，城镇的负向影响远强于农村。工具变量模型表明，生育二孩后城镇家庭收入下降 25.5%，农村家庭收入下降 10.9%。工具变量模型得到的负向影响程度比最小二乘模型更为显著，表明最小二乘估计可能存在比较严重的内生性偏误。上述结果表明子女数量减少显著提升家庭收入。

城乡比较看，城镇家庭生育子女对于家庭收入的负向作用更为显著，子女数量的增加一方面导致时间成本增加，养育责任可能使得家庭成员需要暂时或永久离开劳动力市场，降低了家庭收入；另一方面，现阶段家庭除了增加子女数量，还要保证子女质量，需要承受巨大的经济压力。经济上的累积负效应成为制约城镇家庭生育子女最现实的瓶颈，货币支出和时间成本成为中等收入阶层难以跨越的藩篱，生育子女数量越多对家庭收入的负面影响越显著。城镇家庭的生育使他们陷入了极为纠结的境地，表现出相对的弱质性。相比而言，农村家庭的生活水准相对较低，生育子女后家庭的机会成本损失的代价也相对较小，生育子女对农村家庭收入的负向影响并不十分显著。

表 8-4　生育规模对家庭收入的影响：城乡比较

城镇样本	OLS 回归			IV 回归		
	（1）	（2）	（3）	（1）	（2）	（3）
子女数量	−0.141**	−0.135**	−0.123***	−0.315***	−0.274**	−0.255**
	(0.037)	(0.044)	(0.027)	(0.117)	(0.099)	(0.100)
控制变量			√		√	√
地区固定效应			√			√
F 统计量	N.A.	N.A.	N.A.	23.82	30.87	24.64
R^2	0.007	0.075	0.114	0.000	0.077	0.114
农村样本	OLS 回归			IV		
	（1）	（2）	（3）	（1）	（2）	（3）

续表

城镇样本	OLS 回归			IV		
	（1）	（2）	（3）	（1）	（2）	（3）
子女数量	-0.057***	-0.066***	-0.051***	-0.157***	-0.174***	-0.109***
	（0.020）	（0.029）	（0.020）	（0.058）	（0.069）	（0.044）
控制变量		√	√		√	√
地区固定效应			√			√
F 统计量	N.A.	N.A.	N.A.	33.82	27.87	30.64
R^2	0.008	0.088	0.156	0.046	0.075	0.098

（二）收入阶层

鉴于不同收入群体的家庭可能造成生育规模对家庭收入的影响不同，因此本节按照家庭收入将样本依次分成三组：低收入群体、中等收入群体和高收入群体，分组估计不同生育规模下家庭收入水平的变化，估计结果见表8-5。

低收入组的结果显示，子女数量对该群体家庭收入的影响相对较小。多生育子女需要更多的养育时间，而低收入阶层大多灵活就业，家庭收入并不会受到子女数量的影响。对于中等收入组而言，子女数量与家庭收入之间呈现显著的负向关系，每多生育一个孩子，家庭收入将减少29.6%，生育规模增大导致家庭的经济代价较高，因而多生育子女对家庭收入的影响较大。在高收入组家庭中，子女数量并未对家庭收入产生显著影响。尽管生育规模的增大可能会使高收入家庭父母双方工作连续中断，可能导致其人力资本回报率减弱，但是，由于高收入组家庭的经济状况较为优渥，可以通过雇用他人照顾孩子，即使生育规模不断增大，夫妻双方仍然能够相对自主地留在劳动力市场，因此高收入组家庭收入受生育规模的影响并不显著。

表8-5 生育规模对家庭收入的影响：不同阶层

职业类型	变量	OLS 回归	IV 回归
高收入组	子女数量	-0.026	-0.127
		（0.037）	（0.037）
	F 统计量	N.A.	

续表

职业类型	变量	OLS 回归	IV 回归
高收入组	Hanson 统计量	N.A.	
	控制变量	√	√
	地区固定效应	√	√
	R^2	0.325	0.275
中等收入组	子女数量	−0.047**	−0.296**
		（0.002）	（0.027）
	F 统计量	N.A.	33.64
	Hanson 统计量	N.A.	3.36
	控制变量	√	√
	地区固定效应	√	√
	R^2	0.104	0.064
低收入组	子女数量	0.027	0.048
		（0.031）	（0.114）
	F 统计量	N.A.	26.33
	Hanson 统计量	N.A.	2.65
	控制变量	√	√
	地区固定效应	√	√
	R^2	0.236	0.254

注：①***表示在1%的显著性水平上显著；②括号内为标准误；③弱识别检验（F 统计量）使用的是 KleibergenPaap rk Wald F 检验，过度识别约束检验使用的是 Hansen J 检验；④弱识别检验相应的临界值为 8.75（20%）和 7.25（25%）。

第二节　不同生育规模下代内收入流动性

良好的代内收入流动性意味着一个社会存在很多改善经济地位的机会。如果生育规模的扩大导致代内收入流动性发生变化，那么生育决策的确定就不仅仅关乎静态的收入水平变化，还会影响家庭收入地位的动态演进。因此，有必要测度不同生育规模家庭代内收入流动性的水平和结构变化，尝试比较一孩、二孩和三孩家庭代内收入流动性的群体特征，判断生育规模在不同生育政策约束下的动态影响。本节依循第六章思路，仍将居民家庭收入按照从低到高分为五等分，分别得到一孩、二孩和三孩家庭的代内收入转换矩阵及相应测度指标，并基于不同群体比较代内收入流动性。

一、水平分析

采用人均家庭纯收入衡量不同生育规模下家庭的代内收入流动性，分别得到一孩、二孩和三孩家庭的短期和长期代内收入转换矩阵及相应指标。其中，短期是指生育一孩、二孩和三孩当年家庭的收入地位变动情况，长期是指生育一孩、二孩和三孩三年后家庭的收入地位变动情况。同时，借助惯性率、亚惯性率、平均阶差等相对主义测度指标，分析代内收入流动性的水平变化，结果见表 8-6 和表 8-7。短期和长期的代内收入转换矩阵刻画了不同阶层收入地位的水平变动。惯性率、亚惯性率和平均阶差等指标进一步衡量生育家庭收入地位动态演化过程，反映家庭代内收入流动性的整体变化。

表 8-6 不同生育规模下代内收入转换矩阵

			一孩家庭									
时间		生育当年					时间		生育后三年			
		1	2	3	4	5			1	2	3	4	5
生育一孩前一年	1	0.354	0.291	0.162	0.143	0.050	生育一孩当年	1	0.383	0.294	0.168	0.097	0.059
	2	0.260	0.300	0.213	0.149	0.078		2	0.270	0.283	0.223	0.159	0.065
	3	0.179	0.200	0.269	0.220	0.131		3	0.153	0.207	0.283	0.236	0.121
	4	0.112	0.151	0.218	0.302	0.218		4	0.098	0.114	0.214	0.344	0.228
	5	0.054	0.052	0.134	0.188	0.571		5	0.039	0.051	0.091	0.186	0.633
			二孩家庭									
时间		生育当年					时间		生育后三年			
		1	2	3	4	5			1	2	3	4	5
生育二孩前一年	1	0.425	0.277	0.106	0.098	0.094	生育二孩当年	1	0.496	0.143	0.228	0.072	0.061
	2	0.239	0.376	0.183	0.107	0.095		2	0.223	0.311	0.285	0.105	0.076
	3	0.167	0.227	0.314	0.185	0.107		3	0.139	0.353	0.288	0.123	0.097
	4	0.094	0.108	0.204	0.381	0.213		4	0.076	0.096	0.097	0.471	0.260
	5	0.075	0.012	0.193	0.229	0.491		5	0.066	0.097	0.102	0.229	0.506
			三孩家庭									
时间		生育当年					时间		生育后三年			
		1	2	3	4	5			1	2	3	4	5
生育三孩前一年	1	0.453	0.227	0.173	0.101	0.046	生育三孩当年	1	0.438	0.312	0.141	0.048	0.061
	2	0.360	0.306	0.177	0.105	0.052		2	0.301	0.321	0.197	0.141	0.040
	3	0.149	0.273	0.294	0.197	0.085		3	0.136	0.179	0.371	0.228	0.088
	4	0.032	0.161	0.258	0.340	0.211		4	0.074	0.114	0.228	0.350	0.230
	5	0.006	0.033	0.098	0.257	0.606		5	0.051	0.074	0.062	0.233	0.581

表 8-7　不同生育规模下代内收入流动性指标

生育规模	时段	惯性率	亚惯性率	平均阶差
一孩家庭	短期	0.359	0.721	0.961
	长期	0.385	0.738	0.979
二孩家庭	短期	0.397	0.749	0.981
	长期	0.414	0.757	0.944
三孩家庭	短期	0.401	0.790	0.871
	长期	0.416	0.789	0.885

　　生育导致代内收入流动性水平从短期到长期呈现出下降趋势，随着子女数量的不断增多，收入地位逐渐固化。从短期代内收入流动性水平指标看，子女数量越多，代内收入流动性的恶化程度越严重，结果见表 8-7。以惯性率为例，一孩家庭的惯性率为 0.359，二孩家庭增至 0.397，三孩家庭再次增至 0.401，说明随着子女数量的增多，家庭收入地位逐步固化。惯性率的升高代表家庭经济地位固化程度加深，那么哪些阶层收入地位恶化导致整体缺乏流动？探究不同生育规模下各个收入阶层在代内收入流动水平的变化趋势及波动状况可以发现，一方面，低收入和高收入阶层十分缺乏流动，不论是一孩、二孩还是三孩家庭，两极收入阶层的惯性率均远高于整体水平，也就是说，低收入阶层向上单向流动和高收入阶层向下单向流动都极不活跃，收入地位的固化导致"穷者更穷、富者更富"的马太效应十分显著。相比而言，中间三个阶层在不同生育规模家庭中的惯性率均低于总体水平，表现出富有流动性，生育并未导致这三个阶层产生严重影响，收入地位仍然具有向上跃升的可能性。另一方面，从不同生育规模家庭的阶层变化看，生育后仍然留在低收入阶层的概率分别为 35.4%（一孩家庭）、42.5%（二孩家庭）和 45.3%（三孩家庭），子女数量越多，代内收入流动性越固化，向上流动的机会逐渐减少，特别是三孩家庭，低收入阶层有近50%的家庭出现僵化现象。对于高收入阶层，一孩、二孩和三孩家庭的固化程度均高达 50%，60.6% 的三孩家庭未发生流动，子女数量的增多并不会影响高收入阶层代内收入流动性的变化，说明生育子女的经济成本并不会影响高收入家庭短期的收入地位。

　　从长期代内收入流动性水平指标看，流动水平进一步恶化，结果见表8-7。尽管生育后三年，子女已进入学前机构，家庭成员能够相对自主地留在劳动力市场，体现人力资本价值。但是，养育子女仍是约束家庭收入流动性的主要因素，并且与短期相比，代内收入流动性进一步恶化。长期惯性率从一孩的 0.385 升至二孩的 0.414，三孩再次升至 0.416。细化各个收入阶层的惯性率变化可以发现，低收入阶层流动性恶化情况显著，生育对于低收入阶层的影响持久而巨大，特别是二孩家庭，近一半低收入阶层在生育二孩三年后收入地位僵化，生育对于该阶层在经济上的负面影响最为深刻。中等收入阶层是贫富阶层的缓冲剂，该阶层良好的代内收入流动性代表着整体社会的稳定性。结果显示，中等收入阶层的长期惯性率随子女数量逐渐增多，说明该阶层代内收入流动性逐步恶化，并且进一步增大整体流动性下降的可能。高收入阶层拥有强大的物质资本，生育子女反而强化了该阶层的固化程度，长期的惯性率远高于短期。

二、结构分析

代内收入流动性的结构分析侧重考察不同生育规模家庭在每个收入阶层位置的相对变动。如果向上流动的可能性高于向下流动，那么动态的收入流动机制表现为良好和健康，有助于降低静态的收入不平等以及由此产生的社会矛盾。本节基于代内收入转换矩阵测度向上及向下流动概率，比较不同生育规模下代内收入流动性的结构演化。

依循第六章思路，各个收入阶层的流动方向不同导致结构指标有所差异。处于底部的低收入阶层仅存在单独的向上流动，考察指标只包括向上比率占比。同理，处于顶部的高收入阶层也仅有向下比率占比。中间三层则可以双向流动，分别包含向上比率占比、向下比率占比和向上/向下比率，具体结果见表 8-8。

表 8-8　不同生育规模下代内收入流动性结构

群体	指标	一孩家庭		二孩家庭		三孩家庭	
		短期	长期	短期	长期	短期	长期
总体	（1）	1.655	1.650	1.465	1.45	1.446	1.381
	（2）	1.548	1.423	1.548	1.478	1.625	1.455
	（3）	1.069	1.159	0.946	0.981	0.846	0.949
低收入阶层	（1）	0.646	0.617	0.575	0.504	0.547	0.562
次低收入阶层	（1）	0.440	0.447	0.385	0.466	0.334	0.378
	（2）	0.260	0.270	0.239	0.223	0.360	0.351
	（3）	1.692	1.656	1.611	2.090	0.928	1.077

群体	指标	一孩家庭		二孩家庭		三孩家庭	
		短期	长期	短期	长期	短期	长期
中等收入阶层	（1）	0.352	0.357	0.292	0.220	0.282	0.316
	（2）	0.379	0.360	0.394	0.492	0.422	0.315
	（3）	0.929	0.992	0.741	0.447	0.668	1.003
次高收入阶层	（1）	0.218	0.228	0.213	0.260	0.211	0.230
	（2）	0.480	0.426	0.406	0.269	0.449	0.420
	（3）	0.454	0.535	0.525	0.966	0.470	0.548
高收入阶层	（2）	0.367	0.527	0.509	0.494	0.394	0.419

注：（1）向上流动比率；（2）向下流动比率；（3）向上/向下流动比率。

随着子女数量的不断增多，代内收入流动性结构的走势呈现出下降趋势，居民家庭收入地位向下流动的可能性越大。从短期代内收入流动性结构指标看，子女数量越多，代内收入流动性结构恶化程度越严重。以向上/向下流动比率为例，一孩家庭、二孩家庭和三孩家庭分别为 1.069、0.946 和 0.846，说明随着子女数量的增多，家庭向上流动力量逐渐减弱，向下流动力量则持续增强。向上/向下流动比率的下降代表家庭经济地位纵向的下降倾向严重，那么不同收入阶层对结构变动发挥着什么作用？有必要分析不同生育规模下各收入阶层流动性结构的变化趋势及波动状况。结果发现，第一，随着生育规模的增大，低收入阶层的单向向上流动比率由 0.646 降至 0.575，并延伸至 0.547，子女数量的增加导致越来越多的低收入阶层向上流动的机会减少。作为贫困群体，如果该阶层不能保持活跃的向上流动态势，就无法改善自身的经济地位，势必破坏机会的平等性甚至影响社会稳定。第二，次低收入阶层和中等收入阶层的流向对于整个收入流动结构至关重要，是缓冲贫富两极、促进经济增长的关键群体。特别是中等收入阶层，处于五等分的中间地位，能够将 1 作为阈值测度向上/向下流动比率指标质量。表 8-8 的结果表明次低收入阶层和中等收入阶层的流向受生育数量的影响显著。次低收入阶层的向上/向下流动比率从一孩的 1.692 降至二孩的 1.611，三孩急剧下降为 0.928。生育子女增大了次低收入阶层向下流动的概率。尽管中等收入阶层的下降幅度低于次低收入阶层，但所有生育家庭的比值都小于 1，三孩家庭甚至达到 0.668，向上流动力量远小于向下流动，流动结构不利于中等收入阶层多数人收入地位的改善。生育导致中间阶层收入地位的脆弱性。第三，生育并未对次高收入阶层和高收入阶层流动结构产生明显影响，两个富裕阶层的收入地位相对稳定。

从长期代内收入流动性结构指标看，子女数量对家庭收入流动结构的约束依然显著。表 8-8 结果显示，长期向上/向下流动比率从一孩的 1.159 降至二孩的 0.981，三孩再次降至 0.949。与短期相比，代内收入流动结构的表现更为良性。细化各个收入阶层的结构指标可以发现，二孩家庭流动结构的负向特征十分显著，是三种生育规模中恶化程度最为严重的。可能的原因是生育二孩直接导致家庭收入水平下降明显，收入地位向下流动倾向增大，而生育三孩后，家庭的经济需求反而促使家庭成员在劳动力市场更为努力地工作。低收入阶层向上流动显著，生育后该收入阶层仍是整个收入阶层向上流动的主要力量。中等收入阶层在一孩、二孩家庭的双向流动中，向上/向下流动比率小于 1，而在三孩家庭向上/向下流动比率升至 1.003，大于 1，说明更多三孩家庭的中等收入阶层获得向上流动机会，机会公平性增强，有助于促进本阶层和整个收入阶层收入流动结构的良性发展。随着子女数量增多，高收入阶层向下流动减少，加重了该阶层的固化倾向。

三、城乡比较

在上节的水平和结构分析中，基于代内收入转换矩阵和指标已对代内收入阶层之间的横向和纵向进行比较，因而在群体分析中仅研究二元经济特征显著的城乡家庭。二元结构的长期存在使得城乡之间的经济水平和生育观念差异显著，导致城乡地区表现出不同的代内收入流动特征。本节将城乡家庭代内收入流动的水平和结构测度指标作为主体，考察不同生育规模代内收入流动性之间的群体特征，这样有助于深入研究生育家庭收入地位的变化规律。

（一）城镇地区

按照生育子女数量，将城镇样本分为一孩家庭、二孩家庭和三孩家庭，分别测度城镇地区不同生育规模下的代内收入转换矩阵和指标，结果见表 8-9 和表 8-10。

表 8-9　不同生育规模下城镇家庭代内收入转换矩阵

一孩家庭											
时间		生育当年					时间		生育后三年			
		1	2	3	4	5			1	2	3	4	5
生育一孩前一年	1	0.475	0.200	0.098	0.111	0.115	生育一孩当年	1	0.581	0.234	0.131	0.046	0.009
	2	0.250	0.386	0.172	0.104	0.089		2	0.272	0.346	0.192	0.142	0.047
	3	0.137	0.211	0.330	0.172	0.150		3	0.097	0.245	0.330	0.249	0.078
	4	0.028	0.121	0.299	0.342	0.211		4	0.046	0.149	0.238	0.311	0.257
	5	0.110	0.082	0.101	0.271	0.437		5	0.004	0.026	0.109	0.251	0.608

二孩家庭											
时间		生育当年					时间		生育后三年			
		1	2	3	4	5			1	2	3	4	5
生育二孩前一年	1	0.541	0.119	0.127	0.118	0.095	生育二孩当年	1	0.556	0.128	0.186	0.065	0.065
	2	0.262	0.394	0.207	0.081	0.056		2	0.273	0.375	0.185	0.096	0.071
	3	0.143	0.330	0.354	0.095	0.078		3	0.151	0.353	0.348	0.079	0.069
	4	0.036	0.087	0.232	0.422	0.223		4	0.018	0.056	0.166	0.571	0.189
	5	0.018	0.070	0.080	0.284	0.548		5	0.002	0.088	0.115	0.189	0.606

三孩家庭											
时间		生育当年					时间		生育后三年			
		1	2	3	4	5			1	2	3	4	5
生育三孩前一年	1	0.551	0.109	0.137	0.108	0.095	生育三孩当年	1	0.546	0.138	0.176	0.075	0.064
	2	0.272	0.404	0.197	0.091	0.055		2	0.284	0.365	0.195	0.085	0.072
	3	0.133	0.320	0.364	0.085	0.077		3	0.141	0.363	0.338	0.089	0.068
	4	0.046	0.097	0.222	0.432	0.224		4	0.027	0.045	0.176	0.560	0.188
	5	0.017	0.069	0.081	0.283	0.547		5	0.003	0.087	0.114	0.188	0.607

表 8-10　不同生育规模下城镇家庭代内收入流动性指标

指标			一孩家庭		二孩家庭		三孩家庭	
			短期	长期	短期	长期	短期	长期
总体	结构	（1）	1.418	1.384	1.199	1.133	1.236	1.150
		（2）	1.608	1.435	1.542	1.411	1.543	1.430
		（3）	0.882	0.963	0.778	0.803	0.846	0.804
	水平	（4）	0.395	0.437	0.452	0.491	0.460	0.483

续表

指标			一孩家庭		二孩家庭		三孩家庭	
			短期	长期	短期	长期	短期	长期
低收入阶层	结构	（1）	0.525	0.419	0.459	0.444	0.449	0.454
	水平	（4）	0.475	0.581	0.541	0.556	0.551	0.546
次低收入阶层	结构	（1）	0.365	0.382	0.344	0.352	0.324	0.351
		（2）	0.250	0.272	0.262	0.273	0.272	0.284
		（3）	1.460	1.410	1.313	1.289	1.191	1.236
	水平	（4）	0.386	0.346	0.394	0.375	0.404	0.365
中等收入阶层	结构	（1）	0.322	0.327	0.173	0.148	0.239	0.157
		（2）	0.347	0.341	0.473	0.504	0.453	0.505
		（3）	0.922	0.957	0.366	0.294	0.528	0.312
	水平	（4）	0.332	0.330	0.354	0.348	0.364	0.338
次高收入阶层	结构	（1）	0.210	0.257	0.223	0.189	0.224	0.188
		（2）	0.447	0.431	0.355	0.240	0.365	0.248
		（3）	0.471	0.592	0.628	0.788	0.614	0.758
	水平	（4）	0.342	0.311	0.422	0.571	0.432	0.560
高收入阶层	结构	（2）	0.564	0.392	0.452	0.394	0.453	0.393
	水平	（4）	0.436	0.608	0.548	0.606	0.547	0.607

注：（1）向上流动比率；（2）向下流动比率；（3）向上/向下流动比率；（4）惯性率。

不同生育规模城镇代内流动性的收入转换矩阵和指标显示，生育规模对城镇家庭代内收入弹性的影响显著。随着子女数量的增多，代内收入流动性进一步恶化，显著差于全样本结果。一方面，生育规模对代内收入流动性的负面影响具有持久性，长期的恶化程度强于短期。另一方面，生育规模加重了高、低收入两端阶层的固化现象，半数家庭在生育子女后无法向其他阶层流动，流动通道越发狭窄，流动机会随之减少，在一定程度上加大了贫富阶层的矛盾。值得注意的是，中等收入阶层的一孩家庭，短期和长期的向上/向下流动比率分别为 0.922 和 0.957，尽管小于但仍接近阈值 1，而二孩和三孩家庭则大幅下降，降至 0.3~0.6 左右。原因是向上流动与子女数量负向相关，说明生育政策放开后，如果中等收入家庭选择生育多孩，会降低该阶层向上流动的可能性，跃升机会的减少直接导致代内收入流动僵化，说明中等收入阶层具有弱质性。生育政策要想发挥积极效应，关键在于解决贫富阶层的固化情况以及中等收入阶层的脆弱性问题。

（二）农村地区

按照生育子女数量，将城镇样本分为一孩家庭、二孩家庭和三孩家庭，分别测度城镇地区不同生育规模下的代内收入转换矩阵和指标，结果见表8-11和表8-12。

表8-11　不同生育规模下农村家庭代内收入转换矩阵

一孩家庭											
时间		生育当年				时间		生育后三年			
		1	2	3	4	5		1	2	3	4	5
生育一孩前一年	1	0.518	0.121	0.170	0.121	0.071	生育一孩当年	1	0.531	0.284	0.107	0.045	0.033
	2	0.235	0.330	0.241	0.144	0.049		2	0.218	0.345	0.259	0.107	0.074
	3	0.140	0.242	0.170	0.285	0.165		3	0.113	0.178	0.331	0.277	0.098
	4	0.058	0.183	0.245	0.302	0.209		4	0.098	0.127	0.206	0.339	0.231
	5	0.049	0.124	0.174	0.147	0.505		5	0.040	0.066	0.099	0.232	0.564

二孩家庭											
时间		生育当年				时间		生育后三年			
		1	2	3	4	5		1	2	3	4	5
生育二孩前一年	1	0.425	0.286	0.114	0.091	0.084	生育二孩当年	1	0.426	0.258	0.128	0.096	0.092
	2	0.259	0.296	0.283	0.107	0.055		2	0.219	0.267	0.285	0.135	0.094
	3	0.139	0.277	0.314	0.153	0.117		3	0.202	0.303	0.322	0.101	0.072
	4	0.083	0.093	0.102	0.461	0.261		4	0.090	0.095	0.115	0.457	0.243
	5	0.094	0.048	0.187	0.188	0.483		5	0.063	0.077	0.150	0.211	0.499

三孩家庭											
时间		生育当年				时间		生育后三年			
		1	2	3	4	5		1	2	3	4	5
生育三孩前一年	1	0.448	0.254	0.173	0.080	0.045	生育三孩当年	1	0.484	0.263	0.163	0.070	0.019
	2	0.310	0.303	0.186	0.134	0.067		2	0.360	0.301	0.203	0.091	0.046
	3	0.174	0.248	0.302	0.208	0.068		3	0.144	0.287	0.301	0.215	0.052
	4	0.057	0.173	0.243	0.336	0.191		4	0.011	0.133	0.238	0.361	0.256
	5	0.011	0.022	0.096	0.242	0.628		5	0.001	0.016	0.094	0.262	0.625

不同生育规模农村代内流动性的收入转换矩阵和指标显示，生育规模对农村家庭代内收入流动的影响要小于城镇和全样本家庭。随着子女数量的增多，代内收入流动性具有两个特征。一是生育规模对代内收入流动性

的影响不具有显著的时间特征。不论哪类生育规模，短期和长期代际收入流动变化基本一致。二是阶层差异性显著。随着生育规模的增多，低收入阶层向上流动的机会增大，生育越多改善经济地位的可能性越大。中等收入阶层中的一孩家庭，短期和长期的向上/向下流动比率分别为 1.178 和 1.289，均大于阈值 1，流动指标良好，而二孩和三孩家庭指标降至 0.6。高收入阶层的固化现象显著，以短期为例，向下流动通道由一孩家庭的 0.495 降至三孩家庭的 0.372，向下流动机会减少，不利于代内收入流动结构的良性发展。

　　城乡比较看，城镇家庭的代内收入流动性要差于农村家庭，但是整体表现基本相同。值得注意的是，中等收入阶层在城乡两个群体中均表现出弱质性，生育规模对其经济地位的冲击十分显著，受全面二孩政策的经济影响最为明显。

表 8-12　不同生育规模下农村家庭代内收入流动性指标

指标			一孩家庭		二孩家庭		三孩家庭	
			短期	长期	短期	长期	短期	长期
总体	结构	（1）	1.513	1.512	1.551	1.504	1.406	1.378
		（2）	1.601	1.375	1.470	1.525	1.577	1.548
		（3）	0.945	1.100	1.055	0.986	0.892	0.890
	水平	（4）	0.378	0.422	0.396	0.394	0.403	0.414
低收入阶层	结构	（1）	0.419	0.469	0.575	0.574	0.552	0.516
	水平	（4）	0.581	0.531	0.425	0.426	0.448	0.484
次低收入阶层	结构	（1）	0.435	0.437	0.445	0.514	0.387	0.339
		（2）	0.235	0.218	0.259	0.219	0.310	0.360
		（3）	1.851	2.004	1.718	2.347	1.248	0.942
	水平	（4）	0.330	0.345	0.296	0.267	0.303	0.301
中等收入阶层	结构	（1）	0.450	0.375	0.270	0.173	0.276	0.267
		（2）	0.382	0.291	0.416	0.505	0.422	0.431
		（3）	1.178	1.289	0.649	0.343	0.654	0.619
	水平	（4）	0.170	0.331	0.314	0.322	0.302	0.301
次高收入阶层	结构	（1）	0.209	0.231	0.261	0.243	0.191	0.256
		（2）	0.489	0.430	0.278	0.300	0.473	0.382
		（3）	0.427	0.537	0.939	0.810	0.404	0.670
	水平	（4）	0.302	0.339	0.461	0.457	0.336	0.361
高收入阶层	结构	（2）	0.495	0.436	0.517	0.501	0.372	0.375
	水平	（4）	0.505	0.564	0.483	0.499	0.628	0.625

注：（1）向上流动比率；（2）向下流动比率；（3）向上/向下流动比率；（4）惯性率。

第三节　不同生育规模下代际收入流动性

Becker、Lewis（1973）的经典理论表明，家庭子女数量的增多、生育规模的增大将导致兄弟姐妹之间对家庭资源的竞争，产生家庭资源的零和博弈，结果往往可能降低子女自身的人力资本累积，影响动态的代际收入流动性。前述章节已对不同生育规模下家庭收入水平和代内收入流动性提供了系统研究，为了更加明确全面二孩政策的经济影响，有必要研究不同家庭规模的代际收入流动性，以反映全面二孩政策效应。本部分拟从生育规模视角出发，验证代际收入流动性的作用机制，考察代际收入弹性和代际收入转换矩阵，比较城乡地区的差异性。

一、代际收入弹性

（一）模型设定

为了考察不同生育规模家庭的代际收入流动性，在模型 7-14 的基础上引入反映生育子女数量的变量及生育规模与父亲收入的交互项。模型具体形式如下：

$$y_{1,t} = \alpha_t + \beta_1 y_{0,t} + \beta_2 f + \beta_3 f_t \cdot y_{0,t} + bX + \varepsilon \qquad (8\text{-}4)$$

其中，$y_{1,t}$ 和 $y_{0,t}$ 分别表示第一个孩子（以下简称子代）和父代在 t 时期的收入对数；f_t 表示家庭生育子女数量，即生育规模。$\beta_1 + \beta_3 f$ 为代际收入弹性，$1 - (\beta_1 + \beta_3 f)$ 则为代际收入流动性。核心变量为 β_3，表示生育规模对代际收入弹性的效应。若 β_3 为负，表示生育规模与代际收入流动性正相关，生育子女数量越大，代际收入流动性越强；若 β_3 为正，则表示生育规模与代际收入流动性负相关，生育子女数量越小，代际收入流动性越弱。X 为控制变量，包括个人特征变量、人力资本变量、社会资本变量和物质资本变量，用以控制收入的生命周期特征和个体差异，ε 为扰动项。子代性别，女性设为 0，男性设为 1。户籍状况，农村户口设为 0，城市户口设为 1。

（二）结果分析

为了进一步比较不同生育规模下代际收入弹性的变化规律，对含有生育子女数量的模型分别进行最小二乘回归和两阶段最小二乘回归。具体而言，将样本按照家庭生育子女数量分为三组，分别是生育子女数量为1、2和3。表8-13的全样本回归结果显示，生育规模对代际收入弹性的作用十分显著。分样本回归结果发现，不论是最小二乘回归还是两阶段最小二乘回归，随着子女数量的增多，代际收入弹性先减少后增大，代际收入流动性相应先增强后减弱，呈现倒"U"形变化。从最小二乘回归结果看，当生育子女数量为1时，代际收入弹性为0.485，父代收入地位能够作用子代收入阶层的比重为48.5%,；当生育子女数量为2时，代际收入弹性减小至0.393，代际收入流动最为活跃；随着生育子女数量增至3时，代际收入弹性再次升高到0.49，说明父代收入地位作用于子代收入阶层的比重增至49%，代际收入流动性再次减弱；当家庭生育规模扩大到三孩时，子女对家庭资源的竞争愈加激烈。数量与质量之间的替代作用降低了子女代际流动，向上跃升的机会随之减小。

表8-13　不同生育规模下代际收入弹性

变量	$y_{0,t}$							
	全样本		子女数量=1		子女数量=2		子女数量=3	
	OLS	2SLS	OLS	2SLS	OLS	2SLS	OLS	2SLS
$y_{1,t}$	0.472* (0.066)	0.468** (0.086)	0.485* (0.059)	0.411*** (0.061)	0.393** (0.087)	0.495** (0.107)	0.490** (0.101)	0.502** (0.113)
f_t	0.471** (0.066)	0.469** (0.066)	—	—	—	—	—	—
$f_t \cdot y_{0,t}$	-0.068** (0.024)	1.857** (0.247)	—	—	—	—	—	—
控制变量	—	—	—	—	—	—	—	—
常数项	-6.852 (15.38)	-5.963 (10.12)	52.01 (33.96)	47.23 (26.70)	-7.369 (20.11)	-4.104 (15.38)	-39.36 (40.74)	-52.89 (60.31)
样本量								
R^2	0.305	0.298	0.321	0.398	0.199	0.211	0.233	0.209
弱工具检验		12.78		10.66		13.54		10.72
过度识别检验		0.776		0.890		0.884		0.658

注：（1）***、**、*分别为1%、5%和10%显著，括号里为标准误；（2）弱工具变量是指 F 统计量；（3）过度识别检验是指过度识别 p 值。

二、代际收入转换矩阵

最小二乘模型能够考察不同生育规模代际的传承性，但是无法刻画不同阶层代际收入流动性的动态变化。本节选择代际转换矩阵从相对视角研究不同阶层代际收入流动性的变化轨迹，进一步探讨多种维度下不同生育规模家庭父代与子代之间的流动方向，加深对二孩家庭代际收入流动意义的思考。具体而言，根据父代和子代收入水平依次由低到高平均分成五等分，定义底层为低收入阶层，第二层为次低收入阶层，第三层为中等收入阶层，第四层为次高收入阶层，顶层为高收入阶层，最终获得5×5代际转换矩阵。构造不同生育规模的代际收入转换矩阵，结果见表8-14。

由总体代际收入转换矩阵结果可知，父代处于低收入阶层的家庭，子代依然留在该阶层的比重为32.98%，表示有2/3的低收入家庭其子代跃升出贫困阶层。然而，如果细化低收入阶层的流动结构可以发现，跃升到各阶层的概率随着阶层递进而逐渐减小，跃升至高收入阶层的比重相当小，仅为6.5%。相比低收入阶层，父代处于高收入阶层的家庭，子代依然留在该阶层的比重为37.99%，富裕阶层代际传承的现象最为显著。贫富阶层代际收入流动表现固化，经济地位的代际现象显著。三个中间阶层的流动相对较为活跃，子代仍然处于父代阶层的概率分别是 19.05%、24.01%和24.02%，代际收入流动性较强。总体而言，中国代际流动结构显现出收入两端固化、中间三层相对活跃的特点。

不同生育规模下的代际收入流动表现出显著异质性。从生育子女数量为1的家庭代际收入转换矩阵发现，父代处于高收入阶层的家庭，子代依然留在该阶层的比重为54.99%，说明一孩家庭富裕阶层的代际传承现象十分显著，高于该阶层其他生育规模的家庭，是传递效应最强的。生育规模越小，富裕阶层的代际传承越显著，"代际复制"的现象使得"富者愈富"，经济地位固化严重，这对于处于弱势地位的其他阶层十分不利。家庭仅生育一个孩子，能够获得家庭全部的资源和庇护，因而继承父代收入地位的可能性更高。对于生育子女数量为2的家庭而言，父代处于不同阶层的家庭，子代仍留在该阶层的概率分别为28.96%、18.4%、22.88%、21.01%和34.08%。5个阶层的代际流动结构相对良好，没有较为显著的代际僵化现象。在生育子女数量为3的家庭代际收入转换矩阵中，父代处于低收入阶层，子代依然留在该阶层的比重为50.98%，跃升至次低收入、中等收入和次高收入阶层的概率依次为 17.01%、15.02% 和 12.98%，而升至高收入阶层的概率仅有 4.02%，说明三孩家庭贫困阶层的代际传承现象十分显著，高于该阶层其他生育规模的家庭，是传递效应最强的。生育子女数量越多，家庭层面上子女之间的资源竞争更为激烈，例如受教育机会的资源竞争在子女未来的收入地位上发挥着重要作用。

随着生育子女数量的增加，家庭的代际流动逐渐从"富者愈富"的流动僵化转移为各阶层流动均衡，再延伸为"穷者愈穷"的地位固化。从阶层的代际收入流动结构看，生育 2 个子女的家庭规模最为良好，有助于改善代际收入流动的良性互动。而生育 1 个和 3 个子女的家庭，分别是强者愈来愈强、弱者愈来愈弱，向下流动和向上跃升的机会减小，流动通道狭窄。

表8-14　不同生育规模的代际收入转换矩阵

		父代				
		1	2	3	4	5
子代 （全样本）	1	32.98	23.10	16.01	19.00	10.01
	2	22.02	19.05	23.02	19.01	16.02
	3	20.00	25.05	24.01	15.98	14.97
	4	18.50	15.90	18.96	24.02	22.01
	5	6.50	16.01	18.01	21.99	37.99
		1	2	3	4	5
子代 （生育数量=1）	1	28.01	22.99	14.01	11.01	9.02
	2	28.02	13.98	16.01	16.02	7.01
	3	17.02	31.01	27.98	10.98	11.97
	4	19.97	16.02	20.01	28.99	17.01
	5	6.98	16.00	21.99	34.01	54.99
		1	2	3	4	5
子代 （生育数量=2）	1	28.96	23.1	15.48	15.61	16.85
	2	23.39	18.40	24.13	19.90	14.18
	3	20.64	21.52	22.88	18.54	16.42
	4	17.04	23.63	20.03	21.01	18.28
	5	9.74	13.48	17.60	25.09	34.08
		1	2	3	4	5
子代 （生育数量=3）	1	50.98	20.01	16.02	8.02	5.02
	2	17.01	28.02	15.02	17.99	22.02
	3	15.02	15.97	21.97	27.98	18.98
	4	12.98	16.01	21.99	19.01	30.01
	5	4.02	19.99	25.00	27.01	23.97

注：1、2、3、4、5 分别表示低收入阶层、次低收入阶层、中等收入阶层、次高收入阶层和高收入阶层。

三、城乡比较

依循代内收入流动性的城乡分析思路，仅对城乡家庭代际收入流动性的生育规模特征进行分析。二元经济的现实存在使得城镇和农村家庭的经济能力、生活水平存在差异。农村地区的高收入家庭在城镇中可能仅为中等收入阶层，因此有必要将样本分为城乡两类，分别考察不同生育规模对代际收入流动性的影响。

（一）城镇地区

依循以上章节考察城镇之间的代际差异性，按照家庭生育规模将城镇样本分为三组，分别是生育子女数量为1、2和3。分别测度城镇地区不同生育规模下的代际收入弹性和代际收入结构，结果如表8-15和表8-16。

表 8-15 的城镇样本回归结果显示，生育规模对城镇家庭代际收入弹性的影响显著。分样本回归结果可以发现，随着子女数量的增大，代际收入弹性先减少后增大，代际收入流动性相应先增强后减弱，呈现倒"U"形变化，这与全样本结果一致。

表 8-15　城镇家庭不同生育规模下代际收入弹性

变量	$y_{0,t}$							
	城镇样本		子女数量=1		子女数量=2		子女数量=3	
	OLS	2SLS	OLS	2SLS	OLS	2SLS	OLS	2SLS
y_{t}	0.465* (0.066)	0.459** (0.086)	0.506* (0.059)	0.432*** (0.061)	0.441** (0.087)	0.432** (0.107)	0.462** (0.101)	0.442** (0.113)
f_{t}	0.452** (0.066)	0.453** (0.066)	—	—	—	—	—	—
$f_{t} \cdot y_{0,t}$	−0.051** (0.024)	1.140** (0.247)	—	—	—	—	—	—
控制变量								
常数项	−5.339 (15.38)	−5.635 (10.12)	49.71 (33.96)	38.18 (26.70)	−6.227 (20.11)	−3.987 (15.38)	−30.71 (40.74)	−49.55 (60.31)
样本量								
R^2	0.229	0.401	0.410	0.404	0.185	0.243	0.251	0.217
弱工具检验		14.25		11.97		14.78		12.05
过度识别检验		0.774		0.914		0.912		0.752

注：（1）***、**、*分别为 1%、5%和 10%显著，括号里为标准误；（2）弱工具变量是指 F 统计量；（3）过度识别检验是指过度识别 p 值。

表8-16 城镇家庭不同生育规模的代际收入转换矩阵

		父代				
		1	2	3	4	5
子代 （全样本）	1	31.98	24.10	17.01	20.00	11.01
	2	23.02	18.05	22.02	18.01	15.02
	3	19.00	26.05	25.01	16.98	15.97
	4	19.50	14.90	17.96	23.02	21.01
	5	6.50	15.01	17.01	20.99	37.89
		1	2	3	4	5
子代 （生育数量=1）	1	26.01	24.99	14.01	14.01	8.02
	2	30.02	11.98	16.01	16.02	6.01
	3	15.02	33.01	27.98	10.98	12.97
	4	21.97	14.02	18.01	28.99	16.01
	5	6.98	16.00	20 .99	33.01	54.65
		1	2	3	4	5
子代 （生育数量=2）	1	25.96	26.1	14.48	16.61	17.85
	2	26.39	15.40	25.13	18.90	15.18
	3	17.64	24.52	21.88	19.54	15.42
	4	18.04	20.63	21.03	20.01	19.28
	5	10.74	13.48	16.60	25.09	32.08
		1	2	3	4	5
子代 （生育数量=3）	1	26.98	25.01	15.02	15.02	18.02
	2	25.01	16.02	26.02	19.99	14.02
	3	18.02	23.97	20.97	20.98	16.98
	4	19.98	21.01	22.99	21.01	18.01
	5	9.02	12 ..99	15.00	25.01	33.97

注：1、2、3、4、5分别表示低收入阶层、次低收入阶层、中等收入阶层、次高收入阶层和高收入阶层。

表 8-16 给出了城镇代际收入转换矩阵结果。收入两端的代际流动相对固化，父代处于低收入和高收入阶层，子代仍留在原阶层的概率分别为31.98%和37.89%。代际收入流动的固化导致贫富恶性循环，并形成马太效应。相比而言，中间三层的流动较为活跃，需要注意的是，保证社会稳定的中等收入阶层的流动方向并不乐观，向下流动的概率为45.05%，中等收

入阶层具有一定的脆弱性。细化子女数量对代际收入流动的影响发现，生育子女数量为 1 的家庭，父代处于高收入阶层，子代依然留在该阶层的概率为 54.65%，说明一孩家庭富裕阶层的代际传承现象十分显著，高于该阶层其他生育规模的家庭，是传递效应最强的。生育子女数量为 2 和 3 的家庭，子代留在高收入阶层的概率分别是 32.08% 和 33.97%，远低于独子家庭。一孩家庭高收入阶层家庭中的资本和权利全部代际传承给唯一的子女，进而锁闭了其他阶层向上跃升的机会结构，向上流动通道变窄。随着子女数量的增多，家庭资源配置机会出现竞争，子女数量分化了家庭资源，子女的生存和发展机会的零和博弈就此产生。由此，二孩和三孩家庭的富裕阶层并未出现严重的代际传承现象。

（二）农村地区

表 8-17　农村家庭不同生育规模下代际收入弹性

变量	$y_{0,t}$							
	全样本		子女数量=1		子女数量=2		子女数量=3	
	OLS	2SLS	OLS	2SLS	OLS	2SLS	OLS	2SLS
$y_{1,t}$	0.494*	0.481**	0.461*	0.405***	0.396**	0.362**	0.403**	0.393**
	(0.066)	(0.086)	(0.059)	(0.061)	(0.087)	(0.107)	(0.101)	(0.113)
f_t	0.489**	0.475**	—	—	—	—	—	—
	(0.066)	(0.066)						
$f_t \cdot y_{0,t}$	-0.044**	1.665**	—	—	—	—	—	—
	(0.024)	(0.247)						
控制变量	—	—	—	—	—	—	—	—
常数项	-6.852	-5.963	52.01	47.23	-7.369	-4.104	-39.36	-52.89
	(15.38)	(10.12)	(33.96)	(26.70)	(20.11)	(15.38)	(40.74)	(60.31)
样本量								
R^2	0.361	0.377	0.410	0.404	0.185	0.243	0.251	0.217
弱工具检验		15.36		11.97		14.78		12.05
过度识别检验		0.869		0.914		0.912		0.752

注：（1）***、**、*分别为 1%、5% 和 10% 显著，括号里为标准误；（2）弱工具变量是指 F 统计量；（3）过度识别检验是指过度识别 p 值。

表 8-17 的农村样本估计表明，生育规模与农村家庭代际收入弹性的关系依然密切。分样本回归结果可以发现，随着子女数量的增大，代际收入弹性逐步减少，代际收入流动性相应增强，这与全样本和城镇家庭的结果存在差异。

由农村样本的代际收入转换矩阵结果（表 8-18）可知，全样本和子代生育数量为 1 的家庭代际收入流动表现良好，流动通道较为顺畅，不同阶层之间存在更多经济地位跃升或下降的机会。相比而言，生育子女数量为 2 和 3 的家庭，子代留在低收入阶层的概率分别是 49.96% 和 50.98%，远高于一孩家庭的 27.98%，近一半的低收入家庭出现了收入地位的代际传承。随着子女数量的增多，低收入阶层的固化现象越发显著，向上流动通道变窄。随着子女数量的增多，家庭资源配置机会出现竞争，子女数量分化了家庭资源，不同子女的代际收入流动存在差异。例如，接受良好的教育能够实现阶层的跨越流动，是主导社会代际流动的重要机制。随着生育规模的扩大，子女的人力资本投入分配就变得十分关键。获得受教育机会的子女的代际流动相对于未获得机会的兄弟姐妹更为活跃，机会的挤占降低了其他子女的上行流动机会。

表 8-18　农村家庭不同生育规模的代际收入转换矩阵

		父代				
		1	2	3	4	5
子代 （全样本）	1	26.96	25.1	13.48	17.61	14.85
	2	25.39	16.40	26.13	17.90	16.18
	3	18.64	23.52	20.88	20.54	14.42
	4	19.04	21.63	22.03	19.01	20.28
	5	7.74	15.48	15.60	27.09	32.08
子代 （生育数量=1）		1	2	3	4	5
	1	27.98	24.01	14.02	16.02	15.02
	2	24.01	17.02	25.02	18.99	15.19
	3	19.02	22.97	21.97	19.98	15.98
	4	18.98	22.01	21.99	20.01	19.01
	5	8.02	14.99	16.00	26.01	33.97
子代 （生育数量=2）		1	2	3	4	5
	1	49.96	21.1	15.48	9.61	5.85
	2	18.39	27.40	16.13	16.90	21.18

续表

父代		1	2	3	4	5
子代 （生育数量=2）	3	14.64	16.52	20.88	28.54	18.42
	4	13.04	15.63	22.03	18.01	29.28
	5	4.74	19.48	25.60	27.09	24.08
		1	2	3	4	5
子代 （生育数量=3）	1	50.98	20.01	16.02	8.02	6.02
	2	17.01	28.02	15.02	17.99	20.19
	3	14.02	15.97	21.97	27.98	19.98
	4	12.98	16.01	21.99	19.01	28.01
	5	5.02	19.99	25.00	26.01	23.97

注：1、2、3、4、5 分别表示低收入阶层、次低收入阶层、中等收入阶层、次高收入阶层和高收入阶层。

第四节　本章小结

鼓励生育政策实施后，中国家庭可能生育 1、2 或 3 个子女，家庭规模发生了结构性变化。一孩、二孩和三孩家庭需要承受不同的生育成本，生育规模的变化能否以及如何引起家庭收入水平、代内和代际收入流动性的变化？经济上增加的家庭负担很大程度上制约了生育政策的实施效果，并且这种影响的重要作用越来越显著。为此，本章使用调查数据和中国综合社会调查数据，基于静态和动态两个视角比较分析一孩、二孩和三孩家庭的收入水平、代内收入流动和代际收入流动情况。通过理论模型、收入转换矩阵和测度指标等方法，系统分析获得总体、不同阶层、不同地区的趋势和异质性特征。

本章获得了值得高度重视和关注的结论。第一，从家庭收入水平看，生育子女数量越多，家庭收入下降程度越大，生育规模对家庭收入的负向影响显著。相比农村，城镇家庭生育子女对于家庭收入的负向作用更为显著。生育规模增大对不同收入阶层的负面影响按照从强到弱依次为：中等收入、低收入和高收入阶层。子女数量的增多需要中等收入阶层背负沉重的经济负担，承受巨大的经济压力。第二，从代内收入流动性看，随着子女数量的不断增多，家庭收入地位逐渐固化。生育导致代内收入流动性水平和结构从短期到长期均呈现出下降趋势，家庭收入地位向下流动的可能性越大。城乡比较看，城镇家庭的代内收入流动性要差于农村家庭，但是整体表现基本相同，表现为贫富阶层收入地位僵化、中等收入阶层弱质性特征显著。第三，从代际收入流动性看，随着子女数量的增大，代际收入弹性先减少后增大，代际流动性水平先增强后减弱，呈现倒"U"形变化。二孩家庭代际流动结构良好，而一孩和三孩家庭向下流动和向上跃升的机会减小，流动通道狭窄。城镇家庭的代际收入流动好于农村。生育规模增大对于阶层的代际收入流动存在异质性。

生育规模对于家庭代内的经济影响以及子代代际的收入流动发展具有重要作用。一方面，生育规模的扩大不仅增加了家庭的经济负担，也在不同程度上影响代内收入流动，生育规模对家庭经济地位的冲击十分显著。另一方面，随着子女数量的增多，家庭资源配置机会出现竞争，子代数量分化了家庭资源，子代生存和发展机会的零和博弈十分显著。当家庭生育规模扩大到三孩时，子代对家庭资源的竞争也愈加激烈。数量与质量之间的替代作用降低了子代的代际收入流动，向上跃升的机会随之减小。两方面的共同作用可以解释鼓励性生育政策"遇冷"的现象。因而，揭示生育规模与家庭收入水平、收入流动性之间的作用机制具有重要意义，有助于进一步理解全面二孩政策的经济影响，并为三孩生育政策效应的释放提供参考。

第九章　结论、对策与展望

综合以上章节研究内容和结论，提出对策建议，同时明确未来的研究方向。

第一节　基本结论

为应对少子化、老龄化加剧进而劳动力减少的经济挑战，2016 年中国出台了全面二孩政策以提高生育率，缓解人口红利消失所带来的发展约束。然而，自全面二孩政策实施以来，适龄家庭二孩生育意愿不高。能生不敢生或能生也不生背后的深层原因，是家庭经济地位的恶化。收入流动性是解决全面二孩政策经济影响的核心环节，也是决定收入分配格局的重要组成部分。如果鼓励性生育政策恶化了收入流动性，导致上升通道变窄、收入分配结构固化，将引起社会的广泛焦虑，那么放开生育后的收入流动性变化，将深刻影响社会稳定并对经济发展的基本环境起着决定性作用。因生育和收入流动性的重要性，中共中央曾于多次会议中明确提出提高生育意愿、活跃收入流动等目标，而要使目标得以实现，应对生育子女家庭的收入流动性进行深入研究，破解影响全面二孩政策效应的经济障碍，依此提供有益思路和途径。

基于收入流动视角下的全面二孩政策评估具有重要意涵，它既是经济发展的客观需要，也是人口发展的根本保障，因而引起了国内外学者的广泛关注。纵观现有研究，国外学者针对生育理论的概况、经济社会影响及其提升路径做了较为丰富的研究，国内研究由于起步较晚，发展也相对较慢，大多还仅停留在生育和收入水平之间的作用机制和政策思路方面，基于生育的收入流动性定量研究极为匮乏。由于各国生育政策背景各异，国外研究结论无法为基于收入流动视角下全面二孩政策的经济影响研究提供直接有效经验，因而应以中国现实为基础，以国家发展战略为方向，明确阐释中国鼓励生育政策下的收入流动问题，提炼新方法、揭示新规律。总之，深入开展全面二孩政策下的收入水平及收入流动性研究，具有重要的现实意义和理论价值。本书基于已有研究成果，将关注点聚焦于此加以分析，得到值得高度重视的结论。

一、国内研究起步较晚，亟待强化与深化

国外学者对生育与收入的研究自 19 世纪 40 年代就已开始，研究成果颇丰，研究视角也逐步细化，涉及宏观人口变化、微观家庭生育的界定、特征及经济社会影响等诸多方面。相比而言，国内研究起步较晚，也仅局限于生育的界定及其收入、支出变化等研究思路。涉及生育政策对于收入流动性的影响，特别是全面二孩政策实施后二孩生育意愿的动态变化、生育意愿与实际生育水平的发展轨迹、生育意愿对收入流动性的作用机制的文献并不多见。然而，内受中国发展现实和政策关切推动，外受该领域国际研究重新高涨刺激，近年来国内研究也呈加速跟进的喜人态势。在未来研究中，国内学者应基于中国特殊的生育政策背景，在收入流动性测度方法的理论基础、变动的演进规律及经济影响、作用路径等方面进行深入探讨，辅之以更严谨的定量分析，切实服务于中国人口及经济发展需要，并推动要素分配研究的完善与拓展。

二、梳理生育政策的历史脉络、揭示生育需求的现实困境

（一）紧缩型生育政策转向宽松型生育政策

测度鼓励生育政策下单独二孩、全面二孩阶段人口变化，预测三孩政策下人口发展趋势，发现生育政策的不断放开并未真正提高中国人口生育数量、改善人口生育结构，生育率仍将处于低水平，未来还可能进入人口零增长、负增长时代，对国家、地区以及城市的发展具有一定的负面影响。

生育政策配套服务是完善生育政策的重要环节，在借鉴国际先进经验的基础上，评估生育政策配套服务需求。研究结果表明，育龄家庭对生育政策配套服务的整体需求较为强烈，但城乡和阶层侧重有所不同。第一，生育二孩的社会化配套抚养需求在城乡之间体现了不同特征。城镇家庭关注的社会化抚养服务是延长产假和提供 0~3 岁育儿服务机构两方面，而农村家庭则更加偏好生育补贴和医疗补贴两个方面。城镇家庭对于社会化配套抚养倾向于育儿的便利性需求，而农村家庭则重视育儿的成本性需求。第二，生育配套服务需求具有阶层异质性。随着低收入向中、高收入的阶

层递进，需求层次也从关注补贴和税收减免的成本性需求，延伸为延长产假和提供 0～3 岁育儿服务机构的便利性需求及育儿指导的素质性需求。

（二）生育需求与生育意愿密切相关

基于生育意愿的理论基础、测度方法与生育行为之间的研究框架，考察全面二孩政策下的生育意愿现状，衡量育龄家庭生育意愿的变化，识别阶层之间、城乡之间的异质性特征，在影响因素层面上筛选个体和家庭特征下的可能因素，通过生育意愿层面系统分析全面二孩生育的政策效应。

测度结果显示，生育意愿与实际生育水平之间出现了偏离：二孩生育意愿>实际生育水平。影响因素来源于个体与家庭多方面因素影响，并且具有不同的群体特征。阶层层面上，中等收入阶层的二孩生育意愿最低，低收入阶层次之，高收入阶层的生育意愿最为积极。从城乡层面看，农村家庭的二孩生育意愿整体好于城镇家庭。依据理论模型考察生育意愿的作用机制，影响因素互有异同，重要性各有高低。经济因素和养育模式的重要性绝对领先于其他因素，增加工资收入、解决养育困境是提高生育意愿、减少生育偏差的根本途径。受教育程度、年龄和现有子女性别可归入重要性第二层次因素。受教育程度越高、户主为男性、现有子女为女孩的家庭，生育意愿越高，生育偏差越小。年龄与生育意愿呈现倒"U"形关系。使用倾向得分匹配估计识别全面二孩生育政策对生育意愿和生育偏差的因果效应，生育政策显著提高了生育意愿，但拉大了生育意愿与生育水平的偏差，实际生育水平并未随着生育意愿的提高而增多。不同群体的生育意愿差异，根源上可归结于资源机会成本和传统文化差异性共同作用的结果。

三、二孩家庭的静态收入水平分析、动态收入流动性测度

（一）构建生育二孩对家庭收入影响的理论模型

结果发现，不论短期还是长期，生育二孩对家庭收入均具有显著的负向影响，以生育当年为例，二孩导致家庭收入下降 30.2%，显著抑制家庭收入的提升，说明"二孩生育陷阱"的倒"U"形曲线最大值随时间向后移动、随作用程度变大，"二孩生育陷阱"的程度严重，家庭需要承受巨大的经济压力。分阶层的异质性分析结果显示，生育二孩的长短期影响及其作用程度在不同收入阶层之间存在差异，导致二孩生育需求也出现不同特征。生育二孩对家庭收入影响的负向影响按照从小到大依次为：高收入阶层、低收入阶层和中等收入阶层。收入水平层面上的经济累积负效应导致全面

二孩政策效应并未得到释放，并且负面程度的阶层差异性显著。

（二）揭示生育二孩后中国居民家庭代内收入流动性的动态演化轨迹

从估计结果来看，代内收入流动性的水平和结构指标都表明生育二孩对家庭经济地位具有负面影响。代内收入流动性水平从短期到长期逐步恶化，收入地位逐渐固化。代内收入流动性结构也不利于家庭成员经济地位的提高，向上流动的机会小于向下流动，代内收入流动性结构特征不理想。分阶层、城乡和区域的异质性分析结果显示，收入阶层方面，高低两极收入阶层固化严重，生育二孩造成中等收入阶层经济恶化，在一定程度上解释了全面二孩生育政策"遇冷"现象。城乡地区方面，农村代内收入流动性整体好于城市。最为突出的是次低收入阶层，城镇家庭生育二孩后的流动表现不理想，但农村不仅富于流动，而且结构力量还是向上的。区域层面方面，东部地区代内收入流动性表现良好，机会均等性较好，改善家庭经济地位的可能性较高，活跃的阶层流动能够抵消生育二孩导致的家庭成本增加。东北地区代内收入流动性恶化，经济地位固化现象严重。东北地区大量外流的劳动力减慢了经济发展，生育二孩加速了收入地位的僵化。考察生育意愿对代内收入流动性的影响机制发现，生育意愿对代内收入流动性具有显著负向影响。如果家庭成员具有强烈的生育意愿，会提高家庭人口数量，增大收入地位下降的概率。因而，生育意愿是影响中国家庭代内收入流动性变动的重要因素之一。

（三）生育二孩后家庭代际流动性的总体变化及异质性特征

结果显示，2010—2019 年的二孩家庭代际收入流动活跃。但是，各收入阶层的代际收入流动表现不同，高低两极收入阶层代际收入地位逐步固化，代际收入流动性结构特征不理想，并且向上流动的机会小于向下流动，不利于二孩家庭经济地位的提高。城乡地区结果显示，城镇家庭的代际收入流动性好于农村，但是各收入阶层的变化轨迹基本相同，城乡贫富两个收入阶层的固化现象显著，中等收入阶层的代际流动表现也并不理想。

四、提升收入流动性作用路径的探索

（一）生育意愿对代内收入流动性具有显著负向影响

如果家庭成员具有强烈的生育意愿，会提高家庭人口数量，增大收入地位下降的概率。因而，生育意愿是影响中国家庭代内收入流动性变动的重要因素之一。

（二）生育意愿与代际向上流动具有显著的负相关关系

阶层、城乡、年龄以及性别之间存在群体异质性。相对而言，具有中低收入、城镇背景、年龄偏低和女性特征的群体，其代际向上流动受生育意愿的负面影响更为显著和直接。人力资本和社会资本强化代际向上流动与生育意愿的负向影响，物质资本则弱化负向效应。从作用程度上看，人力资本和物质资本是三条路径中的主要力量，社会资本的作用并不显著。一方面，随着教育普及程度的提高，人力资本在传递机制中的影响力越发深入。人力资本是个体社会地位的静态体现，也是打破代际阶层固化、促进动态流动的重要工具。受教育程度越高，获得收入地位跃升的机会越多，个人会通过降低生育意愿、缩小家庭规模减轻向上流动的负担。从这一视角看，教育的"梯度效应"侧面反映了代际流动与生育意愿之间的反向程度。另一方面，物质资本成为分化贫富阶层生育意愿的标杆。富人拥有强大的物质资本作为生育后盾，能够负担生育成本，代际流动与生育并不是个两难的选择题，物质资本弱化二者的负向关系。

五、比较不同生育规模下的收入水平和收入流动性

全面二孩政策实施后，家庭规模发生了结构性变化。一孩、二孩和三孩家庭需要承受不同的生育成本，经济上增加的家庭负担很大程度上制约了生育政策的实施效果。基于静态和动态两个视角比较分析一孩、二孩和三孩家庭的收入水平、代内收入流动和代际收入流动情况，通过理论模型、转换矩阵和测度指标等方法获得总体、不同阶层、不同地区的趋势和异质性特征。从家庭收入水平看，生育子女数量越多，家庭收入下降程度越大，生育规模对家庭收入水平的负向影响显著。相比农村，城镇家庭生育子女对于家庭收入的负向作用更为显著。生育规模增大对不同收入阶层的负面影响按照从强到弱依次为：中等收入、低收入和高收入阶层。子女数量的增多需要中等收入阶层背负沉重的经济负担，承受巨大的经济压力。从代内收入流动性看，随着子女数量的不断增多，家庭收入地位逐渐固化。生育导致代内收入流动性水平和结构从短期到长期均呈现出下降趋势，家庭收入地位向下流动的可能性越大。城乡比较看，城镇家庭的代内收入流动性要差于农村家庭，但是整体表现基本相同，表现为贫富阶层收入地位僵化、中等收入阶层弱质性特征显著。从代际收入流动性看，随着子女数量的增大，代际收入弹性先减少后增大，代际流动性水平先增强后减弱，呈

现倒"U"形变化。二孩家庭代际流动结构良好，而一孩和三孩家庭向下流动和向上跃升的机会减小，流动通道狭窄。城镇家庭的代际收入流动好于农村。生育规模增大对于阶层的代际收入流动存在异质性。

第二节　对策建议

保持充裕的收入流动对维持社会公平正义、激发社会活力意义重大，提高生育意愿则是解决当前中国少子化、老龄化问题，保证国家发展动力的关键。二者都是国家着力促进的重要方面，却在微观个体之中存在冲突，成为"不可兼得"的单选题。为解决这一难题重点，应由如下几方面入手：

一是，加强全国范围内育龄人群生育意愿和生育行为的动态监测调查。生育政策的调整是否能够真正提高生育率，需要识别生育意愿和生育行为变化的动态轨迹。然而，囿于缺乏全国层面的动态监测调查，无法获得生育政策下生育相关的实时数据，导致生育政策效应的评估具有滞后性，仅能基于宏观统计数据进行探索性预测，影响了生育政策因果效应的准确性。在三孩生育政策新形势下，需要进一步加强育龄人群生育意愿和生育行为动态监测调查，为生育政策调整和配套生育支持措施的实施提供直接的数据支撑。

二是，加快生育成本的社会化分摊进程和生育配套措施。生育对社会和家庭的双重红利决定了生育应由政府、企业和家庭三大主体共同承担。然而在中国，本该由政府和企业承担主体的责任和义务转嫁给家庭，本应是生育的社会成本却不得不由微观家庭"买单"，双重缺位减少了改善经济地位的机会公平性，增大了家庭收入向下流动的可能性，并导致生育政策响应不足。因而，需要大力推进由政府、社会和家庭多元参与的生育成本分摊机制，构建生育配套发展支持体系，侧重以经济激励和时间配置为基础的家庭普惠性政策，减轻家庭的经济压力和时间困境。从政策和制度层面为育龄夫妇生育子女松绑解压，才是完善生育政策、构建生育友好的社会环境的应有之策。

三是，重视生育影响收入流动性的长短期效应、地区差异和群体特征。笼统地考察生育对收入流动性的负面影响、推行形式单一的政策和制度，无法真正解决育龄家庭面临的生育困境。分时间、分地区、分群体评估生育政策对微观家庭收入流动的经济影响，因地制宜地解决不同家庭的"生育焦虑"。如增加生育经济帮扶的时间周期，实行贫困地区、农村家庭生育重点补贴，避免因生育子女而致贫或是加重贫困，在制度层面保障女性合法权益、缓解女性的工作—家庭冲突和育儿负担，使政策制度帮扶真正契合生育的经济需求。重点识别不同类型家庭收入流动的机制差异，优化时间和空间布局，有的放矢避免重复建设，增强各种配套服务、政策手段配合的协调性和灵活性。

四是，发展教育和职业培训，提高收入流动机会。随着中国经济转型和现代化的持续推进，教育和培训投入越来越成为社会底层群体代际向上流动至更高收入群体的资本和途径，这已在个体和家庭中形成普遍共识。尽管受教育水平的提高将进一步强化生育对代际收入流动性的负面效应，但能够提高个体或家庭收入流动的能力，可以促使更多的社会底层人群拥有跨越更高阶层的机会和通道。从这一层面上讲，人力资本的提高可以促使更多育龄家庭摆脱生育对经济方面的束缚而提高生育意愿。

五是，加强限价房的推广力度，完善经济适用住房制度。由前文的讨论可知，住房支出对于生育和收入流动的影响具有阶层异质性。中低收入群体极易因住房等养育支出问题向下流入社会边缘，住房支出在生育方面的贫富分化倾向凸显了阶层之间在社会公平与公正问题上的矛盾。推广满足中低收入群体住房需求的限价房制度，完善经济适用住房制度，才能增大低收入群体生育子女后收入向上流动的概率，真正解决中低收入群体养育子女导致的住房困境。

六是，继续完善中国再分配机制，切实提高再分配力度，保证良好的收入流动水平和结构。合理调整个税税制，将个税免征额与生育子女个数、年龄等特征挂钩，切实减轻中低收入群体的生育负担。同时，改进并完善社会保障制度，逐步提高学前教育机构、社会化养育福利等民生支出在财政中的比重，提高育龄家庭覆盖率和社会保障待遇水平，为中低收入群体的合理流动创造良好环境。目前医疗保险作为生育和养育医疗保障体系中的弱点，对中低收入群体的收入流动性有严重不利影响。各级财政应继续加大生育相关的社会保障性投入，扩大生育和养育医疗保险范围，解决中低收入群体的后顾之忧。

第三节　研究展望

国内针对生育的经济影响的研究起步较晚，但受中国发展现实和政策的推动影响，已有成果中，测度全面二孩生育政策效应的研究受到极大重视，如何提高生育率并提升鼓励生育政策经济影响效果的分析也有重要推进。

本书采用经济学和人口学交叉研究方法，辅以统计学定量分析，以生育与收入流动性理论的多维度解析为基石，调查分析中国家庭生育需求现状，追踪二孩家庭收入水平和收入流动性的动态轨迹，构建生育二孩对收入流动性影响的理论模型，并做了系列应用研究，丰富和补充了若干既有研究，得到一些有意义的结论和认识。

如前文一再强调，对处于转型时期的中国而言，鼓励生育政策的研究极具理论意义与政策价值。但鉴于其经济影响效应依赖于各国特殊国情与制度背景，无法且不应套用国外现成研究结论，因此必须基于中国自身生育政策特色、人口发展需要和微观家庭经济变化做开创性研究，才能揭示新规律，完善生育政策的相关研究。

我们认为，进一步研究中，以下几方面应予重视。

第一，文献总结与梳理方面：基于生育和收入流动性研究，构建问题研究的文献基础。对收入流动性的界定和测度方法做系统回顾与反思，为构造适用于中国自身的统计测度方法提供启示。加强对生育意愿、生育水平及作用机制的分析，以文献综述成果搭建研究框架，为梳理现有成果提供理论基础。

第二，鼓励生育政策效应的指标测度方面：以中国现实国情和生育政策背景为基础，构建统一科学合理的生育政策评价分析框架和指标体系。随着鼓励力度的逐渐加强，生育政策已由二孩转向三孩，如果仅是笼统选择新增出生人口数量、总和生育率、二孩比例或者三孩比例的变化等指标测度生育政策效应，得到的也只是直接结果，无法真正甄别调整后的生育政策的净效应。因而，应该着力构建生育政策效应的指标体系，在形成逻辑自洽的统计测度技术方面做扎实工作，并对具有宏观和微观多维度视角的生育政策评价体系予以估算，以准确评估生育政策的净效用及配套措施的有效性，揭示演进规律，为深化改革提供有益的政策参考。

第三，鼓励生育政策的经济影响方面：2021 年生育政策由全面二孩调整为三孩政策，子女数量的增长是否对家庭收入流动产生更为深远的影响？如果存在，程度有多大？尽管基于调研数据对全面二孩政策下的微观家庭做了较为细致的分析，但还应做更为深入和系统的考察，从而揭示鼓励生育政策调整后的经济影响。除了经济方面，三孩政策其他方面的影响尚有待挖掘，这方面的工作需要经验分析推动并形成相关理论，并在理论基础上再改进经验研究，两者良性反馈，对三孩政策形成更为完整的认识。

第四，生育对家庭经济影响系统路径方面：尽管本书基于全面二孩政策下识别了影响二孩家庭的关键因素，以有效揭示经济方面的影响机制。但在三孩政策新形势下，迫切需要开展新的调查研究，收集和利用新数据以补充和完善相关领域的研究成果，从中提炼新命题，并形成系统性思路框架，为三孩政策经济影响的作用路径提供启示。

总之，以上研究趋向可能是未来开展生育与收入流动性研究的方向和重点，有待我们在今后的研究中予以持续关注和深化，从而为更加深入地认识和理解上述问题提供参考与借鉴。

附　录

附录 1

调查问卷

1. 问卷编号：[＿＿＿|＿＿＿|＿＿＿|＿＿＿|＿＿＿|＿＿＿]

2. 采访地点：

省名称：＿＿＿＿＿＿＿＿＿＿＿＿＿＿＿＿＿＿＿＿＿＿

市+县/区名称：＿＿＿＿＿＿＿＿＿＿＿＿＿＿＿＿＿

乡/镇/街道名称：＿＿＿＿＿＿＿＿＿＿＿＿＿＿＿＿

居委会/行政村委会名称：＿＿＿＿＿＿＿＿＿＿＿

3. 访问员（签名）＿＿＿＿＿＿＿＿

4. 审核员（签名）＿＿＿＿＿＿＿＿

关于调查问卷的说明

经过严格的科学抽样，我们选中了您家作为调查对象。您的合作对于我们了解有关收入和生育情况，有十分重要的意义。如果因此而对您的生活和工作造成不便，我们深表歉意，请您理解和帮助我们的工作。

对于您的回答，我们将按照《统计法》的规定，严格保密，并且只用于统计分析，请您不要有任何顾虑。根据《中华人民共和国统计法》第三章第十四条，我们会对您所提供的所有信息绝对保密。我们在以后的科学研究、政策分析以及观点评论中发布的是大量问卷的信息汇总，而不是您个人、家庭、村委会/居委会的具体信息，不会造成您个人、家庭、村委会/居委会信息的泄露。请您放心。

希望您协助我们完成这次访问，谢谢您的合作。

调查小组

A 个人属性

A1. 性别：

男 ……………………………………………………………… 1

女 ……………………………………………………………… 2

A2. 您的出生日期是什么？ （记录公历年）

记录：[＿＿|＿＿|＿＿|＿＿]年[＿＿|＿＿]月[＿＿|＿＿]日

A3. 您的民族是：

汉族 ……………………………………………………………… 1

少数民族 ………………………………………………………… 2

A4. 您目前的受教育年限是（包括目前在读的）：

9 年及以下 ……………………………………………………… 1

12 年 …………………………………………………………… 2

16 年 …………………………………………………………… 3

18 年及以上 …………………………………………………… 4

A5. 您目前的政治面貌是：

共产党员 ………………………………………………………… 1

非共产党员 ……………………………………………………… 2

A6. 您觉得您目前的身体健康状况是：

健康 ……………………………………………………………… 1

不健康，但不影响工作生活 …………………………………… 2

身体不健康且不能正常工作生活 ……………………………… 3

A7. 您目前的户口登记状况是：

农业户口 ………………………………………………………… 1

城镇户口 ………………………………………………………… 2

军籍 ……………………………………………………………… 3

没有户口 ………………………………………………………… 4

其他（请注明：＿＿＿＿＿＿＿＿＿＿＿＿＿） ………… 5

A8.您是否是家庭的户主？

是 ………………………………………………………………… 1

否 ………………………………………………………………… 2

A9. 您目前是否参加了以下社会保障项目？

问题	参加了	没有参加
城市基本医疗保险/新型农村合作医疗保险/公费医疗	1	2
城市/农村基本养老保险	1	2
商业性医疗保险	1	2
商业性养老保险	1	2

A10. 您目前是否离开了户籍区县到其他区县居住生活工作 1 个月及以上？

是……………………………………………………1

否……………………………………2→**跳问 B1**

A11. 您外出目的是否主要以生活、工作为主，不包括外出旅游、外出看病、外出出差、外出探亲等原因的临时离开？

是……………………………………………………1

否……………………………………………………2

B 阶级认同

B1. 在我们的社会里，有些人处在社会的上层，有些人处在社会的下层。下图的梯子要从上往下看。最高 10 分代表最顶层，最低 1 分代表最底层。

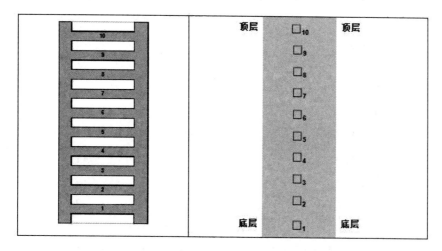

B2. 您认为您自己<u>目前</u>在哪个等级上？注意：10 分代表最顶层，1 分代表最底层。

记录：[＿＿｜＿＿]分

B3. 您认为在您 14 岁时，您的家庭处在哪个等级上？注意：10 分代表最顶层，1 分代表最底层。

记录：[＿＿｜＿＿]分

C 劳动力市场

C1. 您现在是否仍留在劳动力市场（包括参军）？

是……………………………………………………………1

否……………………………………………………2→**跳问 C10**

C2. 您目前的工作是否与用人单位或雇主签订了书面劳动合同？（高位补零）

签有无固定期限劳动合同 …………………………………1

签有固定期限劳动合同，期限为[＿＿｜＿＿｜＿＿]月 ···2

没有签订劳动合同 …………………………………………3

C3. 您目前工作的性质是？

全职工作 ……………………………………………………1

非全职工作 …………………………………………………2

C4. 您目前的职业类型是：

工人…………………………………………………………1

服务人员 ……………………………………………………2

商业工作人员 ………………………………………………3

办事人员 ……………………………………………………4

专业技术人员 ………………………………………………5

高级管理者 …………………………………………………6

其他（请注明：＿＿＿＿＿＿＿＿＿＿）…………7

C5. 您目前工作的单位或公司的类型是：

党政机关 ……………………………………………………1

企业…………………………………………………………2

事业单位 ……………………………………………………3

社会团体 ……………………………………………………4

无单位/自雇/自办（合伙）企业…………………………5

军队…………………………………………………………6

信息传输、计算机服务和软件业（数字产业）……7

其他（请注明：_____）··········8

C6. 您目前工作的单位或公司的所有制性质是：

国有或国有控股 ····································· 1

集体所有或集体控股 ······························· 2

私有/民营或私有/民营控股·························· 3

港澳台资或港澳台资控股 ·························· 4

外资所有或外资控股 ······························· 5

其他（请注明：_____） ··········6

C7. 到目前为止，您之前是否有连续没有工作的时间，有多少个月？

[＿＿|＿＿|＿＿]月（向上取整，高位补零）

如是 0 跳问 C11

C8. 重返劳动力市场后第一年和第三年，您的工资性收入是多少？

年份	百万位	十万位	万位	千位	百位	十位	个位	
第一年	＿＿	＿＿	＿＿	＿＿	＿＿	＿＿	＿＿	元
第三年	＿＿	＿＿	＿＿	＿＿	＿＿	＿＿	＿＿	元

9999996. 个人全年总收入高于百万位数

9999997. 不适用　　　9999998. 不知道　　　9999999. 拒绝回答

C9. 您在最小的孩子几岁时重新返回劳动力市场？（如没有孩子填 0）

[＿＿|＿＿|＿＿]岁（向上取整，高位补零）

C10. 您没有工作的原因是什么？

照料孩子 ·································1

其他·································2

C11. 您目前的婚姻状况是：

未婚 ····································1→**跳问家庭特征 E**

离婚····································2→**跳问家庭特征 E**

丧偶····································3→**跳问家庭特征 E**

初婚有配偶 ····························4

再婚有配偶 ····························5

分居未离婚 ····························6

D 配偶特征

D1. 性别：

男···1

女···2

D2. 出生日期是什么？（记录公历年）

记录：[＿＿｜＿＿｜＿＿｜＿＿]年[＿＿｜＿＿]月[＿＿｜＿＿]日

D3. 民族是：

汉族···1

少数民族 ···2

D4. 受教育年限是（包括目前在读的）：

9 年及以下 ··1

12 年··2

16 年··3

18 年及以上 ··4

D5. 政治面貌是：

共产党员 ···1

非共产党员 ··2

D6. 配偶目前的身体健康状况是：

健康 ··1

不健康，但不影响工作生活 ···································2

身体不健康且不能正常工作生活 ····························3

D7. 配偶目前的户口登记状况是：

农业户口 ···1

城镇户口 ···2

军籍···3

没有户口 ···4

其他（请注明：＿＿＿＿＿＿＿＿＿＿＿＿）········5

D8. 配偶是否是家庭的户主？

是··1

否··2

D9. 您配偶是否参加了以下社会保障项目？

问题	参加了	没有参加
城市基本医疗保险/新型农村合作医疗保险/公费医疗	1	2
城市/农村基本养老保险	1	2
商业性医疗保险	1	2
商业性养老保险	1	2

D10. 您配偶目前是否离开了户籍区县到其他区县居住生活工作 1 个月及以上？

　　　　是···1

　　　　否···2→**跳问 D12**

D11. 您配偶外出目的是否主要以生活、工作为主，不包括外出旅游、外出看病、外出出差、外出探亲等原因的临时离开？

　　　　是···1

　　　　否···2

D12. 您配偶现在是否仍留在劳动力市场（包括参军）？

　　　　是···1

　　　　否···2→**跳问 D21**

D13. 您配偶目前的工作是否与用人单位或雇主签订了书面劳动合同？（高位补零）

　　　　签有无固定期限劳动合同 ·····························1

　　　　签有固定期限劳动合同，期限为[＿＿|＿＿|＿＿]月 ·····2

　　　　没有签订劳动合同 ·································3

D14. 您配偶目前工作的性质是？

　　　　全职工作 ···1

　　　　非全职工作 ·······································2

D15. 您配偶目前的职业类型是：

　　　　工人 ···1

　　　　服务人员 ···2

　　　　商业工作人员 ·····································3

　　　　办事人员 ···4

　　　　专业技术人员 ·····································5

　　　　高级管理者 ·······································6

　　　　其他（请注明：＿＿＿＿＿＿＿＿＿＿＿＿＿）·········7

D16. 您配偶目前工作的单位或公司的类型是：

　　　　党政机关 ···1

　　　　企业···2

　　　　事业单位 ···3

　　　　社会团体 ···4

无单位/自雇/自办（合伙）企业·····················5

军队···6

其他（请注明：＿＿＿＿＿＿＿＿＿＿）··········7

D17. 您配偶目前工作的单位或公司的所有制性质是：

国有或国有控股 ···································1

集体所有或集体控股 ·····························2

私有/民营或私有/民营控股 ·····················3

港澳台资或港澳台资控股 ·······················4

外资所有或外资控股 ·····························5

其他（请注明：＿＿＿＿＿＿＿＿＿＿）··········6

D18. 到目前为止，您配偶之前是否有连续没有工作的时间，有多少个月？

[＿＿|＿＿|＿＿]月（向上取整，高位补零），**如是 0 跳问 E1**

D19. 重返劳动力市场后第一年和第三年，您配偶的工资性收入是多少？

年份	百万位	十万位	万位	千位	百位	十位	个位	
第一年	＿＿	＿＿	＿＿	＿＿	＿＿	＿＿	＿＿	元
第三年	＿＿	＿＿	＿＿	＿＿	＿＿	＿＿	＿＿	元

9999996. 个人全年总收入高于百万位数

9999997. 不适用　　　9999998. 不知道　　　9999999. 拒绝回答

D20. 您配偶在最小的孩子几岁时重新返回劳动力市场？（如没有孩子填 0）

[＿＿|＿＿|＿＿]岁（向上取整，高位补零）

D21. 您配偶没有工作的原因是什么？

照料孩子··1

其他··2

E 家庭特征

E1. 您家目前住在一起的通常有几个人？（包括您本人，高位补零）

记录：[＿＿|＿＿]人

E2. 是否与祖辈同住？

有···1

没有··2

E3. 您家现拥有几处房产？

记录：[___|___]处

E4. 您家目前是否从事下列投资活动？（多选）

股票······························1

基金······························2

债券······························3

期货······························4

权证······························5

炒房······························6

外汇投资·····························7

其他（请注明：_____）···········8

以上都没有·······················9

E5. 您家是否拥有宅基地等农村土地？土地面积是多少？

有································1

没有······························2

记录：[___|___]平方米

E6. 请问您父亲是哪一年出生的？（记录公历年）

记录：[___|___|___|___]年　　9998. 不知道/不清楚

E7. 您父亲的受教育年限是（包括目前在读的）：

9 年及以下························1

12 年····························2

16 年····························3

18 年及以上·······················4

E8. 您父亲的政治面貌是：

共产党员·························1

非共产党员·······················2

E9. 您父亲（2016—2019 年）全年的工资收入是多少？（记录具体数字，并高位补零）

年份	百万位	十万位	万位	千位	百位	十位	个位	
2016								元
2017								元
2018								元
2019								元

9999996. 个人全年总收入高于百万位数

9999997. 不适用　　　　9999998. 不知道　　　　9999999. 拒绝回答

E10. 请问您母亲是哪一年出生的？（记录公历年）

　　　记录：[＿＿|＿＿|＿＿|＿＿]年　　　　9998. 不知道/不清楚

E11. 您母亲的受教育年限是（包括目前在读的）：

　　　9 年及以下 ……………………………………… 1

　　　12 年 ……………………………………………… 2

　　　16 年 ……………………………………………… 3

　　　18 年及以上 …………………………………… 4

E12. 您母亲的政治面貌是：

　　　共产党员 …………………………………………… 1

　　　非共产党员 ………………………………………… 2

E13. 您母亲（2016—2019 年）全年的工资收入是多少？（记录具体数字，并高位补零）

年份	百万位	十万位	万位	千位	百位	十位	个位	
2016	＿＿＿	＿＿＿	＿＿＿	＿＿＿	＿＿＿	＿＿＿	＿＿＿	元
2017	＿＿＿	＿＿＿	＿＿＿	＿＿＿	＿＿＿	＿＿＿	＿＿＿	元
2018	＿＿＿	＿＿＿	＿＿＿	＿＿＿	＿＿＿	＿＿＿	＿＿＿	元
2019	＿＿＿	＿＿＿	＿＿＿	＿＿＿	＿＿＿	＿＿＿	＿＿＿	元

　　9999996. 个人全年总收入高于百万位数

9999997. 不适用　　　　9999998. 不知道　　　　9999999. 拒绝回答

F 生育信息

F1. 您是否同意以下说法：

问题	完全不同意	比较不同意	无所谓	比较同意	完全同意
看着孩子长大是人生的最大喜悦	1	2	3	4	5
有子女的家庭才是幸福美满的家庭	1	2	3	4	5
没有孩子的人生活很空虚	1	2	3	4	5
把孩子培育成才，是为了自己会得到回报	1	2	3	4	5
只有子女才能在晚年陪伴照顾我们	1	2	3	4	5
家里有了孩子会影响夫妻生活	1	2	3	4	5
养育孩子很费力，没有足够精力和经济条件不应当要孩子	1	2	3	4	5

续表

问题	完全 不同意	比较 不同意	无所谓	比较 同意	完全 同意
有孩子会影响妇女的工作和事业发展	1	2	3	4	5
怀孕、生孩子很麻烦	1	2	3	4	5
婚姻的目的就是要孩子	1	2	3	4	5
人们要孩子是因为别的夫妇都有孩子	1	2	3	4	5
理想家庭应当有个男孩	1	2	3	4	5

F2. 如果没有政策限制的话，您家希望有几个孩子？（请将具体数字填写在横线上，且高位补零）

0 个孩子 ……………………………………1→ **跳问 F13**

1 个孩子 ……………………………………2

2 个孩子 ……………………………………3

3 个孩子 ……………………………………4

4 个及以上孩子 ……………………………5

其中[___|___]个儿子　[___|___]个女儿（无所谓儿子女儿填97）

996.高于百位数　　997. 不适用　　　998. 不知道　　　999. 拒绝回答

F3. 截至目前，您家有几个孩子？（包括继子继女、养子养女在内，不包括怀孕但未出生孩子，没有请填0）？

0 个孩子 ……………………………………1→**跳问 F13**

1 个孩子 ……………………………………2 →**跳问 F6a**

2 个孩子 ……………………………………3→**跳问 F5a**

3 个孩子 ……………………………………4

4 个及以上孩子 ……………………………5

其中[___|___]个儿子　[___|___]个女儿

F4a. 母亲在生育第三个孩子时的年龄？（按照公历年计算）记录：[___|___]岁

F4b. 截至目前，您家第三个孩子的年龄？（按照公历年计算）记录：[___|___]岁

F4c. 您家在生育第三个孩子时不同阶段的家庭总收入和总支出。

总收入	百万位	十万位	万位	千位	百位	十位	个位	
生育前一年	___	___	___	___	___	___	___	元
生育当年	___	___	___	___	___	___	___	元
生育后一年	___	___	___	___	___	___	___	元
生育后三年	___	___	___	___	___	___	___	元
生育后五年	___	___	___	___	___	___	___	元
总支出	百万位	十万位	万位	千位	百位	十位	个位	
生育前一年	___	___	___	___	___	___	___	元
生育当年	___	___	___	___	___	___	___	元
生育后一年	___	___	___	___	___	___	___	元
生育后三年	___	___	___	___	___	___	___	元
生育后五年	___	___	___	___	___	___	___	元

9999996. 个人全年总收入高于百万位数

9999997. 不适用　　9999998. 不知道　　9999999. 拒绝回答

F4d. 您家在生育第三个孩子时不同阶段的家庭各项收入。

工资收入	百万位	十万位	万位	千位	百位	十位	个位	
生育前一年	___	___	___	___	___	___	___	元
生育当年	___	___	___	___	___	___	___	元
生育后一年	___	___	___	___	___	___	___	元
生育后三年	___	___	___	___	___	___	___	元
生育后五年	___	___	___	___	___	___	___	元
经营性收入	百万位	十万位	万位	千位	百位	十位	个位	
生育前一年	___	___	___	___	___	___	___	元
生育当年	___	___	___	___	___	___	___	元
生育后一年	___	___	___	___	___	___	___	元
生育后三年	___	___	___	___	___	___	___	元
生育后五年	___	___	___	___	___	___	___	元
财产收入	百万位	十万位	万位	千位	百位	十位	个位	
生育前一年	___	___	___	___	___	___	___	元
生育当年	___	___	___	___	___	___	___	元
生育后一年	___	___	___	___	___	___	___	元
生育后三年	___	___	___	___	___	___	___	元
生育后五年	___	___	___	___	___	___	___	元
转移收入	百万位	十万位	万位	千位	百位	十位	个位	
生育前一年	___	___	___	___	___	___	___	元
生育当年	___	___	___	___	___	___	___	元
生育后一年	___	___	___	___	___	___	___	元
生育后三年	___	___	___	___	___	___	___	元
生育后五年	___	___	___	___	___	___	___	元

9999996. 个人全年总收入高于百万位数

9999997. 不适用　　　9999998. 不知道　　　9999999. 拒绝回答

F4e. 您家在生育第三个孩子时不同阶段的家庭各项支出。

生活支出	百万位	十万位	万位	千位	百位	十位	个位	
生育前一年	＿＿＿	＿＿＿	＿＿＿	＿＿＿	＿＿＿	＿＿＿	＿＿＿	元
生育当年	＿＿＿	＿＿＿	＿＿＿	＿＿＿	＿＿＿	＿＿＿	＿＿＿	元
生育后一年	＿＿＿	＿＿＿	＿＿＿	＿＿＿	＿＿＿	＿＿＿	＿＿＿	元
生育后三年	＿＿＿	＿＿＿	＿＿＿	＿＿＿	＿＿＿	＿＿＿	＿＿＿	元
生育后五年	＿＿＿	＿＿＿	＿＿＿	＿＿＿	＿＿＿	＿＿＿	＿＿＿	元
医疗支出	百万位	十万位	万位	千位	百位	十位	个位	
生育前一年	＿＿＿	＿＿＿	＿＿＿	＿＿＿	＿＿＿	＿＿＿	＿＿＿	元
生育当年	＿＿＿	＿＿＿	＿＿＿	＿＿＿	＿＿＿	＿＿＿	＿＿＿	元
生育后一年	＿＿＿	＿＿＿	＿＿＿	＿＿＿	＿＿＿	＿＿＿	＿＿＿	元
生育后三年	＿＿＿	＿＿＿	＿＿＿	＿＿＿	＿＿＿	＿＿＿	＿＿＿	元
生育后五年	＿＿＿	＿＿＿	＿＿＿	＿＿＿	＿＿＿	＿＿＿	＿＿＿	元
教育支出	百万位	十万位	万位	千位	百位	十位	个位	
生育前一年	＿＿＿	＿＿＿	＿＿＿	＿＿＿	＿＿＿	＿＿＿	＿＿＿	元
生育当年	＿＿＿	＿＿＿	＿＿＿	＿＿＿	＿＿＿	＿＿＿	＿＿＿	元
生育后一年	＿＿＿	＿＿＿	＿＿＿	＿＿＿	＿＿＿	＿＿＿	＿＿＿	元
生育后三年	＿＿＿	＿＿＿	＿＿＿	＿＿＿	＿＿＿	＿＿＿	＿＿＿	元
生育后五年	＿＿＿	＿＿＿	＿＿＿	＿＿＿	＿＿＿	＿＿＿	＿＿＿	元
住房支出	百万位	十万位	万位	千位	百位	十位	个位	
生育前一年	＿＿＿	＿＿＿	＿＿＿	＿＿＿	＿＿＿	＿＿＿	＿＿＿	元
生育当年	＿＿＿	＿＿＿	＿＿＿	＿＿＿	＿＿＿	＿＿＿	＿＿＿	元
生育后一年	＿＿＿	＿＿＿	＿＿＿	＿＿＿	＿＿＿	＿＿＿	＿＿＿	元
生育后三年	＿＿＿	＿＿＿	＿＿＿	＿＿＿	＿＿＿	＿＿＿	＿＿＿	元
生育后五年	＿＿＿	＿＿＿	＿＿＿	＿＿＿	＿＿＿	＿＿＿	＿＿＿	元

9999996. 个人全年总收入高于百万位数

9999997. 不适用　　　9999998. 不知道　　　9999999. 拒绝回答

F5a. 母亲在生育第二个孩子时的年龄？（按照公历年计算）记录：

[＿＿|＿＿]岁

F5b. 截至目前，您家第二个孩子的年龄？（按照公历年计算）记录：

[＿＿|＿＿]岁

F5c. 您家在生育第二个孩子时不同阶段的家庭总收入和总支出。

总收入	百万位	十万位	万位	千位	百位	十位	个位	
生育前一年	___	___	___	___	___	___	___	元
生育当年	___	___	___	___	___	___	___	元
生育后一年	___	___	___	___	___	___	___	元
生育后三年	___	___	___	___	___	___	___	元
生育后五年	___	___	___	___	___	___	___	元
总支出	百万位	十万位	万位	千位	百位	十位	个位	
生育前一年	___	___	___	___	___	___	___	元
生育当年	___	___	___	___	___	___	___	元
生育后一年	___	___	___	___	___	___	___	元
生育后三年	___	___	___	___	___	___	___	元
生育后五年	___	___	___	___	___	___	___	元

9999996. 个人全年总收入高于百万位数

9999997. 不适用　　9999998. 不知道　　9999999. 拒绝回答

F5d. 您家在生育第二个孩子时不同阶段的家庭各项收入。

工资收入	百万位	十万位	万位	千位	百位	十位	个位	
生育前一年	___	___	___	___	___	___	___	元
生育当年	___	___	___	___	___	___	___	元
生育后一年	___	___	___	___	___	___	___	元
生育后三年	___	___	___	___	___	___	___	元
生育后五年	___	___	___	___	___	___	___	元
经营性收入	百万位	十万位	万位	千位	百位	十位	个位	
生育前一年	___	___	___	___	___	___	___	元
生育当年	___	___	___	___	___	___	___	元
生育后一年	___	___	___	___	___	___	___	元
生育后三年	___	___	___	___	___	___	___	元
生育后五年	___	___	___	___	___	___	___	元
财产收入	百万位	十万位	万位	千位	百位	十位	个位	
生育前一年	___	___	___	___	___	___	___	元
生育当年	___	___	___	___	___	___	___	元
生育后一年	___	___	___	___	___	___	___	元
生育后三年	___	___	___	___	___	___	___	元
生育后五年	___	___	___	___	___	___	___	元
转移收入	百万位	十万位	万位	千位	百位	十位	个位	
生育前一年	___	___	___	___	___	___	___	元
生育当年	___	___	___	___	___	___	___	元
生育后一年	___	___	___	___	___	___	___	元
生育后三年	___	___	___	___	___	___	___	元
生育后五年	___	___	___	___	___	___	___	元

附 录　　·273·

9999996. 个人全年总收入高于百万位数

9999997. 不适用　　　9999998. 不知道　　　9999999. 拒绝回答

F5e. 您家在生育第二个孩子时不同阶段的家庭各项支出。

生活支出	百万位	十万位	万位	千位	百位	十位	个位	
生育前一年	___	___	___	___	___	___	___	元
生育当年	___	___	___	___	___	___	___	元
生育后一年	___	___	___	___	___	___	___	元
生育后三年	___	___	___	___	___	___	___	元
生育后五年	___	___	___	___	___	___	___	元
医疗支出	百万位	十万位	万位	千位	百位	十位	个位	
生育前一年	___	___	___	___	___	___	___	元
生育当年	___	___	___	___	___	___	___	元
生育后一年	___	___	___	___	___	___	___	元
生育后三年	___	___	___	___	___	___	___	元
生育后五年	___	___	___	___	___	___	___	元
教育支出	百万位	十万位	万位	千位	百位	十位	个位	
生育前一年	___	___	___	___	___	___	___	元
生育当年	___	___	___	___	___	___	___	元
生育后一年	___	___	___	___	___	___	___	元
生育后三年	___	___	___	___	___	___	___	元
生育后五年	___	___	___	___	___	___	___	元
住房支出	百万位	十万位	万位	千位	百位	十位	个位	
生育前一年	___	___	___	___	___	___	___	元
生育当年	___	___	___	___	___	___	___	元
生育后一年	___	___	___	___	___	___	___	元
生育后三年	___	___	___	___	___	___	___	元
生育后五年	___	___	___	___	___	___	___	元

9999996. 个人全年总收入高于百万位数

9999997. 不适用　　　9999998. 不知道　　　9999999. 拒绝回答

F6a. 母亲在生育第一个孩子时的年龄？（按照公历年计算）

记录：[__|__]岁

F6b. 截至目前，您家第一个孩子的年龄？（按照公历年计算）

记录：[__|__]岁

F6c. 您家在生育第一个孩子时不同阶段的家庭总收入和总支出。

总收入	百万位	十万位	万位	千位	百位	十位	个位	
生育前一年	___	___	___	___	___	___	___	元
生育当年	___	___	___	___	___	___	___	元
生育后一年	___	___	___	___	___	___	___	元
生育后三年	___	___	___	___	___	___	___	元
生育后五年	___	___	___	___	___	___	___	元
总支出	百万位	十万位	万位	千位	百位	十位	个位	
生育前一年	___	___	___	___	___	___	___	元
生育当年	___	___	___	___	___	___	___	元
生育后一年	___	___	___	___	___	___	___	元
生育后三年	___	___	___	___	___	___	___	元
生育后五年	___	___	___	___	___	___	___	元

9999996. 个人全年总收入高于百万位数

9999997. 不适用　　9999998. 不知道　　9999999. 拒绝回答

F6d. 您家在生育第一个孩子时不同阶段的家庭各项收入。

工资收入	百万位	十万位	万位	千位	百位	十位	个位	
生育前一年	___	___	___	___	___	___	___	元
生育当年	___	___	___	___	___	___	___	元
生育后一年	___	___	___	___	___	___	___	元
生育后三年	___	___	___	___	___	___	___	元
生育后五年	___	___	___	___	___	___	___	元
经营性收入	百万位	十万位	万位	千位	百位	十位	个位	
生育前一年	___	___	___	___	___	___	___	元
生育当年	___	___	___	___	___	___	___	元
生育后一年	___	___	___	___	___	___	___	元
生育后三年	___	___	___	___	___	___	___	元
生育后五年	___	___	___	___	___	___	___	元
财产收入	百万位	十万位	万位	千位	百位	十位	个位	
生育前一年	___	___	___	___	___	___	___	元
生育当年	___	___	___	___	___	___	___	元
生育后一年	___	___	___	___	___	___	___	元
生育后三年	___	___	___	___	___	___	___	元
生育后五年	___	___	___	___	___	___	___	元
转移收入	百万位	十万位	万位	千位	百位	十位	个位	
生育前一年	___	___	___	___	___	___	___	元
生育当年	___	___	___	___	___	___	___	元
生育后一年	___	___	___	___	___	___	___	元
生育后三年	___	___	___	___	___	___	___	元
生育后五年	___	___	___	___	___	___	___	元

9999996. 个人全年总收入高于百万位数

9999997. 不适用　　　9999998. 不知道　　　9999999. 拒绝回答

F6e. 您家在生育第一个孩子时不同阶段的家庭各项支出。

生活支出	百万位	十万位	万位	千位	百位	十位	个位	
生育前一年	___	___	___	___	___	___	___	元
生育当年	___	___	___	___	___	___	___	元
生育后一年	___	___	___	___	___	___	___	元
生育后三年	___	___	___	___	___	___	___	元
生育后五年	___	___	___	___	___	___	___	元
医疗支出	百万位	十万位	万位	千位	百位	十位	个位	
生育前一年	___	___	___	___	___	___	___	元
生育当年	___	___	___	___	___	___	___	元
生育后一年	___	___	___	___	___	___	___	元
生育后三年	___	___	___	___	___	___	___	元
生育后五年	___	___	___	___	___	___	___	元
教育支出	百万位	十万位	万位	千位	百位	十位	个位	
生育前一年	___	___	___	___	___	___	___	元
生育当年	___	___	___	___	___	___	___	元
生育后一年	___	___	___	___	___	___	___	元
生育后三年	___	___	___	___	___	___	___	元
生育后五年	___	___	___	___	___	___	___	元
住房支出	百万位	十万位	万位	千位	百位	十位	个位	
生育前一年	___	___	___	___	___	___	___	元
生育当年	___	___	___	___	___	___	___	元
生育后一年	___	___	___	___	___	___	___	元
生育后三年	___	___	___	___	___	___	___	元
生育后五年	___	___	___	___	___	___	___	元

9999996. 个人全年总收入高于百万位数

9999997. 不适用　　　9999998. 不知道　　　9999999. 拒绝回答

F7. 您家是否为孩子购买了以下社会保障项目？

问题	购买了	没有购买
城市基本医疗保险/新型农村合作医疗保险/公费医疗	1	2
商业性医疗保险	1	2

F8. 您家孩子 3 岁前主要由谁照料？（可多选）

育龄夫妻双方或一方 ……………………………………1

祖辈（爷爷、奶奶、外公、外婆或其他长辈）······2

雇用他人 ···3

托育机构 ···4

F9. 请选择您家对 0～3 岁婴幼儿社会化抚养配套服务的看法。

问题	很喜欢	理所当然	无所谓	勉强接受	很不喜欢
延长产假	1	2	3	4	5
住房优惠	1	2	3	4	5
育儿服务机构	1	2	3	4	5
学前教育机构	1	2	3	4	5
生育补贴	1	2	3	4	5
税收减免	1	2	3	4	5
育儿指导	1	2	3	4	5
医疗补贴	1	2	3	4	5

F10. 截至目前，您家里子女的婚嫁支出是多少？（记录具体数字，并高位补零）

百万位	十万位	万位	千位	百位	十位	个位	
							元

F11. 您家希望再生育几个孩子？记录：[___|___]孩子

　　其中[___|___]个儿子　 [___|___]个女儿 （无所谓儿子女儿填97）

0 跳问 F13

F12. 您家计划什么时候生育下一个孩子？

1 年 ··1

3 年 ··2

5 年及更久 ··3

其他···4

F13. 您家没有（再）生育孩子的原因？

抚养孩子费用高 ···1

已经有孩子了 ···2

经济条件不好 ···3

没精力带孩子 ···4

年龄大了 ……………………………………………… 5

亲友都没有再生 ………………………………………… 6

不孕不育 ……………………………………………… 7

其他原因 ……………………………………………… 8

F14. 截至目前，您和您的配偶受孕失败的次数？（记录具体数字，并高位补零）

百位	十位	个位	
＿＿＿	＿＿＿	＿＿＿	次

F15. 您的理想子女数是多少？

　　　记录：[＿＿　＿＿]个

F16. 您认为理想的男女子女性别构成是多少？（男孩个数：女孩个数）

　　　记录：[＿＿：＿＿]（比值）

联系方式

谢谢您参与我们的调查。我们诚挚地希望能与您保持联系，希望您能告诉我们您的联系方式，以便将来可以把我们的研究成果报告给您，谢谢您的理解和配合。

G1. 您的姓名是：

G2. 您的手机号码是：

[＿＿|＿＿|＿＿|＿＿|＿＿|＿＿|＿＿|＿＿|＿＿|＿＿|＿＿]

G3. 您的 E-mail 地址是：

G4. 您的邮寄地址是：＿＿＿＿省＿＿＿＿市＿＿＿县（区）＿＿＿乡镇/街道＿＿＿＿

　　　邮政编码是：[＿＿|＿＿|＿＿|＿＿|＿＿|＿＿]

G5. 如果我们希望与您保持长期联系的话，请问最好的方式是什么？

　　　记录：[＿＿＿＿＿＿＿＿＿＿＿＿＿＿＿＿＿＿＿＿＿]

【调查员注意，读出下列句子："访问到此结束，感谢您对我们工作的支持。这里有一封给您的感谢信，请您填写完后尽快寄给我们。"】

附录 2

表 1　各区域二孩家庭收入转换矩阵

东部地区收入流动矩阵											
时间		生育当年					时间		生育后三年			
		1	2	3	4	5			1	2	3	4	5
生育前一年	1	0.352	0.161	0.174	0.162	0.052	生育当年	1	0.521	0.120	0.159	0.120	0.080
	2	0.255	0.424	0.163	0.106	0.052		2	0.203	0.480	0.134	0.106	0.077
	3	0.185	0.187	0.319	0.182	0.127		3	0.073	0.148	0.308	0.283	0.188
	4	0.096	0.118	0.139	0.440	0.207		4	0.142	0.112	0.179	0.351	0.216
	5	0.107	0.110	0.111	0.110	0.562		5	0.066	0.140	0.215	0.140	0.439
中部地区收入流动矩阵											
时间		生育当年					时间		生育后三年			
		1	2	3	4	5			1	2	3	4	5
生育前一年	1	0.485	0.262	0.164	0.070	0.018	生育当年	1	0.390	0.268	0.183	0.089	0.070
	2	0.359	0.302	0.202	0.093	0.045		2	0.276	0.347	0.149	0.163	0.065
	3	0.145	0.286	0.302	0.215	0.052		3	0.162	0.243	0.391	0.144	0.060
	4	0.011	0.134	0.237	0.363	0.255		4	0.118	0.123	0.208	0.342	0.209
	5	0.000	0.016	0.095	0.264	0.625		5	0.049	0.019	0.069	0.262	0.601
西部地区收入流动矩阵											
时间		生育当年					时间		生育后三年			
		1	2	3	4	5			1	2	3	4	5
生育前一年	1	0.518	0.120	0.172	0.120	0.070	生育当年	1	0.347	0.306	0.184	0.099	0.064
	2	0.233	0.331	0.241	0.145	0.050		2	0.276	0.278	0.170	0.191	0.085
	3	0.140	0.241	0.170	0.284	0.165		3	0.190	0.192	0.327	0.170	0.121
	4	0.056	0.184	0.247	0.303	0.210		4	0.148	0.150	0.241	0.284	0.177
	5	0.048	0.124	0.174	0.148	0.505		5	0.034	0.079	0.078	0.256	0.553
东北地区收入流动矩阵											
时间		生育当年					时间		生育后三年			
		1	2	3	4	5			1	2	3	4	5
生育前一年	1	0.438	0.312	0.141	0.048	0.061	生育当年	1	0.495	0.157	0.130	0.125	0.093
	2	0.299	0.323	0.195	0.143	0.040		2	0.288	0.368	0.155	0.115	0.074
	3	0.134	0.179	0.371	0.228	0.088		3	0.063	0.275	0.464	0.178	0.020
	4	0.074	0.116	0.228	0.352	0.230		4	0.072	0.125	0.173	0.434	0.196
	5	0.050	0.075	0.060	0.234	0.581		5	0.077	0.080	0.078	0.148	0.617

参考文献

[1] 阿瑟·刘易斯. 经济增长理论[M]. 北京：商务印书馆，1999.

[2] 柏培文，张云. 数字经济、人口红利下降与中低技能劳动者权益[J]. 经济研究，2021（5）.

[3] 蔡昉. 人口迁移和流动的成因、趋势与政策[J]. 中国人口科学，1995（6）.

[4] 蔡玲. "成本"视角下购房对家户生育行为的影响研究[J]. 南方人口，2018（3）.

[5] 曹丽娜，黄荣清. 东盟各国的人口转变与人口政策——兼论对中国计划生育的启示[J]. 人口与发展，2015，21（2）.

[6] 曹艳春. 全面二孩政策背景下从生育意愿到生育行为：基于 SSM 的影响因素及激励机制分析[J]. 兰州学刊，2017（2）.

[7] 陈斌开，张淑娟，申广军. 义务教育能提高代际流动性吗?[J]. 金融研究，2021（6）.

[8] 陈海龙，马长发. 中国"二孩"政策效果及区域异质性研究[J]. 人口与发展，2019（3）.

[9] 陈华帅，马晓敏. 数字经济与生育意愿[J]. 南方人口，2023（4）.

[10] 陈琳，袁志刚. 授之以鱼不如授之以渔?——财富资本、社会资本、人力资本与中国代际收入流动[J]. 复旦学报（社会科学版），2012（4）.

[11] 陈书伟. 我国农户家庭收入流动性实证分析——基于 CHNS 农村样本数据的发现[J]. 经济经纬，2017（3）.

[12] 陈蓉，顾宝昌. 实际生育二孩人群分析——基于上海市的调查[J]. 中国人口科学，2020（5）.

[13] 陈卫. 中国的低生育率与三孩政策——基于第七次全国人口普查数据的分析[J]. 人口与经济，2021（05）：25-35.

[14] 陈卫民，李晓晴. 阶层认同和社会流动预期对生育意愿的影响——兼论低生育率陷阱的形成机制[J]. 南开学报（哲学社会科学版），

2021（2）：18-30.

[15] 陈友华. 十字路口的中国人口与发展——转型期中国人口问题评价[J]. 人口与经济，2007（3）.

[16] 陈友华. 关于生育政策调整的若干问题[J]. 人口与发展，2008（01）：24-35.

[17] 陈友华. 独生子女政策风险研究[J]. 人口与发展，2010，16（04）：19-32.

[18] 陈云，霍青青，张婉. 生育政策变化视角下的二孩家庭收入流动性[J]. 人口研究，2021，45（02）：118-128.

[19] 陈钟翰，吴瑞君. 城市较高收入群体生育意愿偏高的现象及其理论解释——基于上海的调查[J]. 西北人口，2009（6）.

[20] 程恩富，王新建. 先控后减的"新人口策论"——与六个不同观点商榷[J]. 人口研究，2010，34（06）.

[21] 程婉静，莫东序，李俊杰，田亚峻. 生育政策调整是否会影响我国"碳达峰"目标的实现？——基于 Stirpat 和 Leslie 模型的实证研究[J]. 生态经济，2022（3）.

[22] 迟明. 中国人口生育政策调整的经济学研究[D]. 吉林大学，2015.

[23] 崔俊富，苗建军，崔伟. 人口对中国经济增长的影响研究——基于 R&D 模型、RR 模型和 Leslie 模型的讨论[J]. 工业技术经济，2020，39（08）：89-94.

[24] 邓大松，杨晶，孙飞. 收入流动、社会资本与农村居民收入不平等——来自中国家庭追踪调查（CFPS）的证据[J]. 武汉大学学报（哲学社会科学版），2020（3）.

[25] 段志民. 子女数量对家庭收入的影响[J]. 统计研究，2016（10）.

[26] 方大春，裴梦迪. 居民二孩生育意愿的影响因素研究——基于 CGSS2015 数据的经验研究[J]. 调研世界，2018（9）.

[27] 方慧芬，陈江龙，袁丰，高金龙. 中国城市房价对生育率的影响——基于长三角地区 41 个城市的计量分析[J]. 地理研究，2021（9）.

[28] 封婷. 中国女性初婚年龄与不婚比例的参数模型估计[J]. 中国人口科学，2019（6）.

[29] 风笑天. 青年个体特征与生育意愿——全国 12 城市 1786 名在职青年的调查分析[J]. 江苏行政学院学报，2009（4）.

[30] 风笑天. 影响育龄人群二孩生育意愿的真相究竟是什么[J]. 探索与争鸣，2018（10）.

[31] 傅崇辉，张玲华，李玉柱. 从第六次人口普查看中国人口生育变化的新特点[J]. 统计研究，2013（1）.

[32] 高琛卓，杨雪燕，井文. 城市父母对0～3岁婴幼儿托育服务的需求偏好——基于选择实验法的实证分析[J]. 人口研究，2020（1）.

[33] 葛晓萍. 中国现阶段城乡居民生育观念的差异分析[J]. 西北人口，2004（2）.

[34] 顾宝昌. 生育意愿、生育行为和生育水平[J]. 人口研究，2011（2）.

[35] 顾宝昌. 实行生育限制的理由已不复存在[J]. 人口与社会，2015（2）.

[36] 谷晶双. 女性生育二孩的影响因素及其劳动供给效应[J]. 经济与管理研究，2021（3）.

[37] 郭剑雄. 人力资本、生育率与城乡收入差距的收敛[J]. 中国社会科学，2005（3）.

[38] 郭凯明，颜色. 生育率选择、不平等与中等收入陷阱[J]. 经济学（季刊），2017（3）.

[39] 郭志刚. 清醒认识中国低生育率风险[J]. 国际经济评论，2015（2）.

[40] 韩长根，张力. 互联网提高了我国居民收入流动性吗？——基于CFPS2010-2016数据的实证研究[J]. 云南财经大学学报，2019（1）.

[41] 郝娟，邱长溶. 2000年以来中国城乡生育水平的比较分析[J]. 南方人口，2011（5）.

[42] 何林浩，陈梦. 夫妻博弈与家庭生育率——对我国生育率下降的一个解释[J]. 世界经济文汇，2021（4）.

[43] 何明帅，于淼. 家庭人均收入、代际社会流动与生育意愿[J]. 劳动经济研究，2017（5）.

[44] 何兴邦. 城市融入对农民工生育意愿的影响机制[J]. 华南农业大学学报（社会科学版），2020（3）.

[45] 贺建风，吴慧. 基于列联表方法的中国居民收入流动性测度[J]. 当代经济科学，2022（3）.

[46] 洪兴建，马巧丽. 中国城镇居民家庭收入流动性及其对收入不平等的影响[J]. 统计研究，2018（4）.

[47] 侯佳伟，黄四林，辛自强，孙铃，张红川，窦东徽. 中国人口生育意愿变迁：1980—2011[J]. 中国社会科学，2014（4）.

[48] 侯瑞环，徐翔燕. 基于改进 GM（1，1）模型的中长期人口预测[J]. 统计与决策，2021（1）.

[49] 黄桂霞. 政府、雇主和家庭共担生育责任的探讨[J]. 人口与社会，2017（2）.

[50] 黄乾，晋晓飞. 生育政策放松对中国城镇女性收入的影响[J]. 人口研究，2022（11）.

[51] 黄荣清，曾宪新. "六普"报告的婴儿死亡率误差和实际水平的估计[J]. 人口研究，2013（2）.

[52] 胡静. 收入、相对地位与女性的生育意愿[J]. 南方人口，2010（4）.

[53] 计迎春，郑真真. 社会性别和发展视角下的中国低生育率[J]. 中国社会科学，2018（8）.

[54] 贾男，甘犁，张劼. 工资率、"生育陷阱"与不可观测类型[J]. 经济研究，2013（5）.

[55] 贾志科，罗志华，风笑天. 城市青年夫妇生育意愿与行为的差异及影响因素——基于南京、保定调查的实证分析[J]. 西北人口，2019（5）.

[56] 解垩. 个人所得税、高收入不平等与收入流动性[J]. 吉林大学社会科学学报，2021（5）.

[57] 靳永爱，宋健，陈卫. 全面二孩政策背景下中国城市女性生育偏好与生育计划[J]. 人口研究，2016（6）.

[58] 靳天宇，刘东浩. 房价对城市人口出生率的影响——基于中国省级面板数据的分析[J]. 山东社会科学，2019（1）.

[59] 江求川，代亚萍. 照看子女、劳动参与和灵活就业：中国女性如何平衡家庭与工作[J]. 南方经济，2019（2）.

[60] 康传坤，孙根紧. 基本养老保险制度对生育意愿的影响[J]. 财经科学，2018（6）.

[61] 康传坤，文强，楚天舒. 房子还是儿子？——房价与出生性别比[J]. 经济学（季刊），2020（3）.

[62] 李春玲. 当代中国社会的声望分层——职业声望与社会经济地位指数测量[J]. 社会学研究，2005（3）.

[63] 李富有，黄梦琳. 城乡收入流动预测与收入差距：区域及来源结

构分析[J]. 经济问题探索，2020（8）.

[64] 李宏彬，孟岭生，施新政. 父母的政治资本如何影响大学生在劳动力市场中的表现[J]. 经济学（季刊），2012（3）.

[65] 李红伟. 中国城镇居民家庭教育消费的实证研究[J]. 中国统计，2000（11）.

[66] 李怀祖. 管理研究方法论[M]. 西安：西安交通大学出版社，2000.

[67] 李建民. 生育理性和生育决策与我国低生育水平稳定机制的转变[J]. 人口研究，2004（06）.

[68] 李建新，夏翠翠. 人口生育政策亟待全面彻底改革——基于人力资本、创新能力的分析[J]. 探索与争鸣，2014（6）.

[69] 李江一. 高房价降低了人口出生率吗？——基于新家庭经济学理论的分析[J]. 南开经济研究，2019（4）.

[70] 李小平. 控制和减少人口总量就是优化人口结构[J]. 重庆工学院学报（社会科学版），2007（9）.

[71] 李莹. 城乡居民收入流动对收入不平等的影响效应研究[J]. 当代经济科学，2019（1）.

[72] 李子联. 收入与生育：中国生育率变动的解释[J]. 经济学动态，2016（5）.

[73] 李冬玉. 关于我国人口的几个问题[J]. 新远见，2011（4）.

[74] 梁斌，陈茹. 子女性别与家庭金融资产选择[J]. 经济学（季刊），2022（7）.

[75] 梁建章，黄文政，李建新. 人口危机挑战中国放开生育刻不容缓[J]. 决策与信息，2015（02）.

[76] 梁茂信. 美国移民政策研究（第二版）[M]. 长春：东北师范大学出版社，2009.

[77] 梁土坤. 人力资本、社会保险、群体结构与二孩生育意愿——基于 2019 年中国社会工作动态调查数据的实证分析[J]. 人口与发展，2021（3）.

[78] 林宝，谢楚楚. 应对低生育率问题的国际经验及启示[J]. 北京工业大学学报（社会科学版），2019（04）.

[79] 刘李华，孙早. 中国居民代际收入流动性的水平、来源与潜力测算——来自 CGSS 和 CHIP 的经验证据[J]. 南开经济研究，2022（6）.

[80] 刘琳, 赵建梅. 社会网络如何影响代际收入流动?[J]. 财经研究, 2020 (8).

[81] 刘琳, 赵建梅, 钟海. 创业视角下代际收入流动研究: 阶层差异及影响因素[J]. 南开经济研究, 2019 (5).

[82] 刘娜, 李小瑛, 颜璐. 中国家庭育儿成本——基于等价尺度福利比较的测度[J]. 人口与经济, 2021 (1).

[83] 刘佩航. 印度尼西亚怎样实施计划生育[J]. 人口与计划生育, 1993 (3).

[84] 刘润芳, 车延. 延迟退休决策对居民家庭代际收入流动性的影响分析——基于人力资本传递机制[J]. 贵州财经大学学报, 2022 (5).

[85] 刘若清. 有计划地控制人口增长[J]. 人口研究, 1978 (1).

[86] 刘生龙, 张晓明, 杨竺松. 互联网使用对农村居民收入的影响[J]. 数量经济技术经济研究, 2021 (4).

[87] 刘爽, 商成果. 北京城乡家庭孩子的养育模式及其特点[J]. 人口研究, 2013 (6).

[88] 刘小鸽. 计划生育如何影响了收入不平等?——基于代际收入流动的视角[J]. 中国经济问题, 2016 (1).

[89] 刘怡, 李智慧, 耿志祥. 婚姻匹配、代际流动与家庭模式的个税改革[J]. 管理世界, 2017 (9).

[90] 刘玮玮. 新加坡生育政策的变迁、成效及启示[J]. 人口与社会, 2020 (5).

[91] 刘一伟. 社会养老保险、养老期望与生育意愿[J]. 人口与发展, 2017 (4).

[92] 刘铮. 关于我国人口发展的几个问题[J]. 经济研究, 1979 (5).

[93] 刘铮, 邬沧萍, 林富德. 对控制我国人口增长的五点建议[J]. 人口研究, 1980 (3).

[94] 刘志国, 刘慧哲. 收入流动与扩大中等收入群体的路径: 基于CFPS 数据的分析[J]. 经济学家, 2021 (11).

[95] 柳如眉, 柳清瑞. 城乡收入增长、养老金与生育水平——基于扩展 OLG 模型的实证检验[J]. 人口与发展, 2020 (3).

[96] 吕世辰, 许团结. 发达国家生育支持政策及启示[J]. 山西师大学报 (社会科学版), 2019 (3).

[97] 罗淳. 贝克尔关于家庭对孩子需求的理论[J]. 人口学刊,1991（5）.

[98] 马春华. 重构国家和青年家庭之间的契约：儿童养育责任的集体分担[J]. 青年研究, 2015（4）.

[99] 马良, 方行明, 雷震. 独生子女性别会影响父母的二胎生育意愿吗?[J]. 人口学刊, 2016（8）.

[100] 马庆国. 管理统计：数据获取、统计原理、SPSS 工具与应用研究[M]. 北京：科学出版社, 2002.

[101] 马小红, 侯亚非. 北京市独生子女及"双独"家庭生育意愿及变化[J]. 人口与经济, 2008（1）.

[102] 马寅初. 马寅初人口文集[M]. 杭州：浙江人民出版社, 1997.

[103] 茅悼彦. 生育意愿与生育行为差异的实证分析[J]. 人口与经济, 2009（02）.

[104] 莫玮俏, 张伟明, 朱中仕. 人口流动的经济效应对生育率的影响——基于 CGSS 农村微观数据的研究[J]. 浙江社会科学, 2016（1）.

[105] 牟欣欣. 家庭规模如何影响了代际收入流动性[J]. 现代财经（天津财经大学学报）, 2017（04）.

[106] 穆光宗. 超低生育率陷阱是"强国大患"[N]. 中国科学报, 2012-06-09（3）.

[107] 穆光宗. 全面二孩政策实施效果和前景[J]. 中国经济报告, 2017（1）.

[108] 穆光宗, 林进龙. 论生育友好型社会——内生性低生育阶段的风险与治理[J]. 探索与争鸣, 2021（7）.

[109] 倪鹏飞. 中国城市竞争力理论研究与实证分析[M]. 北京：中国经济出版社, 2001.

[110] 潘丹, 宁满秀. 收入水平、收入结构与中国农村妇女生育意愿——基于 CHNS 数据的实证分析[J]. 南方人口, 2010（3）.

[111] 彭澎, 周力. 中国农村数字金融发展对农户的收入流动性影响研究[J]. 数量经济技术经济研究, 2022（6）.

[112] 齐美东, 戴梦宇, 郑焱焱. "全面放开二孩"政策对中国人口出生率的冲击与趋势探讨[J]. 中国人口资源与环境, 2016（9）.

[113] 钱学锋, 魏朝美. 出口与女性的劳动参与率——基于中国工业企业数据的研究[J]. 北京师范大学学报（社会科学版）, 2014（6）.

[114] 乔晓春. 关于出生性别比的统计推断问题[J]. 中国人口科学. 2006（6）.

[115] 乔晓春. 从"七普"数据看中国人口发展、变化和现状[J]. 人口与发展，2021（4）.

[116] 乔雅君. 职业育龄群体二孩生育意愿及影响因素研究——基于 CGSS2015 数据的分析[J]. 经济研究参考，2019（17）.

[117] 卿石松. 夫妻生育偏好变化及其相互影响[J]. 中国人口科学，2020（5）.

[118] 邱幼云. 二孩生育政策实施后育龄夫妻生育意愿的年代差异与内在机制——一项计量社会学的实证研究[J]. 浙江社会科学，2022（9）.

[119] 任远，金雁. 婚姻质量对多孩生育意向及生育二孩打算的影响[J]. 人口学刊，2022（2）.

[120] 单德朋，张永奇，王英. 农户数字素养、财产性收入与共同富裕[J]. 中央民族大学学报（哲学社会科学版），2022（3）.

[121] 沈华福，王海港. 中国城市经济增长的流动性研究[J]. 经济问题探索，2019（4）.

[122] 石人炳，陈宁，郑淇予. 中国生育政策调整效果评估[J]. 中国人口科学，2018（4）.

[123] 宋健，陈芳. 城市青年生育意愿与行为的背离及影响因素[J]. 中国人口科学，2010（5）.

[124] 宋丽敏，王玥，柳清瑞. 中国农村居民家庭的生育决策模型与实证分析[J]. 人口学刊，2012（1）.

[125] 孙立平. 转型与断裂：改革以来中国社会结构的变迁[M]. 清华大学出版社，2004.

[126] 谭远发. 父母政治资本如何影响子女工资溢价："拼爹"还是"拼搏"?[J]. 管理世界，2015（3）.

[127] 汤梦君. 中国生育政策的选择：基于东亚、东南亚地区的经验[J]. 人口研究，2013（6）.

[128] 田雪原. 少数民族人口要不要控制?[J]. 人口与经济，1981（1）.

[129] 田卫军，谭静静. 不同社会阶层人群的生育意愿分析——以蚌埠市为例[J]. 长江丛刊，2016（9）.

[130] 王朝明，胡棋智. 收入流动性测度研究述评[J]. 南开经济研究，

2008（3）.

[131] 王海港. 中国居民家庭的收入变动及其对长期平等的影响[J]. 经济研究，2005（1）.

[132] 王广州. 中国育龄妇女递进生育模式研究[J]. 中国人口科学，2004（6）.

[133] 王广州，张丽萍. 中国低生育水平下二孩生育意愿研究[J]. 青年探索，2017（5）.

[134] 王良健，梁旷，彭郁. 我国总和生育率的县域差异及其影响因素的实证研究[J]. 人口学刊，2015（3）.

[135] 王军，王广州. 中国育龄人群的生育意愿及其影响估计[J]. 中国人口科学，2013（4）.

[136] 王军，王广州. 中国低生育水平下的生育意愿与生育行为差异研究[J]. 人口学刊，2016（2）.

[137] 王宁，胡乐明. 数字经济对收入分配的影响：文献述评与研究展望[J]. 经济与管理评论，2022（5）.

[138] 王天宇，彭晓博. 社会保障对生育意愿的影响：来自新型农村合作医疗的证据[J]. 经济研究，2015（2）.

[139] 王婷，李科宏. 家庭背景对城镇居民收入差距的影响与贡献——基于代际流动模型的 Shapley 值分解[J]. 云南财经大学学报，2018（8）.

[140] 王雄军. 我国居民财产性收入状况及其趋势判断[J]. 改革，2017（4）.

[141] 王亚. 多中心治理视域下的儿童友好城市建设[J]. 城市发展研究，2023（3）.

[142] 王一帆，罗淳. 促进还是抑制？受教育水平对生育意愿的影响及内在机制分析[J]. 人口与发展，2021（5）.

[143] 王艺芳，姜勇，林瑜阳. "全面二孩"政策下我国学前教育资源的配置——基于 Leslie 模型[J]. 湖南师范大学教育科学学报，2018（3）.

[144] 王志章，刘天元. 生育"二孩"基本成本测算及社会分摊机制研究[J]. 人口学刊，2017（4）.

[145] 汪伟，杨嘉豪，吴坤，徐乐. 二孩政策对家庭二孩生育与消费的影响研究——基于 CFPS 数据的考察[J]. 财经研究，2020（12）.

[146] 魏瑾瑞，赵汉林. 地区代际流动对居民生育意愿的影响[J]. 浙江社会科学，2019（12）.

[147] 邬沧萍. 衡量人口发展和经济发展相适应的客观标准——兼论我国现阶段提倡一对夫妇只生一个孩子的经济根据[J]. 人口研究，1980（1）.

[148] 吴帆. 生育意愿研究：理论与实证[J]. 社会学研究，2020（4）.

[149] 吴琼，陈永当，秦路宇. GM（1，1）模型及其在陕西省人口数量预测中的应用[J]. 中国管理信息化，2015（3）.

[150] 吴晓刚. 中国的户籍制度与代际职业流动[J]. 社会学研究，2007（6）.

[151] 吴学榕，杨奇明，俞宁. 教育扩张、教育机会与中国代际收入流动的变化趋势[J]. 经济问题探索，2021（9）.

[152] 吴莹，卫小将，杨宜音，陈恩. 谁来决定"生儿子"？——社会转型中制度与文化对女性生育决策的影响[J]. 社会学研究，2016（3）.

[153] 解雨巷，解垩. 教育流动、职业流动与阶层代际传递[J]. 中国人口科学，2019（2）.

[154] 熊永莲，谢建国. 贸易开放、女性劳动收入与中国的生育率[J]. 财经科学，2016（4）.

[155] 徐安琪. 孩子的经济成本：转型期的结构变化和优化[J]. 青年研究，2004（12）.

[156] 徐翔燕，侯瑞环. 基于 GM（1，1）-SVM 组合模型的中长期人口预测研究[J]. 计算机科学，2020（1）.

[157] 徐晓红. 教育、职业对收入差距代际传递影响的实证分析[J]. 统计与决策，2016（24）.

[158] 徐浙宁. 早期儿童家庭养育的社会需求分析[J]. 当代青年研究，2015（5）.

[159] 许琪. 外出务工对农村男女初婚年龄的影响[J]. 人口与经济，2015（4）.

[160] 薛宝贵，何炼成. 我国代际收入传递机制研究[J]. 云南社会科学，2016（2）.

[161] 杨灿明，孙群力，詹新宇. 新时代背景下中国居民收入与财富分配问题探究——中国居民收入与财富分配学术研讨会（2017）综述[J]. 经济研究，2018（04）.

[162] 杨华磊，胡浩钰，张文超，沈政. 教育支出规模与方式对生育水平的影响[J]. 人口与发展，2020（2）.

[163] 杨穗，李实. 转型时期中国居民家庭收入流动性的演变[J]. 世界经济，2017（11）.

[164] 杨菊华. 意愿与行为的悖离：发达国家生育意愿与生育行为研究述评及对中国的启示[J]. 学海，2008（1）.

[165] 杨菊华，杜声红. 部分国家生育支持政策及其对中国的启示[J]. 探索，2017（2）.

[166] 杨菊华. 生育支持与生育支持政策：基本意涵与未来取向[J]. 山东社会科学，2019（10）.

[167] 杨菊华. 新时代"幼有所育"何以实现[J]. 江苏行政学院学报，2019（1）.

[168] 杨沫，王岩. 中国居民代际收入流动性的变化趋势及影响机制研究[J]. 管理世界，2020（3）.

[169] 杨汝岱，朱诗娥. 公平与效率不可兼得吗？[J]. 经济研究，2007（12）.

[170] 杨瑞龙，王宇锋，刘和旺. 父亲政治身份、政治关系和子女收入[J]. 经济学（季刊），2010（3）.

[171] 杨新铭，邓曲恒. 中国城镇居民收入代际传递机制——基于2008年天津微观调查数据的实证分析[J]. 南开经济研究，2017（1）.

[172] 杨园争，方向明. 中国农村居民的收入分配与收入流动性[J]. 劳动经济研究，2018（5）.

[173] 杨瑛等. 已婚流动妇女的婚姻及生育状况分析[J]. 中国公共卫生，2003（3）.

[174] 阳义南. 市场化进程对中国代际流动的贡献[J]. 财经研究，2018（1）.

[175] 姚从容，吴帆，李建民. 我国城乡居民生育意愿调查研究综述：2000—2008[J]. 人口学刊，2010（2）.

[176] 姚嘉. 中国贫困群体的收入流动性及贫困动态变化研究[J]. 江西社会科学，2020（4）.

[177] 姚玲珍. 德国社会保障制度[M]. 上海人民出版社，2011.

[178] 叶文振. 论孩子的教育费用及其决定因素[J]. 统计研究，1999

（5）.

[179] 尹豪,徐剑. 大连市生育成本调查结果分析[J]. 人口学刊,2008
（1）.

[180] 尹勤等. 常州市育龄人群生育意愿及影响因素[J]. 南京人口管理干部学院学报,2006（2）.

[181] 于长永,刘二鹏,代志明. 生育公平、人口质量与中国全面鼓励二孩政策[J]. 人口学刊,2017（3）.

[182] 于也雯,龚六堂. 生育政策、生育率与家庭养老[J]. 中国工业经济,2021（5）.

[183] 虞慧婷,蔡任之,钱耐思,韩明,靳文正,王春芳. 上海市2004—2013年出生性别比变化及影响因素分析[J]. 中国公共卫生,2016（11）.

[184] 袁青青,刘泽云. 教育在代际收入流动中的作用——基于中介效应分析的研究[J]. 教育经济评论,2022（1）.

[185] 臧微,康娜. 数字经济对城镇居民收入结构的影响[J]. 城市发展研究,2023（3）.

[186] 臧微. 新冠疫情期间中国超大城市流动人口失业风险研究[J]. 城市发展研究,2022（3）.

[187] 臧微. 生育二孩与家庭成本:短期与长期的影响分析[J]. 人口与发展,2022（5）.

[188] 臧微,徐鸿艳. 生育二孩对家庭收入的影响——兼论全面二孩政策的效果[J]. 人口与发展,2020（3）.

[189] 臧微,卢志义. 收入流动性与收入差距[J]. 财经问题研究,2016（12）.

[190] 臧微,白雪梅. 西部农村居民收入流动性结构研究[J]. 统计研究,2015（12）.

[191] 臧微,白雪梅. 中国居民收入流动性的区域结构研究[J]. 数量经济技术经济研究,2015（7）.

[192] 臧微. 中国居民家庭收入流动性研究[D]. 东北财经大学,2013.

[193] 翟振武,李龙. "单独二孩"与生育政策的继续调整完善[J]. 国家行政学院学报,2014（5）.

[194] 章奇,米建伟,黄季焜. 收入流动性和收入分配:来自中国农村的经验证据[J]. 经济研究,2007（11）.

[195] 张冲，李想. 女性生育意愿与生育行为偏离的影响因素[J]. 中国卫生统计，2020（6）.

[196] 张川川，马光荣. 宗族文化、男孩偏好与女性发展[J]. 世界经济，2017（3）.

[197] 张娟，段西超，李静，王涛，靳祯. 基于动力学模型的人口数量预测和政策评估[J]. 数学的实践与认识，2015（9）.

[198] 张军. 坚持改革开放和扩大中等收入群体是跨越中等收入陷阱的关键[J]. 经济研究，2017（12）.

[199] 张丽萍，王广州. 女性受教育程度对生育水平变动影响研究[J]. 人口学刊，2020（6）.

[200] 张敏锋，吴俊瑶. 二孩生育对家庭杠杆率的影响及其机制研究[J/OL]. 西北人口. https://kns.cnki.net/kcms/detail//62.1019.c.20221203.1714.002.html.

[201] 张银锋，侯佳伟. 中国人口实际与理想的生育年龄：1994—2012[J]. 人口与发展，2016（2）.

[202] 张娟，段西超，李静，王涛，靳祯. 基于动力学模型的人口数量预测和政策评估[J]. 数学的实践与认识，2015（9）.

[203] 张立中. 马克思、恩格斯是怎样批判马尔萨斯人口论的——兼论我们今后的人口研究工作[J]. 经济研究，1979（9）.

[204] 张青. 总和生育率的测算及分析[J]. 中国人口科学，2006（4）.

[205] 张樨樨. 房价泡沫抑制了生育率复苏吗？——论生育率与房价的动态因果关系[J]. 华东师范大学学报（哲学社会科学版），2021（3）.

[206] 张樨樨，崔玉倩. 高人力资本女性更愿意生育二孩吗——基于人力资本的生育意愿转化研究[J]. 清华大学学报（哲学社会科学版），2020（2）.

[207] 张晓青，黄彩虹，张强，陈双双，范其鹏. 单独二孩与全面二孩政策家庭生育意愿比较及启示[J]. 人口研究，2016（1）.

[208] 张翼. 中国人口出生性别比的失衡、原因与对策[J]. 社会学研究，1997（6）.

[209] 张莹莹. 全面二孩政策对中国生育水平的影响——基于多项Logit 模型的探讨[J]. 西北人口，2018（3）.

[210] 赵景辉. 中国城市人口生育意愿——对哈尔滨市已婚在业人口

的调查[J]. 人口研究，1997（3）.

[211] 赵清源, 臧微. 调整生育政策对中国住房需求的影响[J]. 城市发展研究，2019（12）.

[212] 郑筱婷, 袁梦, 王珺. 城市产业的就业扩张与收入的代际流动[J]. 经济学动态，2020（9）.

[213] 郑真真, 李玉柱, 廖少宏. 低生育水平下的生育成本收益研究——来自江苏省的调查[J]. 中国人口科学，2009（2）.

[214] 周慧. 户籍城镇化对生育意愿的影响研究——基于 CGSS2017 数据的实证检验[J]. 江西财经大学学报，2022（6）.

[215] 周俊山, 尹银, 潘琴. 妇女地位、生育文化和生育意愿——以拉萨市为例[J]. 人口与经济，2009（2）.

[216] 周连福, 关晓梅, 李淑文. 生育与相关社会经济因素关系的研究[J]. 人口学刊，1997（5）.

[217] 周晓蒙. 经济状况、教育水平对城镇家庭生育意愿的影响[J]. 人口与经济，2018（5）.

[218] 周兴, 张鹏. 代际间的收入流动及其对居民收入差距的影响[J]. 中国人口科学，2013（5）.

[219] 朱青, 卢成. 财政支农政策与农民收入的实证研究——基于农业补贴的视角[J]. 暨南学报（哲学社会科学版），2020（3）.

[220] 朱诗娥, 杨汝岱, 吴比. 中国农村家庭收入流动：1986—2017 年[J]. 管理世界，2018（10）.

[221] 朱喜安, 艾志国, 朱宁. 单独二孩政策对人口数量及老龄化的影响研究[J]. 统计与决策，2016（15）.

[222] Adelman I., Morris C. T., 1973, Economic Growth and Social Equity in Developing Countries[M]. California: Stanford University Press.

[223] Adsera A., 2005, Vanishing Children: From High Unemployment to Low Fertility in Developed Countries[J]. American Economic Review Papers and Proceedings, Vol. 95(2): 189-193.

[224] Adsera A., 2015. Where Are the Babies? Labor Market Conditions and Fertility in Europe[J]. European Population, Vol. 1: 1-32.

[225] Akee R, Jones M R, Porter R., 2019, Race matters: Income Shares, Income Inequality, and Income Mobility for All US Races[J]. Demography, Vol.

56(3): 999-1021.

[226] Alesina A., Stantcheva S., Teso E., 2018, Intergenerational Mobility and Preferences for Redistribution[J]. American Economic Review. Vol. 108 (2): 521-54.

[227] Anderberg D., Fredrik Andersson, 2007, Stratification, Social Networks in the Labor Market and Intergenerational Mobility[J]. the Economic. Vol. 117(5): 782-812.

[228] Anderson P., Levine, P., 1999, Child Care and Mothers' Employment Decisions[J]. National bureau of economic research.

[229] Apps P, Rees R., 2002, Household Production, Full Consumption and the Costs of Children[J]. Labour Economics, Vol. 21(6): 24-53.

[230] Atkinson A, Bourguignon F, Morrisson C., 1992, Empirical Studies of Earnings Mobility[M]. Handwork Academic Publishers Press.

[231] Balbo, N., Billari, F. C., Mills, M., 2013, Fertility in Advanced Societies: A Review of Research[J]. European Journal of Population, Vol. 29(1): 1-38.

[232] Beaujouan E., Berghammer C., 2019, The Gap Between Lifetime Fertility Intentions and Completed Fertility in Europe and the United States: A Cohort Approach[J]. Population Research and Policy Review, Vol. 38 (4): 507-535.

[233] Becker G., 1960, Demographic and Economic Change in Developed Countries[M]. New York: Columbia University Press.

[234] Becker G S, Tomes N, 1979, An Equilibrium Theory of the Distribution of Income and Intergenerational Mobility[J]. Political Economy, Vol. 87(6): 1153-1189.

[235] Benabou M., Roland P., 1993, Working of a City Location Education and Production[J]. Quarterly Journal of Economics, Vol. 108(2): 619-52.

[236] Blanden J., 2005, Love and Money: Intergenerational Mobility and Marital Matching on Parental Income[R]. Research Paper, Statistics Canada, Analytical Studies Branch.

[237] Blau D., Hagy A., 1998, The Demand for Quality in Childcare[J]. Political Economy, Vol. 106(1): 104-146.

[238] Blau P., Duncan D., 1967, The American Occupational Structure[J]. the American Political Science Review, Vol. 33(2): 295-296.

[239] Bloom D. E. et al, 2009, Fertility, Female Labor Force Participation and the Demographic Dividend[J]. Economic Growth, Vol. 14 (2): 79-101.

[240] Blossfeld, H. P., Huinink, J., 1991, Human-Capital Investments or Norms of Role Transition[J]. American Journal of Sociology, Vol. 97(1): 143-168.

[241] Bongaarts J. 2001, Fertility and Reproductive Preference in Post-transitional Societies[J]. Population and Development Review, Vol. 27(3): 260-279.

[242] Bower B., 1991, Infant Daycare: Nothing Beats Quality[J]. Science Reviews, Vol. 140(5): 150-169.

[243] Bowles S, Gintis H., 2002, Schooling in Capitalist America Revisited[J]. Sociology of education, Vol. 32(4): 1-18.

[244] Boyd M, 1973, Occupational Mobility and Fertility in Metropolitan Latin America[J]. Demography (Springer Nature), Vol. 10(1): 1-17.

[245] Bradbury B., 2004, The Price, Cost, Consumption and Value of Children[J]. Labor and Demography , Vol. (11): 1-27.

[246] Britner P., Phillips D., 1995, Predictors of Parent and Provider Satisfaction with Child Daycare Dimensions: A Comparison of Center-based and Family Child Daycare[J]. Child Welfare, Vol. (6): 1135-1168.

[247] Brown A., Destin M., Kearney M., 2019, How Economic Inequality Shapes Mobility Expectations and Behaviour in Disadvantaged Youth[J]. Nature Human Behaviour, Vol. 3(3): 214-220.

[248] Brown P., James D., 2020, Educational Expansion, Poverty Reduction and Social Mobility: Reframing the Debate[J]. International Journal of Educational Research, Vol. 100(6): 101-137.

[249] Buhler, C., 2005, Social Capital Related to Fertility: Theoretical Foundations and Empirical Evidence from Bulgaria[R]. Vienna Yearbook of Population Research.

[250] Cai, Y., 2008, An Assessment of China's Fertility Level Using Variable-R Method[J]. Demography, Vol. 45(2): 271-282.

[251] Caldwell, J., 2004, Demographic Theory: A Long View[J]. Population and Development Review, Vol. 30(2): 297–316.

[252] Calvo A., 2004, Jackson O., The Effects of Social Networks on Employment and Inequality[J]. American economic review, Vol. 94(3): 426-454.

[253] Campos M., Krozer A., Ramírez A., 2022, Perceptions of Inequality and Social Mobility in Mexico[J]. World Development, Vol. 151(9): 105-178.

[254] Cervini M., 2015, Intergenerational Earnings and Income Mobility in Spain[J]. Review of Income and Wealth, Vol. 61(4): 812-828.

[255] Chakravarty, S. J., Dutta, B., Weymark, J. A., 1985, Ethical indices of Income Mobility[J]. Social Choice and Welfare, Vol. (2): 1-21.

[256] Chengze S., 2000, Human Capital, Study Effort, and Persistent Income I equality[J]. Review of Development Economics, Vol. 3(7): 311-326.

[257] Chetty R., Hendren N., 2018, The Impacts of Neighborhoods on Intergenerational Mobility: Childhood Exposure Effects[J]. Quarterly Journal of Economics, Vol. 133(3): 1107-1162.

[258] Corak M., Piraino P., 2011, The Intergenerational Transmission of Employers[J]. Labor Economics, Vol. 29(1): 37-68.

[259] Cowell, F. A., C. Schluter, 1998, Income Mobility-A Robust Approach. Distributional Analysis Discussion[J]. London School of Economics, Vol. 35(7): 11-26.

[260] Dardanoni, V., 1995, On Measuring Social Mobility[J]. Economic Theory, Vol. 61(5): 372 -394.

[261] Darla F., Miller B., 1989, Social Reproduction and Resistance in Infant Daycare[J]. Education, Vol. 171(10): 56-75.

[262] Dearden L., Machin S., 1997, Intergenerational Mobility in Britain[J]. The Economic Journal, Vol. 107(1): 47 -661.

[263] Deaton A., Muellbauer J., 1986, On Measuring Child Costs: With Applications to Poor Countries[J]. Political Economy, Vol. 94(4): 720-744.

[264] De la Rochebrochard E., de Mouzon J., Thepot F., Thonneau P., the French National IVF Registry (FIINAT) Association, 2006, Fathers Over 40 and Increased Failure to Conceive：The Lessons of in France[J]. Fertility and Sterility, Vol. 85(5): 1420-1424.

[265] Del Boca, D., 2002, The Effect of Childcare and Part Time Opportunities on Participation and Fertility in Decisions in Italy[J]. Population economics, Vol. 15(3): 549-573.

[266] Diprete T., Morgan S., Engelhardt H., Pacalova, H., 2003, Do Cross-National Differences in the Costs of Children Generate Cross-National Differences in Fertility Rates?[J]. Population Research and Policy Review, Vol. 14(22): 439-477.

[267] Dorothy S., Barber A., 1948, The Pattern of Food Expenditures[J]. The Review of Economics and Statistic Vol. 20(3): 198-206.

[268] Dumont A., 1990, Depopulation and Civilization: Demographic Study[J]. Paris France Economica, Vol. 262(5): 276-285.

[269] Duncan A., Paull G., Taylor J., 2001, Price and Quality in the UK Childcare Market[R]. Working Papers of Institute for Fiscal Studies.

[270] Easterlin R., 1987, Toward the Cumulation of Demographic Knowledge[J]. Sociological Forum, Vol. 2(4): 835-842.

[271] Ebenstein A., Hazan M., Simon A., 2016, Changing the Cost of Children and Fertility: Evidence from the Israeli Kibbutz[J]. the Economic, Vol. (126): 2038-2063.

[272] Ebenstein A., 2014, Patrilocality and Missing Women[J]. SSRN Electronic Journal, Vol. 55(4): 1433-1451.

[273] Eide E., Showalter, M., 1999, Factor Affecting the Transmission of Earings across Generation: A Quantile Regression Approach[J]. Human Resources, Vol. 34(8): 253-267.

[274] Ertas N., Shields S., 2012, Child Care Subsidies and Care Arrangements of Low-Income Parents[J]. Children and Youth Services Review, Vol. 7(1): 179-185.

[275] Fernandez R., Richard R., 1996, Income Distribution, Communities, and the Quality of Public Education[J]. Quarterly Journal of Economics, Vol. 111(10): 135-64.

[276] Fields, G., Ok, E., 1996, The Meaning and Measurement of Income Mobility[J]. Economic Theory, Vol. 71(6): 349-377.

[277] Friedman M. 1962, Capitalism and Freedom, Chicago[M].

University of Chicago Press.

[278] Forman C., Goldfarb A., Greenstein S., 2012, The Internet and local Wages: A Puzzle[J]. American Economic Review, Vol. 99(1): 120-142.

[279] Formby, J. P., Smith, W. J., Zheng, B., 2003, Growth, Welfare and the Measurement of Social Mobility[J]. Research in Economic Inequality, Vol. 9(11): 57-75.

[280] Galor O., 2005, From Stagnation to Growth: Unified Growth Theory[R]. Handbook of Economic Growth, Vol. 1(A): 171-293.

[281] Glauber R., 2018, Trends in the Motherhood Wage Penalty and Fatherhood Wage Premium for Low, Middle and High Earners[J]. Demography, Vol. 13(5): 1663-1680.

[282] Goldfarb A., Tucker C., 2019, Digital Economics[J]. Economic Literature,Vol. 57(1): 3-43.

[283] Goldstein J., Lutz W., Testa R., 2003, The Emergence of Sub-replacement Family Size Ideals in Europe. Population[J]. Research and Policy Review, Vol. (22): 479-496.

[284] Gordon J., Herbst CM, Tekin E., 2020, Who's Minding the Kids? Experimental Evidence on the Demand for Child Care QualityNational Bureau of Economic Research[EB/OL]. (2020-03-20) [2021-06-24]. https://www.nber. org/papers/w25335.

[285] Granovetter S., 1973, The Strength of Weak Ties[J]. American journal of sociology, Vol. 78(6): 1360-1380.

[286] Han M., Chuatico G., Cornetet J., 2021, The Centrality of Education for Indigenous Income Mobility in Canada[J]. The International Indigenous Policy Journal, Vol. 12(1): 1-30.

[287] Han W., Waldfogel, J., 2001, Child Care Costs and Women's Employment: a Comparison of Single and Married Mothers with Preschool-aged ChildrenSocial Science Quarterly, Vol. 82(3): 552-568.

[288] Hagewen K., Morgen S., 2005, Intended and Ideal Family Size in the United States, 1970-2002[J]. Population and Development Review, Vol. 31(4): 507-527.

[289] Heaton, T., Jacobson, C., Holland K., 1999, Persistence and Change

in Decisions to Remain Childless[J]. Marriage and the Family, Vol. 61(10): 531-539.

[290] Heiland F., Prskawetz A., Sanderson. W., 2008, Are Individuals Desired Family Sizes Stable?Evidence from West German Panel Data[J]. European Journal of Population, Vol. 24(2): 129-156.

[291] HESS K., 2015, Examining Correlations Between Area Crime Rates, Daycare Center Licensing Violations, Caregiver Discipline Techniques, and the Deviant Behaviors of Preschoolers[M]. Oklahoma State University Press.

[292] He Y., Sun G., 2021, Entrepreneurship, Market Selection And Income Mobility Evidence From Rural China[J]. Economic Development, Vol. 46(3): 23-43.

[293] Huston A., Chang Y., Genetian L., 2002, Family and Individual Predictors of Child Care Use by Low-Income Families in Different Policy Contexts[J]. Early Childhood Research Quarterly, Vol. (4): 441-469.

[294] Hyndman R., Booth H., Yasmeen F., 2013, Coherent Mortality Forecasting: The Product-Ratio Method with Functional Time Series Models[J]. Demography, Vol. 50(1): 261-283.

[295] Jacovou M., Skew R., 2010, Household Structure in the EU[R]. Colchester University of Essex. (ISER Working Paper).

[296] John B., 2001, Fertility and Reproductive Preferences in Post-transitional Societies[J]. Population and Development Review, Vol. 27(9): 260-281.

[297] Johansen A., Leibowitz A., Waite L., 1996, The Importance of Child-care Characteristics to Choice of Care[J]. Marriage and the Family, Vol. 20(3): 759-772.

[298] Johansson S., 1987, Status Anxiety and Demographic, Contraction of Privileged Populations[J]. Population and Development Review, Vol. 13(3) : 439-470.

[299] Justman M., Stiassnie H., 2021, Intergenerational Mobility in Lifetime Income[J]. Review of Income and Wealth, Vol. 67(2): 1-22.

[300] Karen C., 2012, Extensive Mothering: Employed Mothers' Constructions of the Good Mother[J]. Gender and Society, Vol. 30(6): 12-24.

[301] Keim S., Klarner A., Bernardi L., 2009, Qualifying Social influence on Fertility Intensions-Compositions, Structure and Meaning of Fertility-Relevant Social Networks in Western Germany[J]. Current Sociology, Vol. 57(9): 888-907.

[302] King, M. A., 1983, An Index of Inequality: With Applications to Horizontal Equity and Social Mobility[J]. Econometrica, Vol. (51): 99-115.

[303] Kosny M., Silber J., Yalonetzky G., 2016, Measurement of Multi-Period Income Mobility with Contingency Tables[R]. Luxembourg Institute of Socio-Economic Research (LISER) Working Paper Series.

[304] Heaton, T., Jacobson C. Holland K., 1999, Persistence and Change in Decisions to Remain Childless[J]. Marriage and the Family, Vol. 61 (10): 531-539.

[305] Iacovou, M., Skew, A., 2010, Household Structure in the EU[J]. ISER Working Paper.

[306] Lefranc A., Ojima F., Yoshida T., 2014, Intergenerational Earnings Mobility in Japan Among Sons and Daughters: Levels and Trends[J]. Population Economics, Vol. 27 (1): 91-134.

[307] Leibenstein H., 1957, Economic Backwardness and Economic Growth[M]. NewYork: Wiley Press.

[308] Lesthaeghe R., 1998, On Theory Development: Applications to the Study of Family Formation[J]. Population and Development Review, Vol. 24(1): 1-14.

[309] Levine H., Jorgensen N., 2017, Temporal Trends in Sperrn Count: A Systematic Review Wandmeta-Regression Analysis[J]. Human Reproduction Update, Vol. 23(6): 646-659.

[310] Lino M et al., 2014, Expenditures on Children by Families. Center for Nutrition Policy and Promotion[M]. US Department of Agriculture Press.

[311] Liu J., Xing C., Zhang Q., 2020, House Price, Fertility Rates and Reproductive Intentions[J]. China Economic Review. Vol. 62(5): 1016-1046.

[312] Lutz W., Ahlburg D., 1995, The Future Population of the World: What Can We Assume Today?[J]. Population and Development Review, Vol. 21(3): 678-678.

[313] Lutz W, Skirbek V., 2019, Policies Addressing the Tempo Effect in Low-Fertility Countries[J]. Population and Development Review, Vol. 66(4): 699-720.

[314] Ma M., 2019, Does Childreren Education Matter for Parents Health and Cognition? Evidence from China[J]. Health Economics, Vol. 47(6): 222-240.

[315] Mazumder B., 2005, Fortunate sons: New Estimates of Intergenerational Mobility in the United States Using Social Security Earnings Data[J]. Review of Economics and Statistics, Vol. 87(2): 235-255.

[316] McCall, J., 1973, Income Mobility, Racial Discrimination and Economic Growth[J]. Lexington D. C. Health. Vol. 65(5): 41-67.

[317] Merli M., Giovanna P., 2011, Below Replacement Fertility Preferences in Shanghai[J]. Population, Vol. 66(34): 519-542.

[318] Miller A., 1998, Strategic Culture Change: the Door to Achieving High Performance and Inclusion[J]. Public personnal management, Vol. 27(2): 151-160.

[319] Miller W., Pasta J., 2010, Behavioral Intentions: Which Ones Predict Fertility Behavior in Married Couples?[J]. Applied Social Psychology, Vol. 25(6): 530-555.

[320] Mitchell D., Gray E., 2007, Declining Fertility: Intentions, Attitudes and Aspirations[J]. Sociology, Vol. 43(1): 23-44.

[321] Mitra, T., E., 0k, 1998, The Measurement of Income Mobility: A Partial Ordering Approach[J]. Economic Theory, Vol(12): 77-102.

[322] Newman L., 2008, How Parenthood Experiences Influence Desire for More Children in Australia: A Qualitative Study[J]. Population Research, Vol. 65(1): 1-27.

[323] Noble K., 2007, Parent Choice of Early Childhood Education and Care Services in Australian[J]. Early Childhood, Vol. (32): 51-57.

[324] Nyhus K., Pons L., 2005, The Effects of Personality on Earnings[J]. Economic Psychology, Vol. 26(6): 39-65.

[325] Page M E, Solon G., 2003, Correlations Between Brothers and Neighboring Boys in Their Adult Earnings: The Importance of Being Urban[J]. Labor Economics, Vol. 21(4): 831-855.

[326] Pan L., Xu J., 2010, Housing Price and Fertility Rate[J]. China Economic, Vol. 5(2): 530-555.

[327] Park, S., Cho, S., Choi, M., 2010, The Effect of Paternal Investment on Female Fertility Intention in South Korea[J]. Evolution and Human Behavior, Vol. 31(6): 447-452.

[328] Pencavel J., 1986, Labor Supply of Men: A Survey[J]. Handbook of Labor Economics, Vol. 1(1): 3-102.

[329] Peng X., 1989, Major Determinants of China's Fertility Transition[J]. The China Quarterly, Vol. 26(4): 1-37.

[330] Peyton V., Jacobs A., 2001, Reasons for Choosing Child Care: Associations with Family Factors, Quality and Satisfaction[J]. Early Childhood Research Quarterly, Vol. (16): 191-208.

[331] Plantenga, J., 2009, The Provision of Childcare Services: A Comparative Review of 30 European Countries[J]. Office for Official the Europe Communities.

[332] Poulson M., Geary A., 2022, Annesi C., The Impact of Income and Social Mobility on Colorectal Cancer Outcomes and Treatment: A Cross-sectional Study[J]. Annals of surgery, Vol. 275(3): 546-550.

[333] Rauniyar G., Kanbur R., 2010, Inclusive Growth and Inclusive Development: a Review and Synthesis of Asian Development Bank literature[J]. the Asia Pacific economy, Vol. 15(4): 455-469.

[334] Repetto R., 1978, The Interaction of Fertility and Size Distribution of Income[J]. Development Studies, Vol. 14(4): 22-39.

[335] Roberson Q., 2006, Disentangling the Meanings of Diversity and Inclusion in Organizations[J]. Group and organizational management, Vol. 31(2): 212-236.

[336] Rondinelli, C., Aassve, A., Billari, F., 2010, Women's Wages and Childbearing Decisions: Evidence from Italy[J]. Demographic Research, Vol. 22(8): 19-19.

[337] Rotkirch, A., 2007, All that She Wants is Another Baby? Longing for Children as a Fertility Incentive of Growing Importance[J]. Evolutionary Psychology, Vol. 5(1): 1789-2082.

[338] Sacerdote B., 2007, How Large are the Effects from Changes in Family Environment? A Study of Korean American Adoptees[J]. The Quarterly Journal of Economics, Vol. 122(1): 119-157.

[339] Scheiwe K., 2003, Caring and Paying for Children and Gender Inequalities: Institutional Configurations in Comparative Perspective[J]. Family History, Vol. (1): 182-198.

[340] Shorrocks, A. F., 1978, The Measurement of Mobility[J]. Econometrica, Vol. 46(12): 1013-1024.

[341] Snopkowski K., Sear R., 2013, Influences on fertility in Thailand: Effects and mechanisms[J]. Evolution and Human Behavior, Vol. 34(2): 130-138.

[342] Sobotka T., 2017, Post-transitional Fertility: The Role of Childbearing Postponement in Fuelling the Shift to Low and Unstable Fertility Levels[J]. Biosocial Science, Vol. 49(1): 520-545.

[343] Sobotka T., Beaujouan E., 2014, Two is best? The Persistence of a Two-child Family Ideal in Europe[J]. Population and Development Review, Vol. 40(3): 391-419.

[344] Solon G., 1989, Biases in the Estimation of Intergenerational Earnings Correlations[J]. The Review of Economics and Statistics, Vol. 71(1): 172-190.

[345] Solon G., 1992, Intergenerational Income Mobility in the United States[J]. The American Economic Review, Vol65(8): 393-408.

[346] Solon G., 2004, Generational Income Mobility in North America and Europe: A Model of Intergenerational Mobility Variation over Time and Place[J]. The American Economic Review, Vol99 (11): 307-352.

[347] Sterner K., Raum R., Zhang Y., 2006, Mitochondrial Data Support an Odd-nosed Colobine Clade[J]. Molecular phylogenetics and evolution, Vol. 40(1): 1-7.

[348] Tao S., He Y., Kwan M., 2020, Does Low Income Translate into Lower Mobility? An Investigation of Activity Space in Hong Kong Between 2002 and 2011[J]. Transport geography, Vol. 82(3): 1004-1025.

[349] Topalova P., 2010, Factor Immobility and Regional Impacts of Trade

Liberalization: Evidence on Poverty from India American Economics[J]. Applied Economics, Vol. 22(4): 1-41.

[350] Tsuya N., 2015, Below-Replacement Fertility in Japan: Patterns, Factors, and Policy Implications[J]. Springer International Publishing, Vol. 43(6): 87-106.

[351] Van D., Dirk S., Martin M., 2001, Three Meanings of Intergenerational Mobility[J]. Economica, Vol. 68(27): 519-537.

[352] Wang, H., 1996, Socioeconomic Determinant of Fertility in Rural China: A Thesis Presented to the Faculty[M]. University of Southern California Press.

[353] Wen L, Shan C, Jun W, Lu Z, Dan W, 2019, Fertility Cost in China should be Borne by the State[J]. The Lancet Global Health, Vol. 36(7): 708-742.

[354] Weston R., Qu R., Parker M., 2004, A Report on the Fertility Decision Making Project[J]. Australian Institute of Family Studies Research Vol. 11(2): 44-52.

[355] Wolf A., 2007, Options for Fertility Policy Transition in China[J]. Population and Development Review, Vol. 33(2): 255-276.

[356] Yingchun Ji, 2015, Do Parents Matter? Intergenerational Ties and Fertility Intention in a Low Fertility Context[J]. Chinese Journal of Sociology, Vol. 1(4): 485-514.

[357] Zimmerman D., 1992, Regression toward Mediocrity in Economic Stature[J]. American Economic Review, Vol. 82(3): 409-429.